3訂版

# 障害福祉サービス事業所の処遇改善加算

## 実務 ハンドブック

社会保険労務士・行政書士 高橋 悠［著］

JN193827

日本法令

# 3訂版 はじめに

　障害者・障害児（「障害」を「障がい」または「しょうがい」と表記することもありますが、本書では法律上の文言に従う形で「障害」と表記します）が自立した日常生活・社会生活を営むことができるようにするため、障害福祉サービスをはじめとした支援が規定された法律である「障害者自立支援法」が平成18年に施行されてから、はや18年が経過しました。

　平成24年には障害児のためのサービスや支援が「児童福祉法」に移行されることになり、平成25年には障害者自立支援法が障害者への支援をより総合的なものとすることを目的に「障害者総合支援法（障害者の日常生活及び社会生活を総合的に支援するための法律）」へと名称を変え、さらには「障害者差別解消法（障害を理由とする差別の解消の推進に関する法律）」「障害者優先調達推進法（国等による障害者就労施設等からの物品等の調達の推進等に関する法律）」といった新法が成立するなど、この10年余りで色々な制度の変化がありました。

　このような変化のなかで都度対応を迫られてきたのはサービスを享受する障害者・障害児はもちろんですが、そのサービスを行う事業所（障害福祉サービス事業所）も同様です。旧法（身体障害者福祉法、知的障害者福祉法、精神保健及び精神障害者福祉に関する法律、児童福祉法その他障害者及び障害児の福祉に関する法律）の時代からあった作業所や授産施設は、すでにほぼすべてが障害者総合支援法や児童福祉法内のサービスとして移行し、運営されています。しかし、行政からの委託ではなく指定事業所としての運営が可能となったことで事業所は民間企業の参入により増加し、またサービスや作業内容も多様なものになったことに伴って競争も激しくなっています。近年では事業所の支援の質が問われるような事件も多発し、それに伴って行政も指導やチェック体制を強めています。

その一方で、障害福祉サービス事業所で勤務する職員の賃金改善も大きな課題となっています。平成22年頃から、障害福祉サービス事業所で働く職員の賃金と他業種における賃金の格差が問題視されるようになってきました。

　福祉・介護職員の賃金改善をせよという世論が高まるなか、厚生労働省は「他の業種との賃金格差をさらに縮め、障害福祉サービスが確固とした雇用の場としてさらに成長していけるよう、福祉・介護職員の処遇改善に取り組む事業者へ資金の交付を行う」という名目で、従来の障害福祉サービスの報酬とは別枠で、福祉・介護職員の賃金改善の原資となる助成金を創設しました。これを「福祉・介護人材の処遇改善助成金事業」といい、現在における「福祉・介護職員処遇改善加算」の始まりとなっています。

　その後に「福祉・介護人材の処遇改善助成金事業」は「福祉・介護職員処遇改善加算」として加算に組み込まれることとなり、改正に改正を重ねて現在の形となりました。そして、令和元年には「福祉・介護職員等特定処遇改善加算」として、既存の処遇改善加算とは別枠の新たな処遇改善加算が創設されることとなりました。さらには、令和4年10月から処遇改善の新たな枠組みとして「福祉・介護職員等ベースアップ等支援加算」が導入されています。

　そして令和6年6月には、上記の「処遇改善加算」「特定処遇改善加算」および「ベースアップ等支援加算」が新たに「福祉・介護職員等処遇改善加算」として一本化され、加算率が引き上げられることとなりました。

　このように、処遇改善加算は直近の10年ほどで何度も改定や追加、見直しが繰り返されており、その仕組みは一本化されたとはいえ、いまだ複雑なものとなっています。そのため、これから処遇改善加算を算定しようとしている事業所や新設の事業所などにおいては、専門家の助言等がなければ、おいそれと手を出しづらい状況にあるのが現状です。

本書では、処遇改善加算の歴史から始まり、処遇改善加算の届出書類の具体的な作成方法、要件の説明、注意点、算定にあたってのよくあるご質問への回答などを解説しています。著者がこれまで障害福祉関連の法律を追い、そして障害福祉サービス事業所を支援してきた過程で得た処遇改善加算に関する情報、ノウハウを余すことなく公開しており、巻末にも上記解説の補足資料としていくつかのツール（能力主義の人事制度のつくり方、職能資格制度規程、人事考課表）を掲載しています。

　また、今回の3訂版では、令和6年6月に施行された一本化後の処遇改善加算の改定内容や要件についても反映しています。

　なお、就労移行支援・就労継続支援A型・B型事業所の皆様におかれましては、別に刊行しております『3訂版　就労移行支援・就労継続支援（A型・B型）事業所運営管理ハンドブック』（日本法令）も併せて一読いただければと思います。

　本書が新設の事業所の皆様やこれから処遇改善加算を算定しようとしている事業所の皆様、そして上位の区分の処遇改善加算を算定しようとしている事業所の皆様の一助となれば幸いです。


令和6年6月

社会保険労務士・行政書士　高橋　悠

# 目 次

## 第 1 章　処遇改善加算の制度について

## 第 2 章　令和 6 年 5 月までの処遇改善加算の概要と算定要件

## 第6章　処遇改善加算の手続き

◆　令和7年度の処遇改善加算の変更に関する追加情報につきましては、下記、「書籍の追加情報」に掲載しております。

日本法令 HP（書籍の追加情報）

　https://www.horei.co.jp/book/osirasebook.shtml

# 処遇改善加算の制度について

　処遇改善加算は、正式名称を「福祉・介護職員処遇改善加算」といいます。事業所の直接処遇職員（職業指導員、生活支援員、世話人など）の賃金改善を目的とした加算であり、キャリアパスへの取組み状況によって加算区分が（Ⅰ）から（Ⅳ）までの4段階に分かれています。

　現場で働く福祉・介護人材の待遇を改善したいと考える事業所などにおいては、積極的に算定しておくべき加算といえます。

# 1 処遇改善加算とは？

　障害福祉サービスを経営している事業所の方々で「処遇改善加算」の名前を知らない方はおそらくほとんどいないでしょう。それほどに有名であり、算定している事業所も多いのと同時に、他の加算に類を見ないほどに算定要件が複雑なのが、この加算です。

　処遇改善加算は端的にいえば、「事業所で勤務する職員（主に利用者に直接サービスを提供する職員）」に全額（以上）配分することを前提として、通常の障害福祉サービス報酬とは別に支給される加算です。

## 1-1：令和6年5月までの処遇改善加算全体のイメージ

### 全体のイメージ

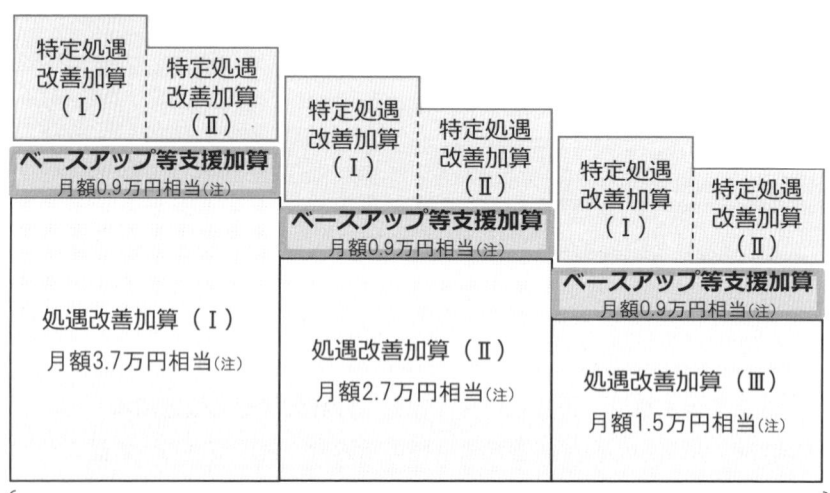

注：事業所の総報酬に加算率（サービス毎の福祉・介護職員数を踏まえて設定）を乗じた額を交付。

（厚生労働省資料「障害福祉人材の処遇改善について」（令和4年3月28日）より、一部改変）

## 1-2：令和6年6月からの処遇改善加算全体のイメージ

### 福祉・介護職員等処遇改善加算について②

**算定要件等**

○ 新加算（Ⅰ〜Ⅳ）は、加算・賃金改善額の職種間配分ルールを統一。（福祉・介護職員への配分を基本とし、特に経験・技能のある職員に重点的に配分することとするが、事業所内で柔軟な配分を認める。）

○ 新加算のいずれの区分を取得している事業所においても、新加算Ⅳの加算額の1／2以上を月額賃金の改善に充てることを要件とする。

※ それまでベースアップ等支援加算を取得していない事業所が、一本化後の新加算を新たに取得する場合には、ベースアップ等支援加算相当分の加算額については、その2／3以上を月額賃金の改善として新たに配分することを求める。

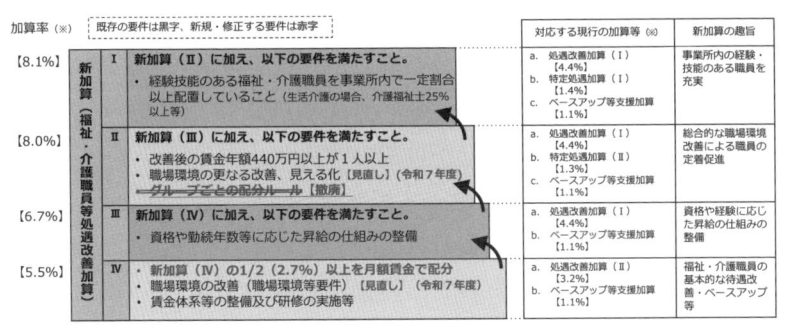

※ 加算率は生活介護のものを例として記載。

（厚生労働省資料「令和6年度障害福祉サービス等報酬改定における主な改定内容」より）

# 2 処遇改善加算の概要

## （1）事業所の売上げが多いほど受給額も上がる

　障害福祉サービスにおける加算は通常、基本報酬と同じように、加算の種類ごとに「単位」が設定されています。しかし、処遇改善加算は他の加算とは異なり、「単位」ではなく、「加算率」によって設定されているのが特徴です（処遇改善加算の対象となる障害福祉サービスと、サービスごとの加算率については19頁の図2−1参照）。

　処遇改善加算の金額は、この加算率を「障害福祉サービスの報酬（つまり売上げ）」に乗じて決定されることとなります。要するに、事業所

の売上げが多ければ多いほど、処遇改善加算の受給額も上がるということです。

## （2）使途は原則として自由

後述しますが、福祉・介護職員等処遇改善加算は配分対象や使途が原則として指定されていません。「福祉・介護職員への配分を基本とし、特に経験・技能のある職員に重点的に配分することとするが、事業所内で柔軟な配分を認める」というようになっていますので、上記方針に留意しつつ自由に配分が可能です。

ただし、受給額の一部をベースアップ（「基本給」または「毎月決まって支払われる手当」による賃金の引上げ）等に充てなければならないという要件はありますので、注意が必要です。

## （3）違反した場合、報酬返還を要請されることも！

処遇改善加算については、現在においては実地指導で細かな内容を指摘されるケースはあまりないため、実際には要件を満たしていないまま加算を算定し続けている事業所も多く見られます。しかし、万が一処遇改善加算で要件を満たしていないことが判明した場合、高い加算率の反動として、途方もない金額の報酬返還を要請される可能性もあるため、まだ厳しくない今のうちに処遇改善加算の各要件をきちんと理解し、かつ適正な運用を行っていく必要があります。

# 3 処遇改善加算の歴史

通常、障害福祉サービスの報酬や加算の改正は3年に1度あるかないか、という頻度なのですが、この処遇改善加算は頻繁に見直しがあ

り、しかもその度に新たな加算の階層が加わるなど、要件が複雑になってきているのが特徴です。そのため、処遇改善加算の構造を把握するには、まず処遇改善加算がどういった経緯で成り立っているのか、どういった経緯で改正を重ねてきたのかを理解する必要があります。

　そこで、まずはこの加算が創設された経緯から現在における処遇改善加算の全体像までを解説していきます。

　処遇改善加算は正式名称を「福祉・介護職員等処遇改善加算」といいますが、この加算は、実はもともと「加算」という扱いではなく、「福祉・介護人材の処遇改善助成金事業」という補助金・助成金事業として平成21年度に登場したのが始まりです。

　平成21年度の報酬改定によって障害福祉サービスの報酬は全体として5.1％上昇したものの、他業種との賃金格差が依然として問題視されており、障害福祉サービス事業所で働く職員の賃金の改善が叫ばれていました。

　そこで厚生労働省は、「他の業種との賃金格差をさらに縮め、障害福祉サービスが確固とした雇用の場としてさらに成長していけるよう、福祉・介護職員の処遇改善に取り組む事業者へ資金の交付を行う」という名目で、従来の障害福祉サービスの報酬とは別枠で「福祉・介護人材の処遇改善助成金事業」を創設しました。この助成金を「処遇改善加算改善計画」を作成したうえで職員の賃金改善のための原資として配分することで、職員の処遇改善を図る措置を実施したのですが、これが現在の処遇改善加算の「賃金改善要件」の基礎となっています。

　その後、平成22年10月に現在の「キャリアパス要件」の基礎となる要件が導入され、「職位・職責・職務内容等に応じた任用要件と賃金体系の整備（キャリアパス要件Ⅰ）」または「資質向上のための計画の策定と研修の実施または研修の機会の確保（キャリアパス要件Ⅱ）」のいずれかを実施する必要が生じました。さらに平成24年度の法改正に

　よって、この「福祉・介護人材の処遇改善助成金事業」は「福祉・介護職員処遇改善加算」として障害福祉サービスの報酬に組み込まれることとなりました。

　処遇改善加算はその後も改正を重ね、平成27年度には、上記の「賃金改善要件」と「キャリアパス要件」に加え、職位・職責制度や賃金体系制度によってキャリアパス制度をより手厚く整えた事業所に対しての上乗せの処遇改善加算制度が創設されました。

　平成29年度には上記に加えて一定の「昇給要件（キャリアパス要件Ⅲ）」を制度として導入した事業所に対して、さらに上乗せの加算が創設されています。

　また、上記処遇改善加算とは別建ての処遇改善として、平成29年12月の閣議決定で「福祉・介護職員の更なる処遇改善を進める」ため、勤続年数10年以上の福祉・介護福祉士等について月額8万円相当の処遇改善を行う方針を打ち出しました。これを受けて、令和元年10月より「特定処遇改善加算」という新たな処遇改善加算が創設されることとなり（10頁の図参照）、特に勤続年数の長い職員や有資格者に対しての待遇改善が図られることとなりました。

　令和4年10月からは、福祉・介護職員のさらなる賃金の向上を目的とし、処遇改善加算・特定処遇改善加算に続く新たな加算として「ベースアップ等支援加算」が創設されることとなり（10頁の図参照）、福祉・介護職員等は基本給の引上げまたは手当の支給により、月額給与における賃金の向上も見込めることとなりました。

　そして、令和6年2月には福祉・介護職員の賃金のさらなるベースアップを図るため、「処遇改善臨時特例交付金」が同年2月から5月までの期間限定で交付されることとなり、福祉・介護職員に対する月額賃金のより一層の改善が行われました。

　さらに、令和6年6月から上記の処遇改善臨時特例交付金の加算率も統合された上で、上記「処遇改善加算」「特定処遇改善加算」「ベースアップ等支援加算」がすべて1つの「処遇改善加算」として統合さ

れ、現在の最新の形（11頁の図参照）となっています。

　このように、処遇改善加算は年月を重ねる中で何度も改定が繰り返されてきましたので、令和 6 年 6 月からの最新の処遇改善加算の形を、そこだけを切り取って理解するのは至難の業かと思います。

　そこで、次章からは、まず令和 6 年 5 月までの形であった「（旧）処遇改善加算」「特定処遇改善加算」「ベースアップ等支援加算」と、「令和 6 年 2 月からの処遇改善臨時特例交付金」の要件等について解説を行い、その後に一本化された後の処遇改善加算の要件等を解説していきます。

# 第 2 章

令和 6 年 5 月までの

# 処遇改善加算の概要と
# 算定要件

　令和 6 年 6 月からの新処遇改善加算は、令和 6 年 5 月までの処遇改善加算、特定処遇改善加算、ベースアップ等支援加算の要件が引き継がれ、統合された形になっていますが、いずれの加算も要件や配分ルールが複雑なものとなっていました。

　よって、新処遇改善加算を理解するためには、まずは旧加算の要件がどのようなものであったかを理解しておく必要あります。

　本章では、令和 6 年 5 月までの処遇改善加算を取得するのに必要であった算定要件について詳しく解説していきます。

# 1 令和6年5月までの処遇改善加算の概要

## （1）処遇改善加算の区分は3つ。番号が若くなるにつれて加算率が上昇

　令和6年5月までの処遇改善加算はⅠ～Ⅲの3段階に加算区分が分かれており、番号が若くなるにつれて加算率も上昇していきます（10頁の図参照）。

　厚生労働省も福祉・介護職員の賃金改善を推進するため、より上の加算区分を算定するよう奨励していますが、反面、「加算率が高くなるから」といって算定要件をよく理解しないまま処遇改善加算ⅠやⅡを算定している事業所もしばしば見られます。

※　令和3年度福祉・介護職員処遇改善加算等の改正により、令和4年度から処遇改善加算（Ⅳ）（Ⅴ）および特別加算は廃止されました。

## 2-1：令和6年5月までの処遇改善加算の加算算定対象サービスと加算率

R3.4.1～

| サービス区分 | 福祉・介護職員処遇改善加算　キャリアパス要件等の適合状況に応じた加算率 | | | 福祉・介護職員等特定処遇改善加算　配置等要件に応じた加算率 | | 福祉・介護職員等ベースアップ等支援加算 |
|---|---|---|---|---|---|---|
| | 福祉・介護職員処遇改善加算（I）に該当（ア） | 福祉・介護職員処遇改善加算（II）に該当（イ） | 福祉・介護職員処遇改善加算（III）に該当（ウ） | 福祉・介護職員等特定処遇改善加算（I）に該当（区分なし含む） | 福祉・介護職員等特定処遇改善加算（II） | |
| 居宅介護 | 27.4% | 20.0% | 11.1% | 7.0% | 5.5% | 4.5% |
| 重度訪問介護 | 20.0% | 14.6% | 8.1% | 7.0% | 5.5% | 4.5% |
| 同行援護 | 27.4% | 20.0% | 11.1% | 7.0% | 5.5% | 4.5% |
| 行動援護 | 23.9% | 17.5% | 9.7% | 7.0% | 5.5% | 4.5% |
| 重度障害者等包括支援 | 8.9% | 6.5% | 3.6% | 6.1% | | 4.5% |
| 生活介護 | 4.4% | 3.2% | 1.8% | 1.4% | 1.3% | 1.1% |
| 施設入所支援 | 8.6% | 6.3% | 3.5% | 2.1% | | 2.8% |
| 短期入所 | 8.6% | 6.3% | 3.5% | 2.1% | | 2.8% |
| 療養介護 | 6.4% | 4.7% | 2.6% | 2.1% | 1.9% | 2.8% |
| 自立訓練（機能訓練） | 6.7% | 4.9% | 2.7% | 4.0% | 3.6% | 1.8% |
| 自立訓練（生活訓練） | 6.7% | 4.9% | 2.7% | 4.0% | 3.6% | 1.8% |
| 就労移行支援 | 6.4% | 4.7% | 2.6% | 1.7% | 1.5% | 1.3% |
| 就労継続支援A型 | 5.7% | 4.1% | 2.3% | 1.7% | 1.5% | 1.3% |
| 就労継続支援B型 | 5.4% | 4.0% | 2.2% | 1.7% | 1.5% | 1.3% |
| 共同生活援助（介護サービス包括型） | 8.6% | 6.3% | 3.5% | 1.9% | 1.6% | 2.6% |
| 共同生活援助（日中サービス支援型） | 8.6% | 6.3% | 3.5% | 1.9% | 1.6% | 2.6% |
| 共同生活援助（外部サービス利用型） | 15.0% | 11.0% | 6.1% | 1.9% | 1.6% | 2.6% |
| 児童発達支援 | 8.1% | 5.9% | 3.3% | 1.3% | 1.0% | 2.0% |
| 医療型児童発達支援 | 12.6% | 9.2% | 5.1% | 1.3% | 1.0% | 2.0% |
| 放課後等デイサービス | 8.4% | 6.1% | 3.4% | 1.3% | 1.0% | 2.0% |
| 居宅訪問型児童発達支援 | 8.1% | 5.9% | 3.3% | 1.1% | | 2.0% |
| 保育所等訪問支援 | 8.1% | 5.9% | 3.3% | 1.1% | | 2.0% |
| 福祉型障害児入所施設 | 9.9% | 7.2% | 4.0% | 4.3% | 3.9% | 3.8% |
| 医療型障害児入所施設 | 7.9% | 5.8% | 3.2% | 4.3% | 3.9% | 3.8% |
| 障害者支援施設が行う生活介護 | 6.1% | 4.4% | 2.5% | 1.7% | | 1.1% |
| 障害者支援施設が行う自立訓練（機能訓練） | 6.8% | 5.0% | 2.8% | 2.6% | | 1.8% |
| 障害者支援施設が行う自立訓練（生活訓練） | 6.8% | 5.0% | 2.8% | 2.6% | | 1.8% |
| 障害者支援施設が行う就労移行支援 | 6.7% | 4.9% | 2.7% | 1.8% | | 1.3% |
| 障害者支援施設が行う就労継続支援A型 | 6.5% | 4.7% | 2.6% | 1.8% | | 1.3% |
| 障害者支援施設が行う就労継続支援B型 | 6.4% | 4.7% | 2.6% | 1.8% | | 1.3% |

※1　福祉・介護職員処遇改善加算、福祉・介護職員等特定処遇改善加算における、障害者支援施設が行う日中活動系サービスは、各サービスとは別の加算率を適用する。

※2　福祉・介護職員等ベースアップ等支援加算における、障害者支援施設が行う日中活動系サービスは、各サービスと同じ加算率を適用する。

（厚生労働省）

※　令和3年度福祉・介護職員処遇改善加算等の改正により、加算率の見直しが行われました。「短期入所」はこれまで本体施設の加算率が適用されていましたが、新たに「短期入所」として加算率が設定されました。また、障害者支援施設が行う日中活動系サービスは施設入所の加算率が適用されていましたが、障害者支援施設が行う日中活動系サービスごとに加算率が設定されました。

## 2 令和6年5月までの処遇改善加算の算定要件

　令和6年5月までの処遇改善加算を構成する算定要件は、大きく分けて3つのカテゴリからなります。いずれの算定要件を満たすかによって加算区分（Ⅰ～Ⅲ）が変わってきます。

① 共通要件（処遇改善加算Ⅰ～Ⅲすべてに共通）
② キャリアパス要件
③ 職場環境等要件

　その中でもキャリアパス要件はさらに①～③に区分されており、この辺りの区分のややこしさが処遇改善加算の難しさの一因となっていました。

**令和6年5月までの処遇改善加算イメージ**

| | 処遇改善加算（Ⅰ） | 処遇改善加算（Ⅱ） | 処遇改善加算（Ⅲ） |
|---|---|---|---|
| キャリアパス要件 | ①+②+③ | ①+② | ①or② |
| | + | + | + |
| 職場環境等要件 | | | |

左側：処遇改善加算の区分／取得要件

（厚生労働省）

　処遇改善加算の各要件の詳細な説明に入る前に、まずは大まかな要件を一覧にしたものを見てみましょう。

## 処遇改善加算の要件一覧

| | |
|---|---|
| （1）共通の必要要件<br>※処遇改善加算Ⅰ～Ⅲすべてに共通する要件 | ①　賃金改善等に関する計画を作成し、すべての福祉・介護職員（対象となる直接処遇職員以外の福祉・介護職員も含む）に周知するとともに、都道府県知事等に届け出たうえで、加算の算定額に相当する賃金改善を実施すること(賃金改善要件)。 |
| | ②　事業年度ごとに、福祉・介護職員（対象となる直接処遇職員）の処遇改善に関する実績を都道府県知事等に報告すること。 |
| | ③　労働に関する法令に違反し、罰金以上の刑に処せられていないこと。また、労働保険料の納付が適切に行われていること。 |
| （2）キャリアパス要件<br>※いずれの要件においても、内容をすべての福祉・介護職員（対象となる直接処遇職員以外の福祉・介護職員も含む）に周知していること。 | 【キャリアパス要件①】<br>福祉・介護職員（対象となる直接処遇職員）の任用の際における職位、職責または職務内容等に応じた任用等の要件および賃金体系を定めていること。 |
| | 【キャリアパス要件②】<br>福祉・介護職員（対象となる直接処遇職員）の資質向上のための目標および計画を策定し、当該計画に係る研修の実施または研修の機会を確保すること。 |
| | 【キャリアパス要件③】<br>経験もしくは資格等に応じて昇給する仕組みまたは一定の基準に基づき定期に昇給を判定する仕組みを設けること。 |

| | |
|---|---|
| （3）職場環境等要件 | 「入職促進に向けた取組み」、「資質の向上やキャリアアップに向けた支援」、「両立支援・多様な働き方の推進」、「腰痛を含む心身の健康管理」、「生産性の向上のための業務改善の取組み」および「やりがい・働きがいの醸成」の6つの区分の中から1つの区分を選択し、その区分の中から1つ以上の取組みを選択して計画年度中に行う（前年度から継続して処遇改善加算を算定する事業所においては、届出に係る計画の期間中に実施できない合理的な理由がある場合は、例外的に前年度の取組実績をもって、要件を充たすものとしてもOK）。 |

　次に、「（1）共通の必要要件」「（2）キャリアパス要件」「（3）職場環境要件」のそれぞれについて、詳しく解説していきます。

## （1）共通の必要要件

　令和6年5月までの処遇改善加算Ⅰ〜Ⅲすべてに共通する要件となります。

### ①　処遇改善加算計画書の作成、周知、届出および実行

　処遇改善加算を算定するためには、まず「賃金改善等に関する計画（福祉・介護職員処遇改善計画書）」を算定する年度ごとに作成し、それをすべての福祉・介護職員に「周知」しなければなりません。周知については「事業所内における掲示」「従業員への配付」「メール等での送信」などいくつか方法がありますが、いずれにしても必ず福祉・介護職員全員に周知させる必要があります。

　その後に都道府県知事等に「福祉・介護職員処遇改善計画書」を届け出たうえで、計画書に基づき、加算の算定額に相当する賃金改善を実施しなければなりません。

### ②　毎年度における実績報告書の提出

　上記①の計画実施後は、実際に行った福祉・介護職員の処遇改善の内容を、事業年度ごとに「福祉・介護職員処遇改善実績報告書」として都道府県知事等に報告しなければなりません。実績報告書は現在のところ、毎年度7月末までに提出するものとして統一されています。

### ③　労働に関する諸法令の遵守と労働保険料の納付

　処遇改善加算は事業所に雇用される職員に対しての加算であるため、労働関係の法令に違反していないかどうかも要件となっています。具体的には、「労働に関する法令に違反し、罰金以上の刑に処せられていないこと」、さらに「労働保険料の納付が適切に行われていること（未納による滞納処分を受けていないこと）」などが挙げられています。

## （2）キャリアパス要件

　処遇改善加算において、「キャリアパス要件を制するものは処遇改善加算を制する」といっても過言ではないほど重要かつ複雑なのがこの要件です。

　「キャリアパス」とは、「事業所における各職位・職務に就任するために必要な業務経験とその順序、配置移動のルート」などのことを指します。つまり、その事業所で働く職員が、「その事業所においてどのような職位や職務があるのか」、また、「どのようなことをすればその職位や職務に就けるのか」を明確に知ることができるような制度を設けるということです。

　キャリアパス要件は、どれを（あるいはすべて）満たしているかによって処遇改善加算Ⅰ～Ⅲの区分が判断されます（20頁の図参照）。

> ① 　処遇改善加算Ⅰの要件……キャリアパス要件①～③すべてを満たす。
> ② 　処遇改善加算Ⅱの要件……キャリアパス要件①、②を満たす。
> ③ 　処遇改善加算Ⅲの要件……キャリアパス要件①または②を満たす。

　各キャリアパス要件の詳細について、解説していきます。

### ①　キャリアパス要件①

　福祉・介護職員の任用の際における職位、職責または職務内容等に応じた任用等の要件および賃金体系を定めていること。

　つまり、管理者、サービス管理責任者、主任職業指導員といった事業所の「職位」ごとの担当する職務内容（職責）、その職務に必要となる能力（職能）などを定め、かつそれぞれの職位ごとの賃金体系（管理者○万円、サービス管理責任者○万円など）を定める必要があるということです。以下に就労継続支援事業の例を記載しますので、ご参照ください。

**職位・職責および職務内容等の例①（管理者）**

| 職　種 | | 職務内容 | 必要となる職能 |
|---|---|---|---|
| 管理者 | 事業計画策定 | ・事業所全体の事業計画の立案<br>・他施設等の外部環境・競合の調査<br>・事業計画の遂行および各職員への周知・役割分担<br>・事業計画の進捗管理、状況に応じての計画の見直しおよび改善 | ① 事業所の業務および運営を総合的に統括管理する広い視野と能力がある。<br>② 事業所の従業員を統括し、その模範となり、モチベーションを引き出すことができる。<br>③ 従業員の人事考課を公明正大かつ的確に行うことができる。<br>④ 事業所を代表して責任を持って外部との一次的な交渉および営業活動をするコミュニケーション能力がある。<br>⑤ 事業所内外に発生が予想される複雑かつ困難な諸問題を有効に解決し、または未然に発見し、予防する能力がある。<br>⑥ 就労継続支援事業の人員基準、設備基準、運営基準および関係通達に精通する深い知識がある。 |
| | 従業員管理 | ・従業員のシフト作成、勤怠管理<br>・従業員のやる気を引き出すためのモチベーション管理<br>・従業員からの相談への対応およびケア<br>・従業員の第一次人事考課の実施 | |
| | 利用者対応 | 利用者またはその家族からの重大な苦情・相談への適切な対応 | |
| | リスク管理 | 緊急事態発生時の対応策の検討・遂行 | |
| | 法令遵守 | ・各法定書類の整備状況の確認および管理<br>・利用者への虐待防止のための措置の検討およびその周知徹底 | |
| | 営業活動 | ・事業所の代表としての、外部との一次的な折衝業務<br>・利用希望者の確保のための営業活動 | |

## 職位・職責および職務内容等の例②（職業指導員）

| 職　　種 | | 職務内容 | 必要となる職能 |
|---|---|---|---|
| 職業指導員 | 利用者への技術指導 | ・作業内容の説明および作業管理ならびに作業遂行能力向上のための助言・指導<br>・利用者の出欠管理<br>・利用者の工賃の計算 | 【2等級以上の場合】<br>① 複雑な日常的業務を独力で的確に処理できる高い実務能力がある。<br>② 利用者の身体的、精神的要因を理解し、かつそれを踏まえた支援内容を実行することができる。<br>③ 後輩に対して的確な技術指導および育成を行うことのできる実務に対する相当程度の知識と経験がある。<br>④ 職務遂行にあたり、事業所の他の従業員との的確な連携を図ることのできるコミュニケーション能力がある。 |
| | 人材育成 | 後輩への技術指導および育成 | |
| | 日報管理 | 日報の作成および主任への報告 | |
| | リスク管理 | 事業所におけるヒヤリハット事例発生時の記録および主任への報告 | |
| | 連絡・調整 | ・利用者との日常におけるコミュニケーションおよび連携<br>・主任への利用者情報の報告およびフィードバック | 【1等級の場合】<br>① 日常発生する定型的職務を、マニュアルや事業所の方針に従い正確に処理することができる。<br>② 利用者の身体的、精神的要因をある程度理解し、かつそれを踏まえた支援内容を実行することができる。<br>③ 応用が必要な職務を先輩の指示を仰ぎつつ処理する能力がある。<br>④ 職務遂行にあたり、事業所の他の従業員との的確な連携を図ることのできるコミュニケーション能力がある。 |
| | その他 | 生活支援員の職務の補助および連携<br>（介助を要する利用者の支援、利用者の身体・精神状況の把握） | |

**職位ごとの賃金体系の例**

| | 職　種 | 給与種別 | 給与額 | 備　考 |
|---|---|---|---|---|
| 常　勤 | 管理者 | 基本給 | ¥210,000 | 勤続年数により昇給・昇進 |
| | | 施設長手当 | ¥50,000 | （ただし昇進の場合は要面接） |
| | サービス管理責任者 | 基本給 | ¥190,000 | 勤続年数により昇給・昇進 |
| | | サビ管手当（1年目） | ¥10,000 | （ただし昇進の場合は要面接） |
| | | サビ管手当（2年目） | ¥20,000 | |
| | | サビ管手当（3年目） | ¥30,000 | |
| | 職業指導員 | 基本給 | ¥190,000 | 勤続年数により昇給・昇進（ただし昇進の場合は要面接） |
| | 生活支援員 | 基本給 | ¥190,000 | 勤続年数により昇給・昇進（ただし昇進の場合は要面接） |
| 非常勤 | 職業指導員 | 時給 | ¥1,000 | 勤続年数により昇給・昇進（ただし昇進の場合は要面接） |
| | 生活支援員 | 時給 | ¥1,000 | 勤続年数により昇給・昇進（ただし昇進の場合は要面接） |

## ② キャリアパス要件②

　福祉・介護職員の資質向上のための目標および計画を策定し、当該計画に係る研修の実施または研修の機会を確保すること。

　「目標および計画」とは、研修の機会の提供のための計画（年間研修計画）や、福祉・介護職員の資質向上のための事業所としての何らかの措置（例えば「事業所全体の資格（介護福祉士、社会福祉士等）の取得率向上」を目標として掲げた場合、研修等の受講のためのシフトの調整や国家試験の受験料・受講料の補助といったもの）のことです。福祉・介護職員のキャリアパスのため、事業所が積極的にこうした研修あるいは資質向上のための目標・計画をきちんと定めて実施することが要件となっています。

**事業所の年間研修計画の例**

| 内部研修 | 対象者 | 12月 | 1月 | 3月 | 5月 | 7月 | 9月 |
|---|---|---|---|---|---|---|---|
| 利用者への接し方・対応方法 | 全職員 | ○ | | | | | |
| 人権の擁護について | 全職員 | | ○ | | | | |
| 虐待防止についておよびその対策 | 全職員 | | | ○ | | | |
| 事故発生時の対応方法 | 全職員 | | | | ○ | | |
| ヒヤリハット事例への対応 | 全職員 | | | | | ○ | |
| 災害発生時の対応方法 | 全職員 | | | | | | ○ |
| 外部研修 | 対象者 | 12月 | 1月 | 3月 | 5月 | 7月 | 9月 |
| 都や区が実施する研修会への参加 | 希望者 | 各自治体の研修実施日 | | | | | |

### ③　キャリアパス要件③

　経験もしくは資格等に応じて昇給する仕組みまたは一定の基準に基づき定期に昇給を判定する仕組みを設けること。

　平成29年度の処遇改善加算の見直しによって追加されたのが、このキャリアパス要件③です。キャリアパス要件Ⅰにおいて福祉・介護職員の職位や職責と、それに応じた賃金体系を定めることとされていましたが、この要件のみでは「昇進等の道筋」が明確になるのみであり、福祉・介護職員が「どうすれば昇給するのか」という昇給要件については必ずしも明示すべきという内容ではありませんでした。そこで加わったのが、この「昇給要件」です。

## 2-2：キャリアパス要件③イメージ図

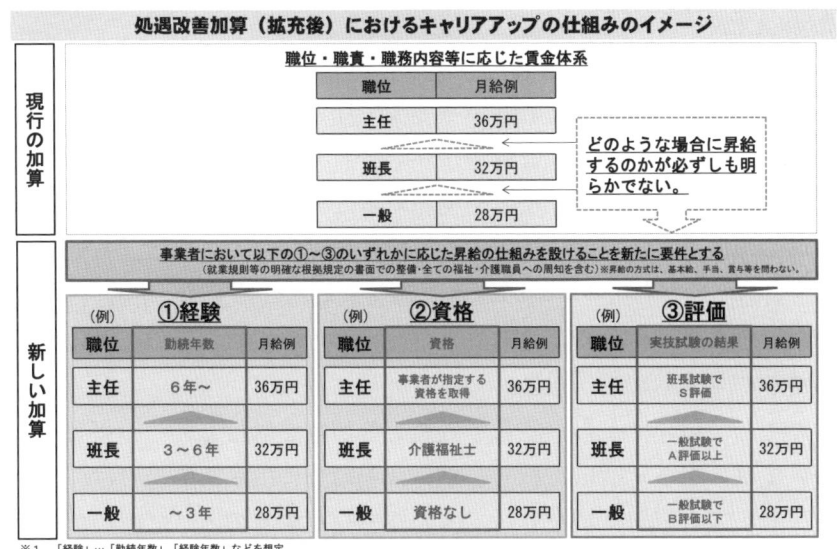

（厚生労働省資料「平成29年度障害福祉サービス等報酬改定の概要」より）

　昇給のためのキャリアパス要件は大きく次の３つに分かれており、そのうちの一部ないし全部を満たせばキャリアパス要件③を充足することになります。

> ①　経験による昇給
> 　経験によって昇給（例えば勤続年数など）を行う仕組みを設ける
> ②　資格による昇給
> 　事業所で定める一定の資格（例えば介護福祉士、社会福祉士等）を取得することによって昇給する仕組みを設ける
> ③　評価による昇給
> 　いわゆる人事考課規程を作成し、それに基づいた評価（例えばＡ評価以上で昇給など）によって昇給を行う仕組みを設ける

## （３）職場環境等要件

　職場環境等要件とは、「賃金改善以外の方法によって」福祉・介護職員の職場環境の改善を図るという要件です。この職場環境要件については次頁のような具体的改善方法が示されており、事業所はこのうちのいずれかまたは複数の措置を実施することが必要となります。

　この職場環境等要件に該当する取組みの実施については、原則として「当該年度（令和４年度の処遇改善加算であれば令和４年度中）」において行う必要があり、その内容を後述する実績報告書にも記載する必要があります。

　ただし、前年度から継続して処遇改善加算を取得している事業所においては、当該年度に実施できない合理的な理由がある場合は、例外的に前年度の取組実績をもって、要件を充たすものとして認めても差し支えないとされています。

　処遇改善加算Ⅰ～Ⅲのいずれを取得する場合でも、次頁の６つの区分の中から１つの区分を選択し、その区分の中から１つ以上の取組みを実施すれば要件を満たすこととなります。

**職場環境等要件**

| | |
|---|---|
| 入職促進に向けた取組み | 法人や事業所の経営理念や支援方針・人材育成方針、その実現のための施策・仕組みなどの明確化 |
| | 事業者の共同による採用・人事ローテーション・研修のための制度構築 |
| | 他産業からの転職者、主婦層、中高年齢者等、経験者・有資格者にこだわらない幅広い採用の仕組みの構築 |
| | 職業体験の受入れや地域行事への参加や主催等による職業魅力向上の取組の実施 |
| 資質の向上やキャリアアップに向けた支援 | 働きながら介護福祉士等の取得を目指す者に対する実務者研修受講支援や、より専門性の高い支援技術を取得しようとする者に対する喀痰吸引研修、強度行動障害支援者養成研修、サービス提供責任者研修、中堅職員に対するマネジメント研修の受講支援等 |
| | 研修の受講やキャリア段位制度と人事考課との連動 |
| | エルダー・メンター（仕事やメンタル面のサポート等をする担当者）制度等の導入 |
| | 上位者・担当者等によるキャリア面談など、キャリアアップ等に関する定期的な相談の機会の確保 |
| 両立支援・多様な働き方の推進 | 子育てや家族等の介護等と仕事の両立を目指すための休業制度等の充実、事業所内託児施設の整備 |
| | 職員の事情等の状況に応じた勤務シフトや短時間正規職員制度の導入、職員の希望に即した非正規職員か正規職員への転換の制度等の整備 |
| | 有給休暇が取得しやすい環境の整備 |
| | 業務や福利厚生制度、メンタルヘルス等の職員相談窓口の設置等相談体制の充実 |
| | 障害を有する者でも働きやすい職場環境の構築や勤務シフトの配慮 |
| 腰痛を含む心身の健康管理 | 福祉・介護職員の身体の負担軽減のための介護技術の修得支援、介護ロボットやリフト等の介護機器等の導入及び研修等による腰痛対策の実施 |

| | |
|---|---|
| | 短時間勤務労働者等も受診可能な健康診断・ストレスチェックや、従業者のための休憩室の設置等健康管理対策の実施 |
| | 雇用管理改善のための管理者に対する研修等の実施 |
| | 事故・トラブルへの対応マニュアル等の作成等の体制の整備 |
| 生産性向上のための業務改善の取組み | タブレット端末やインカム等のICT活用や見守り機器等の介護ロボットやセンサー等の導入による業務量の縮減 |
| | 高齢者の活躍（居室やフロア等の掃除、食事の配膳、下膳などのほか、経理や労務、広報なども含めた介護業務以外の業務の提供）等による役割分担の明確化 |
| | 5S活動（業務管理の手法の1つ。整理・整頓・清掃・清潔・躾の頭文字をとったもの）等の実践による職場環境の整備 |
| | 業務手順書の作成や、記録・報告様式の工夫等による情報共有や作業負担の軽減 |
| やりがい・働きがいの醸成 | ミーティング等による職場内コミュニケーションの円滑化による個々の福祉・介護職員の気づきを踏まえた勤務環境や支援内容の改善 |
| | 地域包括ケアの一員としてのモチベーション向上に資する、地域の児童・生徒や住民との交流の実施 |
| | 利用者本位の支援方針など障害福祉や法人の理念等を定期的に学ぶ機会の提供 |
| | 支援の好事例や、利用者やその家族からの謝意等の情報を共有する機会の提供 |

## 3　処遇改善加算の配分にあたっての注意点

　処遇改善加算を配分するにあたっては、いくつか留意しておかなければならない注意点があります。一部は令和6年6月からの処遇改善加算でも同様ですので、これから処遇改善加算を取得されようとしている事業所はもちろん、すでに処遇改善加算を算定している事業所においても確認の意味でご参照ください。

## （1）処遇改善加算として支給された加算額を「超える」賃金改善を実施すること（令和６年６月からも同様の要件）

　処遇改善加算は事業所の報酬額に応じてパーセンテージで支給されますが、この支給された加算額を超える賃金改善を実施しなければなりません（加算額すべてを対象となる職員に支給する必要があります）。例えば、処遇改善加算として年間で100万円が支給されたとするならば、福祉・介護職員に対してはそれより「１円でも多くなる」ように賃金改善を実施しなければなりません。処遇改善加算の支給額以下の賃金改善であった場合、不正請求として、「その差額分」等ではなく「処遇改善加算として支給された全額」が返還対象となってしまいます。

　注意しなければならないのは、配分対象となる処遇改善加算は「年度（毎年４月〜翌年３月）に提供したサービスの報酬分に係る処遇改善加算額」であるということです。事業所によっては、例えば毎年３月に処遇改善加算を一時金として配分するというケースもあるかと思いますが、報酬請求のタイミングの兼ね合い上、３月の一時金支給時点で確定している処遇改善加算の金額は「２月に請求を行った分（１月サービス提供分）」までであり、よって３月と４月に請求を行う分（２月・３月サービス提供分）については未確定ですので、この部分も見込んだうえでの金額を配分しなければいけないということになります（大体の事業所では、見込み額と加算額のズレを回避するため、一時金の支給とすることなどで帳尻を合わせています）。

　処遇改善加算の金額については毎月、国民健康保険団体連合会から支給決定通知とともに送られてくる「福祉・介護職員処遇改善加算総額のお知らせ」によってチェックすることができますので、累計額や見込額を日頃から把握・管理しておくことが重要です。

## （2）対象職種となっている者に対して支給すること（令和6年5月までの要件）

　処遇改善加算は前述の通り、「福祉・介護職員」に対して配分されるものであり、事業所で勤務する従業員全員というわけではありませんでした。配分の対象になるのは限定されていて「直接処遇職員」のみです。

　直接処遇職員とは、具体的には下記のとおりです。

> 　ホームヘルパー、生活支援員、児童指導員、保育士、障害福祉サービス経験者、世話人、職業指導員、地域移行支援員、就労支援員、訪問支援員、夜間支援従事者、共生型障害福祉サービス等事業所および特定基準該当障害福祉サービス等事業所に従事する介護職員

　また、下記の職種についても加算算定上必要な直接処遇職員であることから、対象職種とみなして差し支えないこととなっていました。

> 就労継続支援A型の「賃金向上達成指導員」（賃金向上達成指導員配置加算）
> 就労継続支援B型の「目標工賃達成指導員」（目標工賃達成指導員配置加算）
> 児童発達支援および放課後等デイサービスの「指導員等」（児童指導員等加配加算におけるその他の従業者）
> 共同生活援助の「夜間支援従事者」（夜間支援等体制加算）

　令和6年5月までの処遇改善加算では、対象職員が福祉・介護職員に限定されていましたが、令和6年6月からの一本化後の処遇改善加算ではこのルールがなくなり、「福祉・介護職員への配分を基本とし、特に経験・技能のある職員に重点的に配分することとするが、事業所内で柔軟な配分を認める。」とされ、福祉・介護職員はもちろん、事業所に勤務する事務員や調理員などにも配分を行うことが認められています。

　なお、具体的に何日勤務しなければ対象にならない、といった基準

や規定はありませんので、たとえその年度において1日、1時間のみの勤務であったとしても対象にすることができます。

## （3）均等に配分する必要はないということ（令和6年6月からも同様の要件）

処遇改善加算は、すべての職員に配分しなければならないわけではなく、また均等に配分しなければならないわけでもありません。よって、階層に応じて基本給に組み込んでもよいですし、別途処遇改善手当として支払ってもよいです。また、賞与（一時金）として配分しても構いません（令和6年6月からは一定の額を基本給等に充てる必要あり）。極論すれば、「1人だけに全額」を一時金として支払ったとしても問題ないということです。

また、処遇改善計画書を法人一括で提出した場合であれば、例えばA事業所における処遇改善加算額をB事業所の職員に配分する、ということも可能です。

ただし、前述したように、毎年度提出する「福祉・介護職員処遇改善計画書」には福祉・介護職員への周知義務があります。不均衡な配分方法にするのであれば、他の職員が理解・納得できるよう、留意する必要があります。

## 4　令和6年5月までの処遇改善加算に関するQ&A

ここでは、厚生労働省から平成24年（処遇改善加算の発足当初）、平成27年（キャリアパス要件Ⅰ・Ⅱを両方満たす事業所への上乗せ加算の登場）、平成29年（キャリアパス要件Ⅲの登場）にそれぞれ発出されたQ&Aをまとめて紹介します。

通達ではフォローしきれない部分や疑義のある部分についての質疑

応答がまとまっており、処遇改善加算の細部を理解するうえで非常に
重要な資料となっていますので、ご参照ください。

平成24年度障害福祉サービス等報酬改定に関するＱ＆Ａ（平成24年8月31日）一部抜粋（処遇改善加算関係）

> 問5　福祉・介護職員処遇改善計画書における賃金改善の基準点はいつの時点になるのか。

（答）

○　福祉・介護職員処遇改善加算の算定要件は、賃金改善実施期間における賃金改善に要する額（当該改善に伴う法定福利費等の事業主負担増加額を含む。）が、加算の総額を上回ることとしている。

　　その「賃金改善」については、賃金改善実施期間における賃金水準を以下の賃金水準と比較した場合の改善分をいう。

・福祉・介護職員処遇改善事業による助成金を受けていた事業所については、平成23年度の賃金水準から助成金による改善を行っていた部分を除いた水準（ただし、平成25年度以降に新たに加算を算定する場合は、前年度の賃金水準）。

・福祉・介護職員処遇改善事業による助成金を受けていなかった事業所については、加算を算定する年度の前年度の賃金水準。

したがって、例えば、

・手当等により賃金改善を実施する場合に、特段の事情なく基本給を平成23年度より切り下げる。

・基本給により賃金改善を実施する場合に、業績連動ではないその他の手当等を平成23年度より引き下げる。

などの場合は、賃金改善と認められない。

○　また、福祉・介護職員処遇改善特別加算についても同様である。

> 問6　福祉・介護職員処遇改善計画書における賃金改善実施期間はいつから、いつまでか。

（答）

○　加算における賃金改善を実施する期間であり、当該加算は平成24年4月から算定が可能となるため、その賃金改善実施期間についても原則4月（年度の途中で加算の算定を受ける場合、当該加算を受けた月）から翌年の3月までとなる。

　　なお、助成金を受けている場合等により、賃金改善期間の重複が発生する等の理由がある場合は、賃金改善実施期間を6月から翌年5月までとするなど柔軟な対応をとられたい。

> 問7　福祉・介護職員処遇改善計画書や報告書に関する証拠書類として事業者から求める書類について、国から基準は示されるのか。

（答）

○　労働基準法（昭和22年法律第49号）第89条に規定する就業規則や就業規則と別に作成している賃金・退職手当・臨時の賃金等に関する規程を想定している。

> 問8　福祉・介護職員処遇改善計画書、実績報告の様式を変更してもよいか。

（答）

○　3月30日付け障障発0330第5号通知で様式例をお示ししたとおりであり、指定権者をまたいで複数事業所を一括して法人単位で福祉・介護職員処遇改善計画書を作成することもあり、事務の簡素化の観点から、特段の事情のない限り同様式例を活用して頂きたい。

> 問9　福祉・介護職員の資質向上の支援に関する計画には、具体的にどのような内容が必要か。

（答）

○　当該計画については、特に基準等を設けておらず、事業者の運営
方針や事業者が求める福祉・介護職員像及び福祉・介護職員のキャ
リア志向に応じて適切に設定されたい。

　　また、計画の期間は必ずしも賃金改善実施期間と合致しなくても
良い。

　　なお、目標を例示すれば、次のようなものが考えられる。

①　利用者のニーズに応じた良質なサービスを提供するために、福
祉・介護職員が技術・能力（例：介護技術、コミュニケーション
能力、協調性、問題解決能力、マネジメント能力等）の向上に努
めること。

②　事業所全体での資格等（例：介護福祉士、介護職員基礎研修、
居宅介護従事者養成研修等）の取得率向上

---

問10　福祉・介護職員処遇改善加算に係る、厚生労働大臣が別に
定める基準の内容のうち、イ（6）の「労働保険料の納付が適
正に行われていること」について具体的に内容を確認すればよ
いか。

---

（答）

○　加算の算定をしようとする事業所における従事者に対する労働保
険の加入状況が適切に行われていることが必要となるため、労働保
険関係成立届等の納入証明書（写）等を提出書類に添付する等によ
り確認する。

○　また、福祉・介護職員処遇改善特別加算についても同様である。

---

問11　実績報告書の提出期限はいつなのか。

---

（答）

○　各事業年度における最終の加算の支払いがあった月の翌々月の末

日までに、福祉・介護職員処遇改善実績報告書を提出する。

例：加算を算定する最後のサービス提供月が3月の場合、5月支払となるため、2か月後の7月末となる。

---

> 問12　キャリアパス及び労働保険納付に関する確認資料は、助成金申請事業所からも改めて提出を求める必要があるか。

（答）

○　福祉・介護職員処遇改善事業による助成金を受けている事業所について、都道府県に届出をする場合は、キャリアパス及び労働保険納付に関する確認資料に変更がない場合、省略を可能とする。

　　また、指定都市又は中核市については、都道府県から指定事務等の一環として、これらの確認資料を引き継ぐ場合については、省略を可能とする。

---

> 問13　賃金改善等の処遇改善計画の福祉・介護職員への周知方法の確認について、回覧形式で判子を押印した計画書の写しを提出させること等が考えられるが、具体的にどのように周知すればよいか。

（答）

○　賃金改善計画等の周知については、全従事者が閲覧できる掲示板等への掲示や全従事者への文書による通知等が考えられるが、各法人・事業所において適切な方法で実施することが必要である。

---

> 問14　労働に関する法令に違反し、罰金以上の刑に科せられていないことは、どのようにして確認するのか。

（答）

○　事業所の指定を行う際と同様に、届出を行う事業所に誓約書等の

提出を求めることにより確認する。

---

問15　福祉・介護職員の任用の際における職責又は職務内容等の
　　定めには、最低限、どのような内容が必要か。

（答）

○　職責や職務内容等については、特に基準等を設けておらず、事業
者の運営方針等に基づいて設定することが必要である。

---

問16　福祉・介護職員処遇改善加算及び福祉・介護職員処遇改善
　　特別加算の届出は毎年必要か。平成24年度に加算を算定してお
　　り、平成25年度にも加算を算定する場合、再度届け出る必要が
　　あるのか。

（答）

○　福祉・介護職員処遇改善加算及び福祉・介護職員処遇改善特別加
算を算定しようとする事業所が前年度も加算を算定している場合、
福祉・介護職員処遇改善計画書は毎年提出する必要があるが、既に
提出された計画書添付書類については、その内容に変更（加算取得
に影響のない軽微な変更を含む）がない場合は、その提出を省略さ
せることができる。

---

問17　福祉・介護職員処遇改善計画書の作成について、当該計画
　　の内容が変更になった場合は、改めて都道府県知事等に届け出
　　る必要があるのか。また、当該計画は、事業年度を超えて作成
　　することはできないと解してよろしいか。

（答）

○　加算を算定する際に提出した福祉・介護職員処遇改善計画書等に
変更があった場合には、必要な事項を記載した変更の届出を行う。

　なお、加算取得に影響のない軽微な変更については、必ずしも届け出を行う必要はない。

　また、福祉・介護職員処遇改善計画は収入額・支出額等を各年度、見直しをする必要があるため、各年毎に作成することが必要である。

---

問18　事業悪化等により、賃金水準を引き下げることは可能か。

---

（答）

○　サービス利用者数の大幅な減少などによる経営の悪化等により、事業の継続が著しく困難であると認められるなどの理由がある場合には、適切に労使の合意を得た上で、賃金水準を見直すこともやむを得ない。

　また、賞与等において、経常利益等の業績に連動して支払額が変動する部分が業績に応じて変動することを妨げるものではないが、本加算に係る賃金改善は、こうした変動と明確に区分されている必要がある。

---

問19　実績報告で賃金改善額が加算額を下回った場合、これまでの助成金と同様、返還する必要があるのか。

---

（答）

○　加算の算定要件は、賃金改善額が加算による収入額を上回ることであり、加算による収入額を下回ることは想定されないが、仮に加算による収入額を下回っている場合は、一時金や賞与として支給されることが望ましい。

　なお、悪質な事例については、加算の算定要件を満たしていない不正請求として全額返還となる。

> 問20　期限までに実績報告が行われない場合は、実施期間中の当該加算は全額返還となるのか。

（答）

○　加算の算定要件で実績報告を行うこととしており、指定権者が実績報告の提出を求める等の指導を行っているにも関わらず、実績報告の提出を行わない場合は、加算の算定要件を満たしていない不正請求として全額返還となる。

> 問21　通常、加算は実施した翌月以降に請求することとなる、4月から加算を算定しようとする場合、3月中には福祉・介護職員処遇改善計画書を作成して従業員に周知しなければならないが、期間が短く対応ができないのではないか。

（答）

○　平成24年度に助成金の承認を受けていた障害福祉サービス事業所等については、当該承認をもって、加算の算定要件を満たしたものとみなし、平成24年5月末までに、福祉・介護職員処遇改善計画書及び計画書添付書類を都道府県知事等に届出をすることで算定を可能とする経過措置を設定した。従って、この間に福祉・介護職員処遇改善計画書を作成し、都道府県知事等に届け出ることが必要である。

> 問22　加算は、事業所ごとに算定するため、福祉・介護職員処遇改善加算の算定要件である福祉・介護職員処遇改善計画書や実績報告書は、（法人単位ではなく）事業所ごとに提出する必要があるのか。

（答）

○　加算は、事業所毎に算定をするため事業所毎の届出が原則となる

が、障害福祉サービス事業所等を複数有する障害福祉サービス事業所等（法人である場合に限る。）である場合や障害福祉サービス事業所等ごとの届出が実態に鑑み適当でない場合、福祉・介護職員処遇改善計画書は、当該障害福祉サービス事業所等が一括して作成することができる。また、同一の就業規則により運営されている場合に、地域ごとや介護サービスごとに作成することができる。

> 問23　福祉・介護職員処遇改善計画書を単独事業所で作成する場合や同一県内の複数事業所を一括で作成する場合など、どの様式で届け出ればよいか。

（答）

○　福祉・介護職員処遇改善計画書は全ての事業所で作成（複数事業所を一括で作成可能）する必要があり、複数事業所を一括で作成する場合、事業所の一覧（添付資料１）、都道府県状況一覧（添付資料２）、市町村状況一覧（添付資料３）を添付することとしている。

単独の事業所で福祉・介護職員処遇改善計画書を作成する場合は、添付書類は必要なく、同一県内の複数事業所を一括で作成する場合は、事業所一覧（添付資料１）と市町村状況一覧（添付資料３）が添付資料として必要になる。

> 問24　福祉・介護職員処遇改善加算及び福祉・介護職員処遇改善特別加算は、利用料には反映されるのか。

（答）

○　福祉・介護職員処遇改善加算及び福祉・介護職員処遇改善特別加算は、利用者の負担能力に応じた負担が生じることになる。

> 問25　福祉・介護職員処遇改善加算及び福祉・介護職員処遇改善特別加算の算定要件として、福祉・介護職員処遇改善計画書や実績報告書を都道府県知事等に提出することとなっているが、当該要件を満たしていることを証するため、計画書や実績報告書の提出を受けた都道府県知事は、（介護給付費等の算定に係る体制等状況一覧表の「受理通知」は送付しているがそれとは別途に）「受理通知」等を事業所に送付する必要があるのか。

（答）

○　加算の算定に係る事務を滞りなく行うために必要な事務については、他の加算同様に実施することが必要である。

> 問26　平成24年度から新たに障害福祉サービス事業所等を開設する場合も加算の算定は可能か。

（答）

○　新規事業所についても、加算算定は可能である。この場合においては、福祉・介護職員処遇改善計画書の賃金改善額は賃金のうち加算の収入を充当する部分を明確にすることが必要である。なお、方法は就業規則、雇用契約書等に記載する方法が考えられる。

> 問27　基金事業では、賃金改善は複数の給与項目で実施できたが、加算においても同様に取扱うのか。一時金で改善してもよいのか。

（答）

○　福祉・介護職員処遇改善計画書には、増額若しくは新設した又はする予定である給与の項目の種類（基本給、手当、賞与又は一時金等）等を記載することとしているが、基本給で実施されることが望ましい。

> **問28**　基金事業と同様に、賃金改善は常勤、非常勤等を問わず、また、一部の福祉・介護職員を対象としないことは可能か。

（答）

○　福祉・介護職員処遇改善加算の算定要件は、賃金改善に要する額が加算による収入を上回ることであり、事業所（法人）全体での賃金改善が要件を満たしていれば、一部の福祉・介護職員を対象としないことは可能である。

○　また、福祉・介護職員処遇改善加算も同様である。

> **問30**　加算算定時に1単位未満の端数が生じた場合、どのように取扱うのか。また同様に、利用者負担の1円未満はどのように取扱うのか。

（答）

○　通常の報酬における単位の計算と同様に、一単位未満の端数を四捨五入し、現行の他の加算と同様になる。また、利用者負担についても現行の他の加算と同様に、福祉・介護職員処遇改善加算額から報酬請求額を減じた額となる（福祉・介護職員処遇改善特別加算についても同様）。

※　なお、報酬請求額は、1円未満の端数切り捨てにより算定する。

> **問31**　介護給付費等の算定に係る体制等状況一覧及び障害児通所・入所給付費の算定に係る体制等状況一覧における福祉・介護職員処遇改善加算及び福祉・介護職員処遇改善特別加算は、期日までに提出は必要か。また、必要な添付書類はなにか。

（答）

○　福祉・介護職員処遇改善加算については、平成24年当初の特例を

設けており、福祉・介護職員処遇改善事業による助成金を受けている事業所については、加算を算定する事業所とみなすため、介護給付費等の算定に係る体制状況一覧及び障害児通所・入所給付費の算定に係る体制等状況一覧における福祉・介護職員処遇改善加算の部分については、記載を省略しても差し支えないが、福祉・介護職員処遇改善特別加算については、新たに届出が必要となる。

　また、介護給付費等の算定に係る体制等状況一覧等における福祉・介護職員処遇改善加算及び福祉・介護職員処遇改善特別加算に関する添付書類については、福祉・介護職員処遇改善計画書等の届出を持って添付書類とすることとし、福祉・介護職員処遇改善計画書を複数事業所でまとめて作成している場合についても、それぞれの事業所ごとに資料を添付する必要はない。

---

問31-2　空床利用型や併設型の短期入所事業所であって、特別養護老人ホームや療養介護、障害児入所施設でサービスを提供した際の加算率の取り扱い如何。

---

（答）

○　平成24年3月30日障障発0330第5号「福祉・介護職員処遇改善加算及び福祉・介護職員処遇改善特別加算に関する基本的考え方並びに事務処理手順及び様式例の提示について」の別紙1において、「短期入所（併設型・空床利用型）については、本体施設の加算率を適用することとし、短期入所（単独型）については、生活介護の加算率を適用する。」としているところであるが、具体的には、以下のとおりとなる。

①　指定共同生活援助事業所が行う場合（単独型を除く）………6.9%
②　指定宿泊型自立訓練事業所が行う場合（単独型を除く）……2.3%
③　指定共同生活介護事業所が行う場合（単独型を除く）………3.0%
④　単独型事業所……………………………………………………………1.7%

⑤　上記以外（特別養護老人ホーム、療養介護、障害児入所施設等
　　が実施する場合 ················································································ 2.8%

---

問31-3　賃金改善実施期間は、加算の算定月数より短くするこ
　　とは可能か。

（答）

○　加算の算定月数と同じ月数とすること。

---

問31-4　福祉・介護職員処遇改善助成金を受けておらず、平成
　　24年4月から新規に福祉・介護職員処遇改善（特別）加算を算
　　定する事業所について、国保連からの支払いは6月になるの
　　で、賃金改善実施期間を6月からとすることは可能か。

（答）

○　賃金改善実施期間は原則4月から翌年3月までの1年間とするこ
　　ととしているが、6月からの1年間として取扱うことも可能である。

平成27年度障害福祉サービス等報酬改定に関するＱ＆Ａ VOL. 2（平成27年4月30日）一部抜粋（処遇改善加算関係）

## 1．障害福祉サービス等における共通的事項

## （1）福祉・介護職員処遇改善加算等

（趣旨・仕組みについて①）

問1　職員1人当たり月額1万2千円相当の上乗せが行われることとなっており、福祉・介護職員処遇改善加算（Ⅰ）が新設されたが、福祉・介護職員処遇改善加算（Ⅰ）と福祉・介護職員処遇改善加算（Ⅱ）を同時に取得することによって上乗せ分が得られるのか、それとも新設の福祉・介護職員処遇改善加算（Ⅰ）のみを取得すると上乗せ分も得られるのか。

（答）

○　新設の福祉・介護職員処遇改善加算（以下「処遇改善加算」という。）（Ⅰ）に設定されているサービスごとの加算率を1月当たりの総単位数に乗じることにより、月額2万7千円相当の加算が得られる仕組みとなっており、これまでに1万5千円相当の加算が得られる区分を取得していた事業所・施設は、処遇改善加算（Ⅰ）のみを取得することで、月額1万2千円相当の上乗せ分が得られる。

　なお、処遇改善加算（Ⅰ）～（Ⅳ）及び福祉・介護職員処遇改善特別加算（以下「特別加算」という。）については、いずれかの区分で取得した場合、当該区分以外の処遇改善加算等は取得できないことに留意すること。

（趣旨・仕組みについて②）

問2　新設の処遇改善加算の（Ⅰ）と（Ⅱ）の算定要件について、具体的な違いをご教授いただきたい。

（答）

○　キャリアパス要件については、

①　職位、職責、職務内容等に応じた任用等の要件と賃金体系を定めること等（キャリアパス要件Ⅰ）

②　資質向上のための具体的な計画を策定し、研修の実施又は研修の機会を確保していること等（キャリアパス要件Ⅱ）

があり、処遇改善加算（Ⅱ）については、キャリアパス要件Ⅰ又はキャリアパス要件Ⅱのいずれかの要件を満たせば取得可能であるのに対して、処遇改善加算（Ⅰ）については、その両方の要件を満たせば取得可能となる。

　また、職場環境等要件については、実施した処遇改善（賃金改善を除く。）の内容を全ての福祉・介護職員に周知している必要があり、処遇改善加算（Ⅱ）については、平成20年10月から実施した取組が対象であるのに対して、処遇改善加算（Ⅰ）については、平成27年4月から実施した取組が対象となる。

　なお、処遇改善加算（Ⅰ）の職場環境等要件について、平成27年9月末までに届出を行う場合には、実施予定である処遇改善（賃金改善を除く。）の内容を全ての福祉・介護職員に周知していることをもって、要件を満たしたものとしている。

---

（賃金水準①）

問3　事業者が加算の算定額に相当する福祉・介護職員の賃金改善を実施する際、賃金改善の基準点はいつなのか。

---

（答）

○　賃金改善は、加算又は特別加算を取得していない場合の賃金水準と、加算又は特別加算を取得し実施される賃金水準の改善見込額との差分を用いて算定されるものであり、比較対象となる加算又は特別加算を取得していない場合の賃金水準とは、以下のとおりである。

　　なお、加算又は特別加算を取得する月の属する年度の前年度に勤務実績のない福祉・介護職員等については、その職員と同職であって、勤続年数等が同等の職員の賃金水準と比較する。

○　平成26年度以前に加算又は特別加算を取得していた障害福祉サービス事業者等の福祉・介護職員の場合、次のいずれかの賃金水準

・加算又は特別加算を取得する直前の時期の賃金水準（福祉・介護人材の処遇改善事業における助成金（以下「助成金」という。）を取得していた場合は、助成金による賃金改善の部分を除く。）

・加算又は特別加算を取得する月の属する年度の前年度の賃金水準（加算又は特別加算の取得による賃金改善の部分を除く。）

○　平成26年度以前に加算又は特別加算を取得していない障害福祉サービス事業者等の福祉・介護職員の場合

・加算又は特別加算を取得する月の属する年度の前年度の賃金水準

---

（今回の改定に伴い、以下のＱ＆Ａについて削除）
平成24年度障害福祉サービス等報酬改定に関するＱ＆Ａ（平24.8.31）問5

---

（賃金水準②）

問4　平成26年度以前に処遇改善加算を取得していた障害福祉サービス事業者等の福祉・介護職員の賃金改善の基準点の１つに「加算を取得する直前の時期の賃金水準（助成金を取得していた場合は、助成金による賃金改善の部分を除く。）」とあるが、直前の時期とは、具体的にいつまでを指すのか。助成金を受けていた事業所については、助成金が取得可能となる前の平成21年９月以前の賃金水準を基準点とすることはできるか。

（答）

○　平成26年度以前に従来の処遇改善加算を取得していた障害福祉サービス事業者等で、助成金を受けていた事業所の福祉・介護職員の賃金改善に当たっての「直前の時期の賃金水準」とは、平成24年

度障害福祉サービス等報酬改定に関するＱ＆Ａ（平成24年8月31日）問5における取扱いと同様に、平成23年度の賃金水準（助成金を取得していた場合は、助成金による賃金改善の部分を除く。）をいう。

　従って、平成24年度障害福祉サービス等報酬改定における取扱いと同様に、助成金が取得可能となる前の平成21年9月以前の賃金水準を賃金改善の基準点とすることはできない。

---

（賃金水準③）

問5　平成27年度に処遇改善加算を取得するに当たって、賃金改善に係る比較時点として、平成26年度の賃金水準と比較する場合であって、平成26年度中に定期昇給が行われた場合、前年度となる平成26年度の賃金水準については、定期昇給前の賃金水準となるのか、定期昇給後の賃金水準となるのか、又は年度平均の賃金水準になるのか。

---

（答）

○　前年度の賃金水準とは、前年度に福祉・介護職員に支給した賃金総額や、前年度の福祉・介護職員一人当たりの賃金月額である。

---

（賃金水準④）

問6　今般、処遇改善加算を新しく取得するに当たって、処遇改善加算の算定額に相当する賃金改善分について、以下の内容を充てることを労使で合意した場合、算定要件にある当該賃金改善分とすることは差し支えないか。

　①過去に自主的に実施した賃金改善分

　②通常の定期昇給等によって実施された賃金改善分

---

（答）

○　賃金改善は、加算又は特別加算を取得していない場合の賃金水準

と、加算又は特別加算を取得し実施される賃金水準の改善見込額との差分を用いて算定されるものであり、比較対象となる加算又は特別加算を取得していない場合の賃金水準とは、平成26年度以前に加算又は特別加算を取得していた障害福祉サービス事業者等の福祉・介護職員等の場合、次のいずれかの賃金水準としている。

・加算又は特別加算を取得する直前の時期の賃金水準（助成金を取得していた場合は、助成金による賃金改善の部分を除く。）

・加算又は特別加算を取得する月の属する年度の前年度の賃金水準（加算又は特別加算の取得による賃金改善の部分を除く。）

　従って、比較対象となる加算又は特別加算を取得していない場合の賃金水準と比較して、賃金改善が行われていることが算定要件として必要なものであり、賃金改善の方法の一つとして、当該賃金改善分に、過去に自主的に実施した賃金改善分や、定期昇給等による賃金改善分を含むことはできる。

（賃金水準⑤）

問7　平成27年度以降に処遇改善加算を取得するに当たって、賃金改善の見込額を算定するために必要な「加算を取得していない場合の賃金の総額」の時点については、どのような取扱いとなるのか。

（答）

○　賃金改善に係る比較時点に関して、加算を取得していない場合の賃金水準とは、平成26年度以前に処遇改善加算を取得していた場合、以下のいずれかの賃金水準となる。

・処遇改善加算を取得する直前の時期の賃金水準（助成金を取得していた場合は、助成金による賃金改善の部分を除く。）

・処遇改善加算を取得する月の属する年度の前年度の賃金水準（加算の取得による賃金改善の部分を除く。）

　平成26年度以前に処遇改善加算を取得していない場合は、処遇改善加算を取得する月の属する年度の前年度の賃金水準となる。

　また、事務の簡素化の観点から、平成27年3月31日付け障障発0331第6号通知（以下「通知」という。）第1の3（3）①ロのただし書きによる簡素な計算方法により処遇改善加算（Ⅰ）を取得する場合の「加算を取得していない場合の賃金の総額」は、処遇改善加算（Ⅰ）を初めて取得する月の属する年度の前年度の賃金の総額であって、従来の処遇改善加算（Ⅰ）を取得し実施された賃金の総額となる。

　このため、例えば、従来の処遇改善加算（Ⅰ）を取得していた場合であって、平成27年度に処遇改善加算（Ⅰ）を初めて取得し、上記のような簡素な計算方法によって、平成28年度も引き続き処遇改善加算（Ⅰ）を取得するに当たっての「加算を取得していない場合の賃金の総額」の時点は、平成26年度の賃金の総額となる。

---

（賃金改善の考え方①）

問8　一時金で処遇改善を行う場合、「一時金支給日まで在籍している者のみに支給する（支給日前に退職した者には全く支払われない）」という取扱いは可能か。

---

（答）

○　処遇改善加算の算定要件は、賃金改善に要する額が処遇改善加算による収入を上回ることであり、事業所（法人）全体での賃金改善が要件を満たしていれば、一部の福祉・介護職員を対象としないことは可能である。

　ただし、この場合を含め、事業者は、賃金改善の対象者、支払いの時期、要件、賃金改善額等について、計画書等に明記し、職員に周知すること。

　また、福祉・介護職員から加算に係る賃金改善に関する照会が

あった場合は、当該職員についての賃金改善の内容について書面を用いるなど分かりやすく説明すること。

（賃金改善の考え方②）

問9　処遇改善加算の算定要件である「処遇改善加算の算定額に相当する賃金改善」に関して、下記の取組に要した費用を賃金改善として計上して差し支えないか。

（1）法人で受講を認めた研修に関する参加費や教材費等について、あらかじめ福祉・介護職員の賃金に上乗せして支給すること。

（2）研修に関する交通費について、あらかじめ福祉・介護職員の賃金に上乗せして支給すること。

（3）福祉・介護職員の健康診断費用や、外部から講師を招いて研修を実施する際の費用を法人が肩代わりし、当該費用を福祉・介護職員の賃金改善とすること。

（答）

○　処遇改善加算を取得した障害福祉サービス事業者等は、処遇改善加算の算定額に相当する賃金改善の実施と併せて、キャリアパス要件や職場環境等要件を満たす必要があるが、当該取組に要する費用については、算定要件における賃金改善の実施に要する費用に含まれない。

　当該取組に要する費用以外であって、処遇改善加算の算定額に相当する賃金改善を行うための具体的な方法については、労使で適切に話し合った上で決定すること。

> （職場環境等要件①）
>
> 問10　職場環境等要件（旧定量的要件）で求められる「賃金改善以外の処遇改善への取組」とは、具体的にどのようなものか。
>
> 　また、処遇改善加算（Ⅰ）を取得するに当たって、平成27年４月以前から継続して実施している処遇改善の内容を強化・充実した場合は、算定要件を満たしたものと取り扱ってよいか。
>
> 　更に、過去に実施した賃金改善以外の処遇改善の取組と、平成27年４月以降に実施した賃金改善以外の取組は、届出書の中でどのように判別するのか。

（答）

○　職場環境等要件を満たすための具体的な事例は、通知別紙様式２の（３）を参照されたい。

　また、処遇改善加算（Ⅰ）を取得するに当たって平成27年４月から実施した賃金改善以外の処遇改善の取組内容を記載する際に、別紙様式２の（３）の項目について、平成20年10月から実施した当該取組内容と重複することは差し支えないが、別の取組であることが分かるように記載すること。

　例えば、平成20年10月から実施した取組内容として、福祉・介護職員の腰痛対策を含む負担軽減のための介護ロボットを導入し、平成27年４月から実施した取組内容として、同様の目的でリフト等の介護機器等を導入した場合、別紙様式２の（３）においては、同様に「福祉・介護職員の腰痛対策を含む負担軽減のための介護ロボットやリフト等の介護機器等導入」にチェックすることになるが、それぞれが別の取組であり、平成27年４月から実施した新しい取組内容であることから、その他の欄にその旨が分かるように記載すること等が考えられる。

（職場環境等要件②）

問11　平成26年度以前に従来の処遇改善加算を取得した際、職場環境等要件（旧定量的要件）について、２つ以上の取組を実施した旨を申請していた場合、今般、新しい処遇改善加算を取得するに当たって、平成27年４月から実施した処遇改善（賃金改善を除く。）の内容を全ての福祉・介護職員に対して、新たに周知する必要があるのか。

（答）

○　職場環境等要件（旧定量的要件）について、２つ以上の取組を実施した旨を過去に申請していたとしても、あくまでも従来の処遇改善加算を取得するに当たっての申請内容であることから、今般、新しい処遇改善加算を取得するに当たっては、平成27年４月から実施した処遇改善（賃金改善を除く。）の内容を全ての福祉・介護職員に対して、新たに周知する必要がある。

　　なお、その取組内容を記載する際に、通知別紙様式２の（３）の項目の上で、平成20年10月から実施した当該取組内容と重複することは差し支えないが、別の取組であることが分かるように記載すること。

（職場環境等要件③）

問12　職場環境等要件について、「資質の向上」、「労働環境・処遇の改善」、「その他」といったカテゴリー別に例示が挙げられているが、処遇改善加算を取得するに当たっては、各カテゴリーにおいて１つ以上の取組を実施する必要があるのか。

（答）

○　あくまでも例示を分類したものであり、例示全体を参考とし、選択したキャリアパスに関する要件と明らかに重複する事項でないも

のを1つ以上実施すること。

> （申請期日・申請手続き①）
>
> 問13　福祉・介護職員処遇改善加算の届出は毎年度必要か。平成27年度に処遇改善加算を取得しており、平成28年度にも処遇改善加算を取得する場合、再度届け出る必要があるのか。

（答）

○　福祉・介護職員処遇改善加算を算定しようとする事業所が前年度も加算を算定している場合、福祉・介護職員処遇改善計画書は毎年度提出する必要があるが、既に提出された計画書添付書類については、その内容に変更（加算取得に影響のない軽微な変更を含む）がない場合は、その提出を省略させることができる。

（平成24年度障害福祉サービス等報酬改定に関するQ＆A（平24.8.31）問16の一部改正）

> （申請期日・申請手続き②）
>
> 問14　従来の福祉・介護職員処遇改善加算（Ⅰ）～（Ⅲ）については、改正後には、それぞれ（Ⅱ）～（Ⅳ）となるが、既存の届出内容に変更点がない場合であっても、介護給付費等の算定に係る体制状況一覧の届出は必須か。

（答）

○　介護給付費等の算定に係る体制状況一覧については、その内容に変更がある場合は届出が必要になるが、各自治体の判断において対応が可能であれば、届出書は不要として差し支えない。

（申請期日・申請手続き③）

問15　処遇改善加算（Ⅰ）の算定要件に、「平成27年4月から（2）の届出の日の属する月の前月までに実施した福祉・介護職員の処遇改善に要した費用を全ての職員に周知していること」とあり、処遇改善加算（Ⅰ）は平成27年4月から算定できないのか。

（答）

○　処遇改善加算（Ⅰ）の職場環境等要件について、平成27年9月末までに届出を行う場合には、実施予定である処遇改善（賃金改善を除く。）の内容を全ての福祉・介護職員に周知していることをもって、要件を満たしたものとしている。

（申請期日・申請手続き④）

問16　これまでに処遇改善加算を取得していない事業所・施設も含め、平成27年4月から処遇改善加算を取得するに当たって、福祉・介護職員処遇改善計画書や介護給付費算定に係る体制状況一覧の必要な書類の提出期限はいつ頃までなのか。

（答）

○　平成27年4月から処遇改善加算を取得しようとする障害福祉サービス事業者等は、4月15日までに福祉・介護職員処遇改善計画書の案や介護給付費算定に係る体制等に関する届出を都道府県知事等に提出し、4月末までに確定した福祉・介護職員処遇改善計画書及び計画書添付書類を提出する必要がある。

（申請期日・申請手続き⑤）

問17　福祉・介護処遇改善加算に係る届出において、平成26年度まで処遇改善加算を取得していた事業所については、一部添付書類（就業規則等）の省略を行ってよいか。

（答）

○　前年度に処遇改善加算を算定している場合であって、既に提出された計画書添付書類に関する事項に変更がない場合は、各自治体の判断により、その提出を省略して差し支えない。

---

（特別な事情に係る届出書①）

問18　基本給は改善しているが、賞与を引き下げることで、あらかじめ設定した賃金改善実施期間の福祉・介護職員の賃金が引き下げられた場合の取扱いはどうなるのか。その際には、どのような資料の提出が必要となるのか。

---

（答）

○　処遇改善加算を用いて賃金改善を行うために一部の賃金項目を引き上げた場合であっても、事業の継続を図るために、賃金改善実施期間の賃金が引き下げられた場合については、特別事情届出書を届け出る必要がある。

　　なお、福祉・介護職員の賃金水準を引き下げた後、その要因である特別な状況が改善した場合には、可能な限り速やかに福祉・介護職員の賃金水準を引下げ前の水準に戻す必要がある。

　　また、その際の特別事情届出書は、以下の内容が把握可能となっている必要がある。

・処遇改善加算を取得している障害福祉サービス事業所等の法人の収支（障害福祉サービス事業等による収支に限る。）について、サービス利用者数の大幅な減少等により経営が悪化し、一定期間にわたって収支が赤字である、資金繰りに支障が生じる等の状況にあることを示す内容

・福祉・介護職員の賃金水準の引下げの内容

・当該法人の経営及び福祉・介護職員の賃金水準の改善の見込み

・福祉・介護職員の賃金水準を引き下げることについて、適切に労

使の合意を得ていること等の必要な手続きを行った旨

> （今回の改定に伴い、以下のQ&Aについて削除）
> 平成24年度障害福祉サービス等報酬改定に関するQ&A（平24.8.31）問18

---

（特別な事情に係る届出書②）

問19　賃金改善実施期間の賃金が引き下げられた場合であっても、加算の算定額以上の賃金改善が実施されていれば、特別事情届出書は提出しなくてもよいのか。

（答）

○　処遇改善加算は、通知第1の3（2）②の賃金改善に係る比較時点の考え方や、第1の3（3）①ロのただし書きによる簡素な計算方法の比較時点の考え方に基づき、各事業所・施設が選択した「処遇改善加算を取得していない場合の賃金水準」と比較し、処遇改善加算の算定額に相当する賃金改善の実施を求めるものであり、当該賃金改善が実施されない場合は、特別事情届出書の提出が必要である。

---

（特別な事情に係る届出書③）

問20　一部の職員の賃金水準を引き下げたが、一部の職員の賃金水準を引き上げた結果、事業所・施設の福祉・介護職員全体の賃金水準は低下していない場合、特別事情届出書の提出はしなくてよいか。

（答）

○　一部の職員の賃金水準を引き下げた場合であっても、事業所・施設の福祉・介護職員全体の賃金水準が低下していない場合は、特別事情届出書を提出する必要はない。

　　ただし、事業者は一部の職員の賃金水準を引き下げた合理的な理

由について労働者にしっかりと説明した上で、適切に労使の合意を
得ること。

---

（特別な事情に係る届出書④）

問21　法人の業績不振に伴い業績連動型の賞与や手当が減額され
　　　た結果、賃金改善実施期間の賃金が引き下げられた場合、特別
　　　事情届出書の提出は必要なのか。

---

（答）

○　事業の継続を図るために特別事情届出書を提出した場合を除き、
　賃金水準を低下させてはならないため、業績連動型の賞与や手当が
　減額された結果、賃金改善実施期間の賃金が引き下げられた場合、
　特別事情届出書の提出は必要である。

---

（特別な事情に係る届出書⑤）

問22　事業の継続が可能であるにもかかわらず、経営の効率化を
　　　図るといった理由や、障害福祉サービス等報酬改定の影響のみ
　　　を理由として、特別事情届出書を届け出ることは可能か。

---

（答）

○　特別事情届出書による取扱いについては、事業の継続を図るため
　に認められた例外的な取扱いであることから、事業の継続が可能に
　もかかわらず経営の効率化を図るといった理由で、福祉・介護職員
　の賃金水準を引き下げることはできない。

　　また、特別事情届出書による取扱いの可否については、障害福祉
　サービス等報酬改定のみをもって一律に判断されるものではなく、
　法人の経営が悪化していること等の以下の内容が把握可能となって
　いる必要がある。

・処遇改善加算を取得している障害福祉サービス事業所等の法人の
　収支（障害福祉サービス事業等による収支に限る。）について、

サービス利用者数の大幅な減少等により経営が悪化し、一定期間にわたって収支が赤字である、資金繰りに支障が生じる等の状況にあることを示す内容
・福祉・介護職員の賃金水準の引下げの内容
・当該法人の経営及び福祉・介護職員の賃金水準の改善の見込み
・福祉・介護職員の賃金水準を引き下げることについて、適切に労使の合意を得ていること等の必要な手続きを行った旨

（特別な事情に係る届出書⑥）
問23　新しい処遇改善加算を取得するに当たって、あらかじめ特別事情届出書を提出し、事業の継続を図るために、福祉・介護職員の賃金水準（加算による賃金改善分を除く。）を引き下げた上で賃金改善を行う予定であっても、当該加算の取得は可能なのか。

（答）
○　特別事情届出書を届け出ることにより、事業の継続を図るために、福祉・介護職員の賃金水準（加算による賃金改善分を除く。）を引き下げた上で賃金改善を行うことは可能であるが、福祉・介護職員の賃金水準を引き下げた後、その要因である特別な状況が改善した場合には、可能な限り速やかに福祉・介護職員の賃金水準を引き下げ前の水準に戻す必要があることから、本取扱いについては、あくまでも一時的な対応といった位置付けのものである。

　　従って、新しい処遇改善加算を取得するに当たってあらかじめ特別事情届出書を提出するものではなく、特別な事情により福祉・介護職員処遇改善計画書に規定した賃金改善を実施することが困難と判明した、又はその蓋然性が高いと見込まれた時点で、当該届出書を提出すること。

（特別な事情に係る届出書⑦）

問24　特別事情届出書を提出し、福祉・介護職員の賃金水準（加算による賃金改善分を除く。）を引き下げた上で賃金改善を行う場合、賃金水準の引下げに当たっての比較時点はいつになるのか。

（答）

○　通知第１の３（２）②の賃金改善に係る比較時点の考え方や、第１の３（３）①ロのただし書きによる簡素な計算方法の比較時点の考え方に基づき、各事業所・施設が選択した「処遇改善加算を取得していない場合の賃金水準」と比較すること。

（その他①）

問25　福祉・介護職員が派遣労働者の場合であっても、処遇改善加算の対象となるのか。

（答）

○　福祉・介護職員であれば派遣労働者であっても、処遇改善加算の対象とすることは可能であり、賃金改善を行う方法等について派遣元と相談した上で、福祉・介護職員処遇改善計画書や福祉・介護職員処遇改善実績報告書について、対象とする派遣労働者を含めて作成すること。

（その他②）

問26　平成27年度から新たに障害福祉サービス事業所・施設を開設する場合も処遇改善加算の取得は可能か。

（答）

○　新規事業所・施設についても、加算の取得は可能である。この場合において、福祉・介護職員処遇改善計画書には、処遇改善加算を

取得していない場合の賃金水準からの賃金改善額や、賃金改善を行う方法等について明確にすることが必要である。なお、方法は就業規則、雇用契約書等に記載する方法が考えられる。

（平成24年度障害福祉サービス等報酬改定に関するQ&A（平24.8.31）問26の一部改正）

問4、問5、問7～問9、問13、問14、問16～問26については、福祉・介護職員処遇改善特別加算においても、同様の取扱いとする。

平成29年度障害福祉サービス等報酬改定等に関するＱ＆Ａ（平成29年3月30日）一部抜粋Ｑ＆Ａ

（キャリアパス要件Ⅲについて①）

問1　キャリアパス要件Ⅲと既存のキャリアパス要件Ⅰとの具体的な違い如何。

（答）

　　キャリアパス要件Ⅰについては、職位・職責・職務内容等に応じた任用要件と賃金体系を整備することを要件としているが、昇給に関する内容を含めることまでは求めていないものである。一方、新設する福祉・介護職員処遇改善加算（以下「加算」という。）の加算（Ⅰ）（以下「新加算（Ⅰ）」という。）の取得要件であるキャリアパス要件Ⅲにおいては、経験、資格又は評価に基づく昇給の仕組みを設けることを要件としている。

（キャリアパス要件Ⅲについて②）

問2　昇給の仕組みとして、それぞれ『①経験　②資格　③評価のいずれかに応じた昇給の仕組みを設けること』という記載があるが、これらを組み合わせて昇給の要件を定めてもいいか。

（答）

　　お見込みのとおり。

（キャリアパス要件Ⅲについて③）

問3　昇給の方式については、手当や賞与によるものでもよいのか。

（答）

　　昇給の方式は、基本給による賃金改善が望ましいが、基本給、手当、賞与等を問わない。

（キャリアパス要件Ⅲについて④）

問4　資格等に応じて昇給する仕組みを設定する場合において、「介護福祉士資格を有して当該事業所や法人で就業する者についても昇給が図られる仕組みであることを要する」とあるが、具体的にはどのような仕組みか。

（答）

本要件は、介護福祉士の資格を有して事業所や法人に雇用される者がいる場合があることを踏まえ、そのような者も含めて昇給を図る観点から設けているものであり、例えば、介護福祉士の資格を有する者が、社会福祉士の資格を取得した場合に、より高い基本給や手当が支給される仕組みなどが考えられる。

（キャリアパス要件Ⅲについて⑤）

問5　キャリアパス要件Ⅲによる昇給の仕組みについて、非常勤職員や派遣職員はキャリアパス要件Ⅲによる昇給の仕組みの対象となるか。

（答）

キャリアパス要件Ⅲによる昇給の仕組みについては、非常勤職員を含め、当該事業所や法人に雇用される全ての福祉・介護職員が対象となり得るものである必要がある。

また、福祉・介護職員であれば派遣労働者であっても、派遣元と相談の上、加算の対象とし、派遣料金の値上げ分等に充てることは可能であり、この場合、計画書・実績報告書は、派遣労働者を含めて作成することとしている。新加算（Ⅰ）の取得に当たっても本取扱いに変わりはないが、キャリアパス要件Ⅲについて、派遣労働者を加算の対象とする場合には、当該派遣職員についても当該要件に該当する昇給の仕組みが整備されていることを要する。

---

（キャリアパス要件Ⅲについて⑥）

問6　キャリアパス要件Ⅲの昇給の基準として「資格等」が挙げられているが、これにはどのようなものが含まれるのか。

---

（答）

　「介護福祉士」のような資格や、「実務者研修修了者」のような一定の研修の修了を想定している。また、「介護福祉士資格を有して当該事業所や法人で就業する者についても昇給が図られる仕組み」については、福祉・介護職員として職務に従事することを前提としつつ、介護福祉士の資格を有している者が、「介護支援専門員」や「社会福祉士」など、事業所が指定する他の資格を取得した場合に昇給が図られる仕組みを想定している。

　また、必ずしも公的な資格である必要はなく、例えば、事業所等で独自の資格を設け、その取得に応じて昇給する仕組みを設ける場合も要件を満たし得る。ただし、その場合にも、当該資格を取得するための要件が明文化されているなど、客観的に明らかとなっていることを要する。

---

（キャリアパス要件Ⅲについて⑦）

問7　『一定の基準に基づき定期に昇給を判定する仕組み』とあるが、一定の基準とは具体的にどのような内容を指すのか。また、「定期に」とは、どの程度の期間まで許されるのか。

---

（答）

　昇給の判定基準については、客観的な評価基準や昇給条件が明文化されていることを要する。また、判定の時期については、事業所の規模や経営状況に応じて設定して差し支えないが、明文化されていることが必要である。

（キャリアパス要件Ⅲについて⑧）

問8　キャリアパス要件Ⅲを満たす昇給の仕組みを設けたが、それによる賃金改善総額だけでは、加算の算定額を下回る場合、要件は満たさないこととなるのか。

（答）

　キャリアパス要件Ⅲを満たす昇給の仕組みによる賃金改善では加算の算定額に満たない場合においても、当該仕組みによる賃金改善を含め、基本給、手当、賞与等による賃金改善の総額が加算の算定額を上回っていればよい。

（キャリアパス要件Ⅲについて⑨）

問9　新加算（Ⅰ）取得のため就業規則等の変更を行う際、役員会等の承認を要するが、平成29年度について、当該承認が計画書の提出期限の4月15日までに間に合わない場合、新加算（Ⅰ）を算定できないのか。

（答）

　計画書に添付する就業規則等について、平成29年度については、4月15日の提出期限までに内容が確定していない場合には、その時点での暫定のものを添付することとしてよい。ただし、その内容に変更が生じた場合、確定したものを6月30日までに指定権者に提出すること。

（キャリアパス要件Ⅲについて⑩）

問10　平成29年4月15日までに暫定のものとして添付した就業規則等につき、役員会等の承認が得られなかった場合や、内容に変更が生じた場合、新加算（Ⅰ）は算定できないのか。

（答）

　事業所や法人内部において承認が得られなかった場合や、内容に変更が生じ、結果としてキャリアパス要件Ⅲを満たさない場合については、新加算（Ⅰ）は算定できないが、新加算（Ⅰ）以外の区分の算定要件を満たしていれば、変更届を提出の上、当該区分の加算を取得できる。また、内容の変更が軽微で、変更後の内容がキャリアパス要件Ⅲを満たす内容であれば、変更届の提出を要することなく、新加算（Ⅰ）を取得できる。

第 **3** 章

令和6年5月までの

# 特定処遇改善加算の概要と算定要件

令和6年6月からの新処遇改善加算は、令和6年5月までの処遇改善加算、特定処遇改善加算、ベースアップ等支援加算の要件が引き継がれ、統合された形になっていますが、いずれの加算も要件や配分ルールが複雑なものとなっていました。

よって、新処遇改善加算を理解するためには、まずは旧加算の要件がどのようなものであったかを理解しておく必要あります。

本章では、令和6年5月までの「福祉・介護職員等特定処遇改善加算」を取得するための具体的な手続きや算定における注意点を解説していきます。

第2章で取り上げた処遇改善加算が直接処遇職員、つまり現場の職員を対象としていたのに対し、この特定処遇改善加算は勤続10年以上の介護福祉士など、事業所における「中核人材」の賃金改善を目的としているのが特徴です。

# 1　令和6年5月までの特定処遇改善加算の概要

　特定処遇改善加算は、正式名称を「福祉・介護職員等特定処遇改善加算」といいます。令和6年5月までの処遇改善加算（以下、「旧加算」といいます）が直接処遇職員、つまり現場の職員を対象としているのに対し、特定処遇改善加算は事業所における「中核人材」を対象とした賃金改善を目的としているのが特徴です。この中核人材とは、例えば「福祉・介護業界における勤続年数が10年以上であり、介護福祉士の資格を有する者」など、実務経験が相当年数あり、かつ福祉関係の国家資格を取得している人材を想定しています。障害福祉サービス事業所であれば、サービス管理責任者や児童発達支援管理責任者になりうるような人材がこれに該当します。

　特定処遇改善加算は、旧加算の上乗せとして受給できたほか、旧加算とは異なり、「サービス管理責任者」や「児童発達支援管理責任者」、「事務員」、「調理員」などにも配分可能である点が、最大の特徴です。

## 3-1：令和6年5月までの特定処遇改善加算の対象となる障害福祉サービスとサービスごとの加算率

(R3.4.1～)

| サービス区分 | 福祉・介護職員処遇改善加算 | | | 福祉・介護職員等特定処遇改善加算 | | 福祉・介護職員等ベースアップ等支援加算 |
|---|---|---|---|---|---|---|
| | キャリアパス要件等の適合状況に応じた加算率 | | | 配置等要件に応じた加算率 | | |
| | 福祉・介護職員処遇改善加算（Ⅰ）に該当（ア） | 福祉・介護職員処遇改善加算（Ⅱ）に該当（イ） | 福祉・介護職員処遇改善加算（Ⅲ）に該当（ウ） | 福祉・介護職員等特定処遇改善加算（Ⅰ）に該当（区分なし含む） | 福祉・介護職員等特定処遇改善加算に該当（Ⅱ） | |
| 居宅介護 | 27.4% | 20.0% | 11.1% | 7.0% | 5.5% | 4.5% |
| 重度訪問介護 | 20.0% | 14.6% | 8.1% | 7.0% | 5.5% | 4.5% |
| 同行援護 | 27.4% | 20.0% | 11.1% | 7.0% | 5.5% | 4.5% |
| 行動援護 | 23.9% | 17.5% | 9.7% | 7.0% | 5.5% | 4.5% |
| 重度障害者等包括支援 | 8.9% | 6.5% | 3.6% | 6.1% | | 4.5% |
| 生活介護 | 4.4% | 3.2% | 1.8% | 1.4% | 1.3% | 1.1% |
| 施設入所支援 | 8.6% | 6.3% | 3.5% | 2.1% | | 2.8% |
| 短期入所 | 8.6% | 6.3% | 3.5% | 2.1% | | 2.8% |
| 療養介護 | 6.4% | 4.7% | 2.6% | 2.1% | 1.9% | 2.8% |
| 自立訓練（機能訓練） | 6.7% | 4.9% | 2.7% | 4.0% | 3.6% | 1.8% |
| 自立訓練（生活訓練） | 6.7% | 4.9% | 2.7% | 4.0% | 3.6% | 1.8% |
| 就労移行支援 | 6.4% | 4.7% | 2.6% | 1.7% | 1.5% | 1.3% |
| 就労継続支援Ａ型 | 5.7% | 4.1% | 2.3% | 1.7% | 1.5% | 1.3% |
| 就労継続支援Ｂ型 | 5.4% | 4.0% | 2.2% | 1.7% | 1.5% | 1.3% |
| 共同生活援助（介護サービス包括型） | 8.6% | 6.3% | 3.5% | 1.9% | 1.6% | 2.6% |
| 共同生活援助（日中サービス支援型） | 8.6% | 6.3% | 3.5% | 1.9% | 1.6% | 2.6% |
| 共同生活援助（外部サービス利用型） | 15.0% | 11.0% | 6.1% | 1.9% | 1.6% | 2.6% |
| 児童発達支援 | 8.1% | 5.9% | 3.3% | 1.3% | 1.0% | 2.0% |
| 医療型児童発達支援 | 12.6% | 9.2% | 5.1% | 1.3% | 1.0% | 2.0% |
| 放課後等デイサービス | 8.4% | 6.1% | 3.4% | 1.3% | 1.0% | 2.0% |
| 居宅訪問型児童発達支援 | 8.1% | 5.9% | 3.3% | 1.1% | | 2.0% |
| 保育所等訪問支援 | 8.1% | 5.9% | 3.3% | 1.1% | | 2.0% |
| 福祉型障害児入所施設 | 9.9% | 7.2% | 4.0% | 4.3% | 3.9% | 3.8% |
| 医療型障害児入所施設 | 7.9% | 5.8% | 3.2% | 4.3% | 3.9% | 3.8% |
| 障害者支援施設が行う生活介護 | 6.1% | 4.4% | 2.5% | 1.7% | | 1.1% |
| 障害者支援施設が行う自立訓練（機能訓練） | 6.8% | 5.0% | 2.8% | 2.6% | | 1.8% |
| 障害者支援施設が行う自立訓練（生活訓練） | 6.8% | 5.0% | 2.8% | 2.6% | | 1.8% |
| 障害者支援施設が行う就労移行支援 | 6.7% | 4.9% | 2.7% | 1.8% | | 1.3% |
| 障害者支援施設が行う就労継続支援Ａ型 | 6.5% | 4.7% | 2.6% | 1.8% | | 1.3% |
| 障害者支援施設が行う就労継続支援Ｂ型 | 6.4% | 4.7% | 2.6% | 1.8% | | 1.3% |

※1 福祉・介護職員処遇改善加算、福祉・介護職員等特定処遇改善加算における、障害者支援施設が行う日中活動系サービスは、各サービスとは別の加算率を適用する。
※2 福祉・介護職員等ベースアップ等支援加算における、障害者支援施設が行う日中活動系サービスは、各サービスと同じ加算率を適用する。

（厚生労働省）

## 2 令和6年5月までの特定処遇改善加算の算定要件と配分ルール

　ここからは、令和6年5月までの特定処遇改善加算を算定する際の要件と配分ルールについて解説していきます。

### （1）特定処遇改善加算の区分（Ⅰ・Ⅱ）

　特定処遇改善加算にはⅠとⅡの区分があり、区分によって加算率が異なります（Ⅰのほうが加算率が上がります）。また、区分ごとに求められる要件も違ってきます。

### （2）特定処遇改善加算の要件と区分の決定

　特定処遇改善加算を算定する場合、まずは加算算定のための要件を確認する必要があります。特定処遇改善加算の要件は次の1から4の4つです。

## 特定処遇改善加算の要件

### （1）配置等要件

「福祉専門職員配置等加算」の算定によって満たせます（福祉専門職員配置等加算については後述）。

### （2）旧加算要件

令和6年5月までの処遇改善加算の（Ⅰ）から（Ⅲ）のいずれかを算定していれば満たせます。

### （3）職場環境等要件

職場環境等要件として定められた6つの区分のうち3つの区分を選択し、それぞれの区分で1つ以上の取組みを実施。実施した処遇改善の内容と処遇改善に要した費用を職員に周知することで満たせます（詳細は後述）。

### （4）見える化要件

職場環境等要件の取組みを「障害福祉サービス等情報検索サイト」へ公表したり自社ホームページに掲載するなどして公表すると満たせます。

3-2：加算の種類と要件

**(1)配置等要件**

福祉専門職員配置等加算を
算定していること

**(2)旧加算要件**

令和6年5月までの処遇改善加算
(Ⅰ)〜(Ⅲ)のいずれかを
算定していること

**(3)職場環境等要件**

複数の取組みを行っていること
実施した処遇改善の内容および
処遇改善に要した費用について、
すべて職員に周知していること
（賃金改善にかんするものをのぞく）

**(4)見える化要件**

職場環境等要件の取組みについて、
ホームページへの掲載などにより
公表していること
※令和5年度〜

| 特定処遇改善<br>加算（Ⅰ） | (1)〜(4)<br>すべてを満たす | 特定処遇改善<br>加算（Ⅱ） | (2)〜(4)<br>を満たす |
|---|---|---|---|

（画像提供「株式会社 LITALICO メディア＆ソリューションズ」）

　次に、区分（特定処遇改善加算（Ⅰ）（Ⅱ））ごとの要件の違いについて詳しく見ていきます。

　特定処遇改善加算（Ⅰ）を算定するには、要件（1）から（4）のすべてを満たす必要があります。一方で、特定処遇改善加算（Ⅱ）の場合は、要件（2）から（4）が求められ、（1）は含まれません。つまり、「福祉専門職員配置等加算」を算定しているかどうかで加算の種類が分かれるのです。

① 福祉専門職員配置等加算の概要

　配置等要件を満たすために必要な「福祉専門職員配置等加算」の概要は次頁の図3-3の通りです。福祉専門職員配置等加算には1から3の3区分ありますが、どれを算定しても配置等要件を満たすことは可能です。

3-3：配置等要件（福祉職員配置等加算）

**福祉専門職員配置等加算1（15 単位）**

常勤の職業指導員・生活支援員・就労支援員の中に、社会福祉士・介護福祉士・
精神保健福祉士・公認心理師・作業療法士のいずれかの資格を持つ人が
35％以上いる事業所が算定できる

**福祉専門職員配置等加算2（10 単位）**

常勤の職業指導員・生活支援員・就労支援員の中に、社会福祉士・介護福祉士・
精神保健福祉士・公認心理師・作業療法士のいずれかの資格を持つ人が
25％以上いる事業所が算定できる

**福祉専門職員配置等加算3（6単位）**

以下のいずれかの場合に算定できる
✓ 生活支援員・職業指導員・就労支援員のうち 75％以上が常勤職員
✓ 生活支援員・職業指導員・就労支援員のうち 30％以上が勤続3年以上の常勤職員

（画像提供「株式会社 LITALICO メディア＆ソリューションズ」）

## ② 職場環境等要件

　次に、「職場環境等要件」について、少し詳しく見てみましょう。

　厚生労働省の掲げる職場環境等要件は次頁の図3-4の通り大きく
わけて6つの区分に分けられています（旧加算の職場環境等要件（31
頁）と同じものです）。

　特定処遇改善加算における職場環境等要件を満たすには、旧加算と
は異なり、6つの区分のうち任意の3区分を選択し、それぞれの区分
で1つ以上の取組みを実施する必要があります（ただし、旧の処遇改
善加算の取組みと重複しても問題ありません）。

## 3-4：職場環境等要件

▼6分野の項目のうちから任意で3つの分野を選択し、それぞれ1つ以上を実施（旧加算と重複しても可）

| 入職促進に向けた取組み | 法人や事業所の経営理念や支援方針・人材育成方針、その実現のための施策・仕組みなどの明確化 |
| --- | --- |
| | 事業者の共同による採用・人事ローテーション・研修のための制度構築 |
| | 他産業からの転職者、主婦層、中高年齢者等、経験者・有資格者にこだわらない幅広い採用の仕組みの構築 |
| | 職業体験の受入れや地域行事への参加や主催等による職業魅力向上の取組の実施 |
| 資質の向上やキャリアアップに向けた支援 | 働きながら介護福祉士等の取得を目指す者に対する実務者研修受講支援や、より専門性の高い支援技術を取得しようとする者に対する喀痰吸引研修、強度行動障害支援者養成研修、サービス提供責任者研修、中堅職員に対するマネジメント研修の受講支援等 |
| | 研修の受講やキャリア段位制度と人事考課との連動 |
| | エルダー・メンター(仕事やメンタル面のサポート等をする担当者)制度等の導入 |
| | 上位者・担当者等によるキャリア面談など、キャリアアップ等に関する定期的な相談の機会の確保 |
| 両立支援・多様な働き方の推進 | 子育てや家族等の介護等と仕事の両立を目指すための休業制度等の充実、事業所内託児施設の整備 |
| | 職員の事情等の状況に応じた勤務シフトや短時間正職員制度の導入、職員の希望に即した非正規職員か正規職員への転換の制度等の整備 |
| | 有給休暇が取得しやすい環境の整備 |
| | 業務や福利厚生制度、メンタルヘルス等の職員相談窓口の設置等相談体制の充実 |
| | 障害を有する者でも働きやすい職場環境の構築や勤務シフトの配慮 |
| 腰痛を含む心身の健康管理 | 福祉・介護職員の身体の負担軽減のための介護技術の修得支援、介護ロボットやリフト等の介護機器等の導入及び研修等による腰痛対策の実施 |
| | 短時間勤務労働者等も受診可能な健康診断・ストレスチェックや、従業者のための休憩室の設置等健康管理対策の実施 |
| | 雇用管理改善のための管理者に対する研修等の実施 |
| | 事故・トラブルへの対応マニュアル等の作成等の体制の整備 |
| 生産性向上のための業務改善の取組 | タブレット端末やインカム等のICT活用や見守り機器等の介護ロボットやセンサー等の導入による業務量の縮減 |
| | 高齢者の活躍（居室やフロア等の掃除、食事の配膳、下膳などのほか、経理や労務、広報なども含めた介護業務以外の業務の提供）等による役割分担の明確化 |
| | 5S活動（業務管理の手法の1つ。整理・整頓・清掃・清潔・躾の頭文字をとったもの）等の実践による職場環境の整備 |
| | 業務手順書の作成や、記録・報告様式の工夫等による情報共有や作業負担の軽減 |
| やりがい・働きがいの醸成 | ミーティング等による職場内コミュニケーションの円滑化による個々の福祉・介護職員の気づきを踏まえた勤務環境や支援内容の改善 |
| | 地域包括ケアの一員としてのモチベーション向上に資する、地域の児童・生徒や住民との交流の実施 |
| | 利用者本位の支援方針など障害福祉や法人の理念等を定期的に学ぶ機会の提供 |
| | 支援の好事例や、利用者やその家族からの謝意等の情報を共有する機会の提供 |

（※厚生労働省「福祉・介護職員処遇改善加算及び福祉・介護職員処遇改善特別加算に関する基本的考え方並びに事務処理手順及び様式例の提示について」をもとに作成）

### ③　見える化要件

　最後に、「見える化要件」についてですが、こちらは前述の「職場環境等要件」において実施した職場環境改善の内容を、次のいずれかの方法で公表する必要があります。

> （ⅰ）ホームページへの掲載
> 　「障害福祉サービス情報等公表検索サイト（https://www.wam.go.jp/sfkohyoout/COP000100E0000.do）」への掲載、または「自社ホームページ」への掲載のいずれかの方法で公表を行います。
> （ⅱ）その他の方法による掲示等
> 　公表については上記（ⅰ）が原則ですが、「事業所の建物で、外部から見える場所への掲示」による公表も認められています（事業所内のみの掲示では NG です）。

## （3）特定処遇改善加算の配分ルール

　次に、配分ルールの確認と注意点について解説します。

　特定処遇改善加算の配分には一定の手順があります。

### 手順1：事業所の全職員を「A 人材」「B 人材」「C 人材」の3つのグループに分ける

［A 人材］……A 人材は経験・技能のある障害福祉人材。例えば、勤続
　　　10年以上、またはそれと同等のスキルを持つ人材など

［B 人材］……B 人材は A 人材に該当しない障害福祉人材

［C 人材］……C 人材は上記以外の職員。例えば事務員や調理員など

### 手順2：ABC3つのグループに分けたら、次はそれぞれのグループに配分する金額を設定。このときの注意点は2つ。

［注意点1］……平均配分額の比率。A 人材の平均配分額は B 材よりも
　　　多く、B 人材の平均配分額は C 人材の2倍以上にすること。

［注意点2］……A 人材の賃金改善額。A 人材のうち1人以上は、月額
　　　平均8万円以上の賃金改善または年額440万円を超える賃金水準

## 3-5：配分ルール

**手順1** **事業所の人材をA、B、Cの3つのグループに分ける**

**手順2** **それぞれのグループに配分する金額を設定する**

① A人材の平均配分額はB人材よりも多く、BはCの2倍以上にする

② A人材のうち1人以上が月額平均8万円以上の賃金改善、
または年額440万円を超える賃金水準への改善

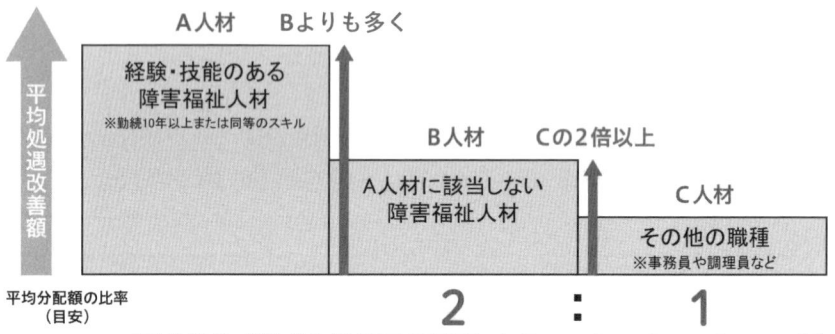

（画像提供「株式会社LITALICOメディア＆ソリューションズ」）

への改善が必要。

●例外……

　配分にあたっては、上記の通り人材をABCの3つのグループに分けるのが原則ですが、必ずしもそうしなければならないというわけではありません。

［A人材がいない場合］……例えば、新設のため経験・技能のある障害福祉人材がいない事業所や、月額8万円以上の賃金改善または年額440万円水準への賃金改善が難しい事業所などは、A人材を設定せずにB・C人材のみの設定も可能です（その場合の配分比率はB：C＝2：1）。

［障害福祉人材のすべてがA人材に該当する場合］……A人材とC人材のみを設定することも可能です。

　さらに、障害福祉人材のみに加算を配分したい場合はA人材とB人材だけを設定することもできますし、経験・技能のある障害福祉人材にだけ配分したい場合はA人材だけを設定することも可能です。

　いずれの場合においても、全職員への周知は必要です。

### 3-6：配分のポイント

✅ **A人材がいない場合（新規の事業所など）**

**⇒BとCを設定**

✅ **福祉・介護職員がすべてA人材の場合**

**⇒AとCを設定**

✅ **福祉・介護職員だけに配分したい場合**

**⇒AとBを設定**

✅ **経験技能のある福祉・介護職員だけに配分したい場合**

**⇒Aだけを設定**

（画像提供「株式会社LITALICOメディア＆ソリューションズ」）

　なお、令和6年6月からの一本化に伴い、この配分ルールは撤廃されることになりました。詳細は後述します。

## 3　令和6年5月までの特定処遇改善加算に関するQ＆A

　ここでは、厚生労働省から発出されたQ＆Aを紹介します。

　令和6年6月からの一本化に伴って2の（3）で述べた複雑な配分ルールは撤廃されましたが、一本化前の仕組みを理解する上で重要となるので、押さえておくことにより一本化後の処遇改善加算の理解が進むと思われます。

**2019年度障害福祉サービス等報酬改定に関するＱ＆Ａ（Vol. 1）**
**（令和元年5月17日）**

【福祉・介護職員等特定処遇改善加算】

○　取得要件について

> 問1　福祉・介護職員等特定処遇改善加算は、勤続10年以上の介護福祉士等がいなければ取得できないのか。

（答）

　　福祉・介護職員等特定処遇改善加算については、

・現行の福祉・介護職員処遇改善加算（Ⅰ）から（Ⅲ）までを取得していること

・福祉・介護職員処遇改善加算の職場環境等要件に関し、複数の取組を行っていること

・福祉・介護職員処遇改善加算に基づく取組について、ホームページへの掲載等を通じた見える化を行っていること

を満たす事業所が取得できることから、勤続10年以上の介護福祉士等がいない場合であっても取得可能である。

> 問2　職場環境等要件について、現行の福祉・介護職員処遇改善加算の要件を満たすものとして実施している取組とは別の取組を実施する必要があるのか。

（答）

　　福祉・介護職員等特定処遇改善加算における職場環境等要件については、職場環境等の改善が行われることを担保し、一層推進する観点から、複数の取組を行っていることとし、具体的には、「資質の向上」、「労働環境・処遇の改善」及び「その他」の区分ごとに一以上の取組を行うことが必要である。

　　これまで福祉・介護職員処遇改善加算を算定するに当たって実施

してきた取組をもってこの要件を満たす場合、福祉・介護職員等特定処遇改善加算の取扱いと同様、これまでの取組に加えて新たな取組を行うことまでを求めているものではない。

> 問3　ホームページ等を通じた見える化については、障害福祉サービス等事業所検索サイトを活用しないことも可能か。

（答）

　事業所において、ホームページを有する場合、そのホームページを活用し、

・福祉・介護職員等特定処遇改善加算の取得状況
・賃金改善以外の処遇改善に関する具体的な取組内容

を公表することも可能である。

○　配分対象と配分ルールについて

> 問4　経験・技能のある障害福祉人材について、勤続10年以上の介護福祉士等を基本とし、勤続10年の考え方については、事業所の裁量で設定できることとされているが、どのように考えるのか。

（答）

　「勤続10年の考え方」については、

・勤続年数を計算するにあたり、同一法人のみだけでなく、他法人や医療機関等での経験等も通算する
・すでに事業所内で設けられている能力評価や等級システムを活用するなど、10年以上の勤続年数を有しない者であっても業務や技能等を勘案して対象とする

など、各事業所の裁量により柔軟に設定可能である。

> 問5　経験・技能のある障害福祉人材に該当する職員がいないこととすることも想定されるのか。その場合、月額8万円の賃金改善となる者又は処遇改善後の賃金が役職者を除く全産業平均賃金（440万円）以上となる者を設定・確保することは必要か。

（答）

　経験・技能のある障害福祉人材については、勤続年数10年以上の介護福祉士等を基本とし、各事業所の裁量において設定することとなり、処遇改善計画書及び実績報告書において、その基準設定の考え方について記載することとしている。

　今回、経験・技能のある障害福祉人材に重点化を図りながら、福祉・介護職員の更なる処遇改善を行うという福祉・介護職員等特定処遇改善加算の趣旨を踏まえ、事業所内で相対的に経験・技能の高い障害福祉人材を「経験・技能のある障害福祉人材」のグループとして設定し、その中で月額8万円の賃金改善となる者等を設定することが基本となる。

　ただし、介護福祉士等に該当する者がいない場合や、比較的新たに開設した事業所で、研修・実務経験の蓄積等に一定期間を要するなど、職員間における経験・技能に明らかな差がない場合などは、この限りでない。なお、このような「経験・技能のある障害福祉人材」のグループを設定しない理由についても、処遇改善計画書及び実績報告書に具体的に記載する必要がある。

　どのような経験・技能があれば「経験・技能のある障害福祉人材」のグループに該当するかについては、労使でよく話し合いの上、事業所ごとに判断することが重要である。

> 問6　月額8万円の処遇改善を計算するに当たり、現行の福祉・介護職員処遇改善加算による改善を含めて計算することは可能か。

（答）

　月額8万円の処遇改善の計算に当たっては、福祉・介護職員等特定処遇改善加算による賃金改善分で判断するため、現行の福祉・介護職員処遇改善加算による賃金改善分とは分けて判断することが必要である。

> 問7　処遇改善後の賃金が、役職者を除く全産業平均賃金（440万円）以上かを判断するにあたっての賃金に含める範囲はどこまでか。

（答）

　「経験・技能のある障害福祉人材」のうち設定することとしている「月額8万円の処遇改善」又は「処遇改善後の賃金が役職者を除く全産業平均賃金（440万円）以上」の処遇改善となる者に係る処遇改善後の賃金額については、手当等を含めて判断することとなる。

　なお、「月額8万円」の処遇改善については、法定福利費等の増加分も含めて判断し、処遇改善後の賃金「440万円」については、社会保険料等の事業主負担その他の法定福利費等は含まずに判断する。

> 問8　令和元（2019）年度は10月から算定可能となるが、経験・技能のある障害福祉人材について、処遇改善後の賃金が、役職者を除く全産業平均賃金（440万円）以上かを判断するにあたり、考慮される点はあるのか。

（答）

　処遇改善後の賃金が年額440万円以上となることが原則であるが、

福祉・介護職員等特定処遇改善加算が10月施行であることを踏まえ、令和元（2019）年度の算定に当たっては、6月間又はそれ以下の期間の特定処遇改善加算を加えても年収440万円以上を満たすことが困難な場合、12月間加算を算定していれば年収440万円以上となることが見込まれる場合であっても、要件を満たすものとして差し支えない。

---

**問9**　その他の職種の440万円の基準を判断するにあたって、賃金に含める範囲はどこまでか。

（答）

　その他の職種の440万円の基準については、手当等を含めて判断することとなる。なお、法定福利費等は含めない。

---

**問10**　その他の職種の440万円の基準についての非常勤職員の給与の計算はどのように行うのか。

（答）

　その他の職種の440万円の基準についての非常勤職員の給与の計算に当たっては、常勤換算方法で計算し賃金額を判断することが必要である。

---

**問11**　小規模な事業所で開設したばかりである等、設定することが困難な場合に合理的な説明を求める例として、8万円等の賃金改善を行うに当たり、これまで以上に事業所内の階層・役職やそのための能力・処遇を明確化することが必要になるため、規程の整備や研修・実務経験の蓄積などに一定期間を要する場合が挙げられているが、「一定期間」とはどの程度の期間を想定しているのか。

（答）

　　実際に月額8万円の改善又は年収440万円となる者を設定するにはこれまで以上に事業所内の階層・役職やそのための能力・処遇を明確化することが必要になるため、時間を要する可能性があるが、規程の整備等については適切にご対応いただきたい。

　　当該地域における賃金水準や経営状況等、それぞれ状況は異なることから、「一定期間」を一律の基準で定めることや計画を定めて一定の期間で改善を求めることは適切でない。

---

問12　各グループの対象人数に関して、「原則として常勤換算方法による」とされているが、どのような例外を想定しているのか。

---

（答）

　　各グループにおける平均賃金改善額を計算するに当たっては、経験・技能のある障害福祉人材及び他の障害福祉人材については、常勤換算方法による人数の算出を求めている。

　　一方で、その他の職種については、常勤換算方法のほか、実人数による算出も可能であり、各事業所における配分ルールにも影響することも踏まえ、労使でよく話し合いの上、適切に判断されたい。

---

問13　平均改善額の計算にあたり、母集団に含めることができる職員の範囲はどこまでか。

---

（答）

　　賃金改善を行う職員に加え、賃金改善を行わない職員についても、平均改善額の計算を行うにあたり職員の範囲に含めることとなる。

○　指定権者への届出について

> 問14　実績報告に当たって、積算の根拠となる資料は「求められ
> た場合には、提出できるようにしておく」とあるが、予め提出
> を求めても差し支えないか。

（答）

　　今後、見込まれる厳しい人材不足の中、障害福祉サービス事業所
等の事務負担・文書量の大幅な削減が求められている。

　　過去の経緯等を踏まえ、特定の事業所に個別に添付書類の提出を
求めることは差し支えないが、各事業所における賃金改善の方法や
考え方については、処遇改善計画書及び実績報告書において記載を
求めており、また職員の個々の賃金改善額は柔軟に決められる一
方、各グループの平均賃金改善額のルールを設け、実績報告書に記
載を求めるものであり、更に詳細な積算資料（各職員の賃金額や改
善額のリスト等）の事前提出を一律に求めることは想定していない。

> 問15　福祉・介護職員等特定処遇改善加算については、法人単位
> の申請が可能とされているが、法人単位での取扱いが認められ
> る範囲はどこまでか。

（答）

　　法人単位での取扱いについては、
・月額8万円の処遇改善となる者又は処遇改善後の賃金が役職者を
　除く全産業平均賃金（440万円）以上となる者を設定・確保
・経験・技能のある障害福祉人材、他の障害福祉人材、その他の職
　種の設定
が可能である。

　　また、法人単位で月額8万円の処遇改善となる者等の設定・確保
を行う場合、法人で一人ではなく、一括して申請する事業所の数に

応じた設定が必要である。なお、事業所の中に、設定することが困難な事業所が含まれる場合は、実態把握に当たりその合理的理由を説明することにより、設定の人数から除くことが可能である。

　なお、取得区分が（Ⅰ）、（Ⅱ）と異なる場合であっても、福祉・介護職員等特定処遇改善加算取得事業所間においては、一括の申請が可能である（加算未取得事業所や処遇改善加算の非対象サービスの事業所、障害福祉サービス等制度外の事業所については一括した取扱いは認められない。）。

○　配分対象における職員分類の変更特例について

> 問16　配分対象における職員分類の変更特例について、「当該特例の趣旨に沿わない計画（特段の理由がない職員分類の変更や、職員分類の変更特例に例示されていない特性かつ同じ特性により多数の職員の分類変更を行う場合等）については、詳細な理由の説明を求めることとする。」とされているが、具体的にどのような計画を指しているか。

（答）

　福祉・介護職員等特定処遇改善加算は、新しい経済政策パッケージに基づき
・経験・技能のある障害福祉人材への重点化
・障害福祉人材の更なる処遇改善
・障害福祉人材の更なる処遇改善という趣旨を損なわない程度の柔軟運用
という趣旨で創設されたものである。

　しかし、通常の職員分類では、経験若しくは技能等を鑑みて、上記趣旨を踏まえた適正な評価ができない職員の特性を考慮し、職員分類の変更特例を設けたものである。したがって、「当該特例の趣旨に沿わない計画」とは、

・経験・技能等を鑑みず、職種で一律に変更特例を行うような事例

・経験・技能等を鑑みず、雇用形態で一律に変更特例を行うような
事例

などが考えられる。

　なお、障害福祉サービス事業所等の事務負担・文書量の大幅な削減が求められているため、変更特例の適用について一律に説明を求めることは想定していない。

　また、詳細な理由の説明を求めた結果、提出された「職員分類の変更特例に係る報告」に記載されていない事由があった場合は、その事由を追記（または資料添付）することとする。

○　その他

> 問17　福祉・介護職員特定処遇改善加算の配分以上に賃金改善を
> 　　行う場合で、処遇改善計画書及び実績報告書において、加算配
> 　　分以上の賃金改善分を含めると配分ルールを満たせなくなる場
> 　　合は、どのように取り扱えばよいか。

（答）

　福祉・介護職員特定処遇改善加算の額を上回る賃金改善を行う場合であって、全ての賃金改善を含めた場合、処遇改善計画書及び実績報告書において配分ルールを満たせなくなる場合は、福祉・介護職員特定処遇改善加算の配分を上回る賃金改善分を除いて、処遇改善計画書及び実績報告書を作成して差し支えない。

問18 平成21年９月25日に発出された「福祉・介護人材の処遇改善事業に係るＱ＆Ａ（追加分）」の問４において、就労継続支援Ｂ型事業所の目標工賃達成指導員が対象となる旨の回答がなされており、福祉・介護職員処遇改善加算においても同様の取扱いがなされているが、福祉・介護職員等特定処遇改善加算においても、福祉・介護職員と同様の取扱いとしてよいか。

（答）

お見込のとおり取り扱って差し支えない。

問19 法人単位の処遇改善計画書の提出が可能とされているが、事業所ごとに賃金改善額が加算額を上回る必要があるのか。

（答）

福祉・介護職員等特定処遇改善加算及び福祉・介護職員処遇改善加算並びに福祉・介護職員処遇改善特別加算について、原則、各事業所において処遇改善計画書を作成し、賃金改善されることとしており、複数の事業所等を有する法人においても各事業所において賃金改善されることが望ましいものの、事業所等ごとの届出が実態に鑑み適当でない場合は、法人が処遇改善計画書を一括して作成することを特例として認めているところ。

そのため、法人単位で一括作成された処遇改善計画書及び実績報告書においては、法人単位で加算額以上の賃金改善が行われていることが確認されれば、足りるものとする。

なお、加算を取得していない事業所や処遇改善加算の非対象サービスの事業所、障害福祉サービス等制度外の事業所については、一括した取扱いは認められない。

### 2019年度障害福祉サービス等報酬改定に関するＱ＆Ａ（Vol. 2）（令和元年7月29日）

【福祉・介護職員等特定処遇改善加算】

○　取得要件について

> 問1　配置等要件（福祉専門職員配置等加算または、特定事業所加算を算定していることとする要件。以下同じ。）について、年度途中で、喀痰吸引を必要とする利用者の割合に関する要件等を満たせないことにより、特定事業所加算を算定できない状況が常態化し、3ヶ月以上継続した場合に、変更の届出を行うとされているが、特定加算（福祉・介護職員等特定処遇改善加算をいう。以下同じ。）の算定はいつからできなくなるのか。

（答）

・特定加算（Ⅰ）の算定に当たっては、配置等要件を満たす必要があるところ、その要件の適合状況に変更があった場合は、変更の届出を行うこととしているが、「喀痰吸引を必要とする利用者の割合についての要件等を満たせないことにより、特定事業所加算を算定できない状況」については、直ちに変更することを求めるものではなく、当該状況が常態化し、3か月間を超えて継続した場合に変更の届出を行うこととしている。

・このような変更の届出を行った場合、4か月目より特定加算（Ⅰ）の算定ができなくなるため、各事業所の状況に応じて、適切な届出、請求を行うよう努められたい。

> 問2　特定加算（Ⅰ）について、計画届出時点において、配置等要件を満たしてなければ算定できないのか。

（答）

　原則、計画書策定時点において、福祉専門職員配置等加算等を算

定している等、配置等要件を満たしていることが必要である。一方で、計画書策定時点では算定していないものの、特定加算（Ⅰ）の算定に向け、配置等要件を満たすための準備を進め、特定加算の算定開始時点で、配置等要件を満たしていれば算定することが可能である。

> 問3　短期入所（単独型）については生活介護の加算率を適用するとされているが、短期入所サービスについては、福祉専門職員配置等加算がないところ、特定加算（Ⅰ）と特定加算（Ⅱ）どちらの加算率が適用されるか。

（答）

単独型事業所において短期入所サービスをおこなった場合における特定加算については、生活介護の特定加算（Ⅰ）の加算率を適用する。

> 問4　見える化要件（特定加算に基づく取組についてホームページへの掲載等により公表することを求める要件。以下同じ。）について、通知に「2020年度より算定要件とすること」とあるが、2019年度においては特定加算に基づく取組を公表する必要はないのか。

（答）

当該要件については、特定加算も含めた処遇改善加算の算定状況や、賃金以外の処遇改善に関する具体的な取組内容に関する公表を想定しているため、2019年度においては要件としては求めず、2020年度からの要件としている。

> 問5　情報公表制度の報告対象外でかつ事業所独自のホームページを有しない場合、見える化要件を満たすことができず、特定加算を算定できないのか。

（答）

・見える化要件を満たすには、特定加算に基づく取組について、ホームページへの掲載等により公表していることを求めている。

・具体的には、障害福祉サービスの情報公表制度を活用していることを原則求めているが、この制度の対象となっていない場合は、外部の者が閲覧可能な形で公表することが必要である。その手法としては、ホームページの活用に限らず、事業所・施設の建物内の入口付近など外部の者が閲覧可能な場所への掲示等の方法により公表することも可能である。

> 問6　特定加算（Ⅱ）の算定に当たっては、配置等要件を満たす必要がないが、この場合であっても、経験・技能のある障害福祉人材のグループを設定する必要があるのか。

（答）

・配置等要件は特定加算（Ⅰ）の算定要件である一方で、経験・技能のある障害福祉人材のグループの設定等は事業所内における配分ルールとして設定しているものである。このため、特定加算（Ⅱ）を算定する場合であっても、経験・技能のある障害福祉人材のグループの設定が必要である。

・なお、事業所の事情に鑑み経験・技能のある障害福祉人材に該当する職員がいない場合の取扱いについては、2019年度障害福祉サービス等報酬改定に関するQ＆A（Vol.1）問5を参照されたい。

○　配分対象と配分ルールについて

> 問７　2019年度障害福祉サービス等報酬改定に関するＱ＆Ａ
> （Vol. 1）（令和元年５月17日）問６に「月額８万円の処遇改善を
> 計算するに当たっては、現行の福祉・介護職員処遇改善加算に
> よる賃金改善分と分けて判断することが必要」とされているが、
> 「改善後の賃金が年額440万円以上か」を判断するに当たっては、
> 現行の福祉・介護職員処遇改善加算による改善を含めて計算す
> ることは可能か。

（答）

　　経験・技能のある障害福祉人材のグループにおいて、月額平均８
万円以上又は賃金改善後の賃金が年額440万円以上となる者（以下こ
のＱ＆Ａにおいて「月額８万円の改善又は年収440万円となる者」
という。）を設定することを求めている。この年収440万円を判断す
るに当たっては、現行の福祉・介護職員処遇改善加算による改善を
含めて計算することが可能である。

> 問８　経験・技能のある障害福祉人材のグループにおいて、月額
> ８万円の改善又は年収440万円となる者を設定することについ
> て、「現に賃金が年額440万円以上の者がいる場合にはこの限り
> でなく、当該要件は満たしているものとする。」とは、具体的に
> どのような趣旨か。

（答）

・今回の特定加算については、リーダー級の障害福祉人材について
　他産業と遜色ない賃金水準（＝440万円）を目指し、福祉・介護職
　員の更なる処遇改善を行うものである。
・特定加算による改善を行わなくとも、経験・技能のある障害福祉
　人材のグループ内に、既に賃金が年額440万円以上である者がい

る場合には、当該者が特定加算による賃金改善の対象となるかに関わらず、新たに月額８万円の改善又は年収440万円となる者を設定しなくても差し支えない。

> 問９　事業所における配分方法における「ただし、その他の職種の平均賃金額が他の障害福祉人材の平均賃金額を上回らない場合はこの限りでないこと。」とはどのような意味か。

（答）

- ・今回の特定加算については、福祉・介護職員の処遇改善という趣旨を損なわない程度で、福祉・介護職以外の職員も一定程度処遇改善を可能とする柔軟な運用を認めることとしており、この具体的な配分方法として、他の障害福祉人材の平均賃金改善額については、その他の職種の平均賃金改善額の２倍以上となることを求めている。
- ・ただし、その他の職種の平均賃金額が他の障害福祉人材の平均賃金額を上回らない場合においては、柔軟な取扱いを認め、両グループの平均賃金改善額が等しくなる（１：１）までの改善を可能とするものである。

> 問10　サービス区分の異なる加算算定対象サービスを一体的に運営している場合であっても、月額８万円の改善又は年収440万円となる者をサービス区分ごとに設定する必要があるのか。また、その場合の配分ルール（グループ間の平均賃金改善額２：１：0.5）はどのような取扱いとなるのか。

（答）

事業所において、サービス区分の異なる加算算定対象サービスを一体的に行っており、同一の就業規則等が適用されるなど労務管理が同一と考えられる場合は、法人単位の取扱いを適用するのではな

く、同一事業所とみなし、

▶　月額8万円の改善又は年収440万円となる者を1人以上設定
すること

▶　配分ルールを適用すること

という取扱いにより、処遇改善計画書等の作成が可能である。

> 問11　本部の人事、事業部等で働く者など、法人内で障害福祉
> サービスに従事していない職員について、「その他職種」に区分
> し、特定加算による処遇改善の対象とすることは可能か。

（答）

特定加算の算定対象サービス事業所における業務を行っていると
判断できる場合には、その他の職種に含めることができる。

> 問12　事業所内での配分方法を決めるにあたり、「他の障害福祉
> 人材」を設定せず、「経験・技能のある障害福祉人材」と「その
> 他の職種」のみの設定となることは想定されるのか。

（答）

・事業所毎に、「経験・技能のある障害福祉人材」のグループを設定
することが必要であるが、福祉・介護職員の定着が進み、勤続年
数が長くなったこと等により、当該事業所で働く福祉・介護職員
全てが、「経験・技能のある障害福祉人材」であると認められる場
合には、「経験・技能のある障害福祉人材」と「その他の職種」の
みの設定となることも想定される。

・この場合における配分ルールについては、当該事業所における
「経験・技能のある障害福祉人材」の平均賃金改善額が、「その他
の職種」の平均賃金改善額の4倍以上であることが必要である。

> 問13　特定加算によって得られた加算額を配分ルール（グループ
> 間の平均賃金改善額が2：1：0.5）を満たし配分した上で、更
> に事業所の持ち出しで改善することは可能か。

（答）

・各事業所において、特定加算による処遇改善に加え、事業所の持ち出しで処遇改善を行うことは可能である。

・なお、事業所の持ち出しによる賃金改善額を含めて実績報告書を作成すると、配分ルールが満たせなくなる場合は、持ち出しによる賃金改善額を除いて実績報告書等を作成して差し支えない。（2019年度障害福祉サービス等報酬改定に関するQ＆A（Vol.1）問17参照）。また、持ち出しによる賃金改善額を除いて実績報告書等を作成する場合は、持ち出しによる賃金改善を差し引いている旨を付記すること（賃金改善金額の記載までは不要）。

> 問14　看護と障害福祉サービスの仕事を0.5ずつ勤務している福
> 祉・介護職員がいる場合に、「他の障害福祉人材」と「その他の
> 職種」それぞれに区分しなければならないのか。

（答）

・勤務時間の全てでなく部分的であっても、障害福祉サービス等の業務を行っている場合は、福祉・介護職員として、「経験・技能のある障害福祉人材」、「他の障害福祉人材」に区分することは可能。なお、兼務職員をどのグループに区分するか、どのような賃金改善を行うかについては、労働実態等を勘案し、事業所内でよく検討し、対応されたい。

> 問15　障害福祉サービス等や地域生活支援事業、介護サービス等において兼務している場合、配分ルールにおける年収はどのように計算するのか。

（答）

　どのサービスからの収入かに関わらず、実際にその職員が収入として得ている額で判断して差し支えない。

> 問16　その他の職種に配分しない場合、計画書は空欄のままでよいか。

（答）

　その他の職種に配分しない場合等においては、人数部分について、「0（ゼロ）」等と記載する等記入漏れと判断されることがないようにされたい。

> 問17　「役職者を除く全産業平均賃金（440万円）」とはどのような意味か。440万円を判断するにあたり、役職者は抜いて判断する必要があるのか。

（答）

・特定加算の趣旨は、リーダー級の障害福祉人材について他産業と遜色ない賃金水準を目指すものであり、その具体的な水準として、役職者を除く全産業平均の賃金である年額440万円の基準を定めているもの。

・年額440万円の基準を満たしているか判断するに当たっては、役職者であるかどうかではなく、事業所毎で設定された、経験・技能のある障害福祉人材の基準に該当するか否かで判断されたい。

○　その他

> 問18　本来は10月から特定加算を算定し、これによる賃金改善を
> 行うことになるが、法人・事業所の賃金制度が年度単位である
> ことに合わせるため、年度当初から特定加算を織り込んで賃金
> 改善を行いたいと考えた場合、4〜10月分の賃金改善に特定加
> 算を充てることは可能か。（例：10月から月2万円の賃金改善
> を行うのではなく、4月から月1万円の賃金改善を行う場合）

（答）

・今般の特定加算については、年度途中から開始するものであり、
　給与体系等の見直しの時期が、年に1回である事業所等におい
　て、既に年度当初に今回の特定加算の配分ルールを満たすような
　賃金改善を行っている場合も想定される。

・こうした場合には、その年度当初から10月より前に行っていた賃
　金改善分について、特定加算を充てることも差し支えない。

・なお、当該取扱いを行う場合にあっても福祉・介護職員の賃金低
　下につながらないようするとともに、事業所内でよく検討し、計
　画等を用いて職員に対し周知することが必要である。

> 問19　法人単位で複数事業所について一括申請しており、そのう
> ち一部事業所において加算区分の変更が生じた場合、変更届出
> は必要か。

（答）

・計画書における賃金改善計画、配置等要件に変更が生じた場合
　は、必要な届出を行うこととなる。

## 2019年度障害福祉サービス等報酬改定に関するＱ＆Ａ（Vol. 3）（令和元年10月11日）

【福祉・介護職員等特定処遇改善加算】

〇変更等の届出について

> 問1　配置等要件（福祉専門職員配置等加算または、特定事業所加算を算定していることとする要件。以下同じ。）が満たせなくなり、該当する加算区分に変更が生じた場合、福祉・介護職員等特定処遇改善計画書（以下、「処遇改善計画書」という。）における賃金改善計画、配置等要件の変更に係る部分の内容を記載した変更の届出（以下、「変更の届出」という。）を行うこととされており、年度途中で加算区分に変更が生じた場合は、その都度変更の届出が必要とされているが、届出の内容について、加算見込額や賃金改善見込額の再計算まで必要となるのか。

（答）

・年度途中においては、賃金改善計画における配置等要件の変更に係る部分（処遇改善計画書の（1）①、③）のみを記載した届出を行い、福祉・介護職員等特定処遇改善実績報告書（以下、「実績報告書」という。）において、加算区分の変更を踏まえた加算総額及び賃金改善所要額等の実績を反映することで差し支えない。（法人単位で申請している場合を含む。）

・なお、上記以外の変更（令和元年5月17日障障発0517第1号「福祉・介護職員等特定処遇改善加算に関する基本的考え方並びに事務処理手順及び様式例の提示について」（以下、「通知」という。）6．都道府県知事等への変更等の届出（1）変更の届出①、②、③）については、その都度、通知に定める内容について、変更の届出を行うこと。

○配分対象と配分ルールについて

> 問2　複数事業所について、法人単位で一括申請を行う際、事業所ごとでは福祉・介護職員等特定処遇改善加算（以下、「特定加算」という。）によって得られた加算額の配分ルール（グループ間の平均賃金改善額が2：1：0.5）を満たすが、法人単位で賃金改善額を合計した際に、配分ルールを満たさなくなる場合は、どのように取り扱うのか。

（答）

・事業所ごとで特定加算によって得られた加算額の配分ルールを満たしている場合、法人単位で賃金改善額を合計した際に、配分ルールを満たさなくとも差し支えない。なお、当該ケースにおいて、処遇改善計画書及び実績報告書を作成する際は、法人単位での合計金額を記載することになるため、事業所ごとで特定加算によって得られた加算額の配分ルールを満たしている旨を付記すること。

令和6年5月までの
# ベースアップ等支援加算の 概要と算定要件

令和6年6月からの新処遇改善加算は、令和6年5月までの処遇改善加算、特定処遇改善加算、ベースアップ等支援加算の要件が引き継がれ、統合された形になっていますが、いずれの加算も要件や配分ルールが複雑なものとなっていました。

よって、新処遇改善加算を理解するためには、まずは旧加算の要件がどのようなものであったかを理解しておく必要あります。

本章では、令和6年5月までの「福祉・介護職員等ベースアップ等支援加算」を取得するための具体的な要件および手続きや、算定における注意点を解説していきます。

旧処遇改善加算・特定処遇改善加算との大きな相違点として、「受給額の一部を基本給ないし毎月決まって支払われる手当」に充てなければならないという要件があり、福祉・介護職員等の毎月支給される給与の水準を向上させていこうという目的があるのが特徴です。

## 1 令和６年５月までのベースアップ等支援加算の概要

　令和４年10月より、福祉・介護職員のさらなる賃金の向上を目的とし、処遇改善加算・特定処遇改善加算に続く新たな加算として「ベースアップ等支援加算」が創設されました。正式名称を「福祉・介護職員等ベースアップ等支援加算」といいます。

　ベースアップ等支援加算は、もともとは令和３年11月19日に閣議決定された、「コロナ克服・新時代開拓のための経済対策」に基づき施行された「福祉・介護職員処遇改善臨時特例交付金」が前身となっています。これは下表の通り、福祉・介護職員の収入を３％程度（月額9,000円相当）引き上げるための措置を実施することを目的として創設されたものです。

### 4-1：福祉・介護職員処遇改善臨時特例交付金

**福祉・介護職員処遇改善臨時特例交付金** ［令和３年度補正予算事業］

- ○「コロナ克服・新時代開拓のための経済対策」（令和３年11月19日閣議決定）に基づき、障害福祉職員を対象として、収入を３％程度（月額9,000円）引き上げるための措置を、令和４年２月から前倒しで実施するために必要な経費を都道府県に交付する。
- ○ 他の職員の処遇改善にこの処遇改善の収入を充てることができるよう柔軟な運用を認める。

- **対象期間** 令和４年２月～９月の賃金引上げ分（以降も、別途賃上げ効果が継続される取組みを行う）
- **補助金額** 対象障害福祉サービス事業所等の福祉・介護職員（常勤換算）１人当たり月額平均9,000円の賃金引上げに相当する額。対象サービスごとの福祉・介護職員（常勤換算）に対して必要な交付率を設定し、各事業所の総報酬にその交付率を乗じた額を支給。
- **取得要件**
  - ・処遇改善加算Ⅰ～Ⅲのいずれかを取得している事業所（現行の処遇改善加算の対象サービス事業所）
  - ・上記かつ、令和４年２・３月（令和３年度中）から実際に賃上げを行っている事業所（事業所は、都道府県に賃上げを実施した旨の用紙を提出。メール等での提出も可能）
  - ・賃上げ効果の継続に資するよう、補助金の2/3以上は福祉・介護職員等のベースアップ等（※）の引上げに使用することを要件とする（４月分以降。基本給の引上げに伴う賞与や超過勤務手当等への影響を考慮しつつ、就業規則（賃金規程）改正に一定の時間を要することを考慮して令和４年２・３月分は一時金による支給を可能にする。）
    - ※「基本給」又は「決まって毎月支払われる手当」
- **対象となる職種**
  - ・福祉・介護職員
  - ・事業所の判断により、他の職員の処遇改善にこの処遇改善の収入を充てることができるよう柔軟な運用を認める。
- **申請方法** 各事業所において、都道府県に福祉・介護職員・その他職員の月額の賃金改善額を記載した計画書（※）を提出。
  - ※月額の賃金改善額の総額（対象とする職員全体の額）の記載を求める（職員個々人の賃金改善額の記載は求めない）
- **報告方法** 各事業所において、都道府県に賃金改善期間経過後、計画の実績報告書（※）を提出。
  - ※月額の賃金改善額の総額（対象とする職員全体の額）の記載を求める（職員個々人の賃金改善額の記載は求めない）

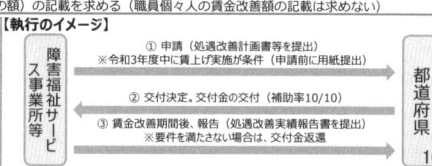

- **交付方法**
  対象事業所は都道府県に対して申請し、対象事業所に対して交付金支払（国庫10/10、約414億円）。
- **申請・交付スケジュール**
  - ✓ 賃上げ開始前（２・３月）に、その旨の用紙を都道府県に提出
  - ✓ 実際の申請は、都道府県における準備等を勘案し、令和４年４月から受付、６月から交付金を毎月分交付
  - ✓ 賃金改善期間後、処遇改善実績報告書を提出。

（厚生労働省）

　福祉・介護職員処遇改善臨時特例交付金は「令和4年2月から同年9月までの間」の期間限定の交付金としての実施でしたが、当該交付金を引き継ぐ形にて、「ベースアップ等支援加算」が正式に「加算」として令和4年10月以降、新たに導入されることとなりました。

> **4-2：令和6年5月までのベースアップ等支援加算を含めた処遇改善加算全体のイメージ**

### 全体のイメージ

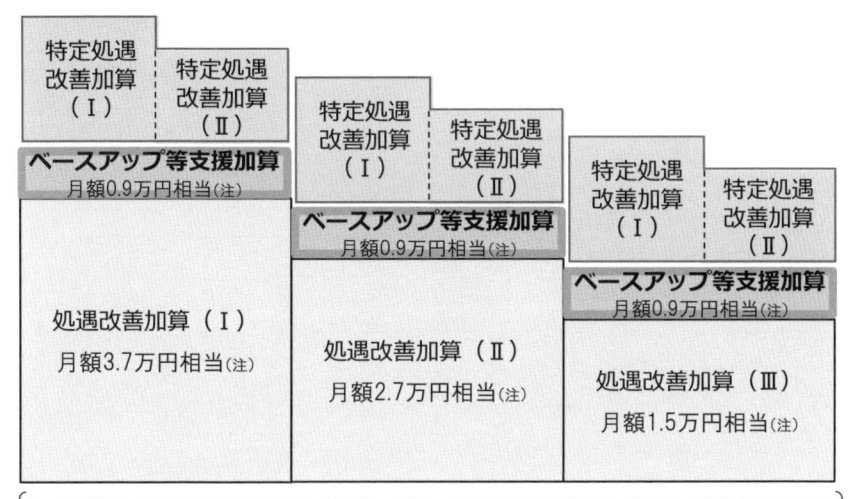

注：事業所の総報酬に加算率（サービス毎の福祉・介護職員数を踏まえて設定）を乗じた額を交付。

（厚生労働省資料「障害福祉人材の処遇改善について」（令和4年3月28日）より、一部改変）

## 2　令和６年５月までのベースアップ等支援加算の加算算定対象サービスと加算率

　ベースアップ等支援加算は処遇改善加算・特定処遇改善加算と同様、単位ではなく、各障害福祉サービスごとに定められた「加算率」が設定されており、この加算率に「障害福祉サービスの報酬」を乗じて金額が決定されることとなります。なお、処遇改善加算については（Ⅰ）〜（Ⅲ）、特定処遇改善加算については（Ⅰ）と（Ⅱ）の区分に分かれていますが、ベースアップ等支援加算にはこのような区分はなく、統一されたものとなっています。

## 4-3：令和6年5月までのベースアップ等支援加算の加算算定対象サービスと加算率一覧

(R3.4.1〜)

| サービス区分 | 福祉・介護職員処遇改善加算 | | | 福祉・介護職員等特定処遇改善加算 | | 福祉・介護職員等ベースアップ等支援加算 |
|---|---|---|---|---|---|---|
| | キャリアパス要件等の適合状況に応じた加算率 | | | 配置等要件に応じた加算率 | | |
| | 福祉・介護職員処遇改善加算（Ⅰ）に該当（ア） | 福祉・介護職員処遇改善加算（Ⅱ）に該当（イ） | 福祉・介護職員処遇改善加算（Ⅲ）に該当（ウ） | 福祉・介護職員等特定処遇改善加算（Ⅰ）に該当（区分なし含む） | 福祉・介護職員等特定処遇改善加算（Ⅱ）に該当（Ⅱ） | |
| 居宅介護 | 27.4% | 20.0% | 11.1% | 7.0% | 5.5% | 4.5% |
| 重度訪問介護 | 20.0% | 14.6% | 8.1% | 7.0% | 5.5% | 4.5% |
| 同行援護 | 27.4% | 20.0% | 11.1% | 7.0% | 5.5% | 4.5% |
| 行動援護 | 23.9% | 17.5% | 9.7% | 7.0% | 5.5% | 4.5% |
| 重度障害者等包括支援 | 8.9% | 6.5% | 3.6% | 6.1% | | 4.5% |
| 生活介護 | 4.4% | 3.2% | 1.8% | 1.4% | 1.3% | 1.1% |
| 施設入所支援 | 8.6% | 6.3% | 3.5% | 2.1% | | 2.8% |
| 短期入所 | 8.6% | 6.3% | 3.5% | 2.1% | | 2.8% |
| 療養介護 | 6.4% | 4.7% | 2.6% | 2.1% | 1.9% | 2.8% |
| 自立訓練（機能訓練） | 6.7% | 4.9% | 2.7% | 4.0% | 3.6% | 1.8% |
| 自立訓練（生活訓練） | 6.7% | 4.9% | 2.7% | 4.0% | 3.6% | 1.8% |
| 就労移行支援 | 6.4% | 4.7% | 2.6% | 1.7% | 1.5% | 1.3% |
| 就労継続支援A型 | 5.7% | 4.1% | 2.3% | 1.7% | 1.5% | 1.3% |
| 就労継続支援B型 | 5.4% | 4.0% | 2.2% | 1.7% | 1.5% | 1.3% |
| 共同生活援助（介護サービス包括型） | 8.6% | 6.3% | 3.5% | 1.9% | 1.6% | 2.6% |
| 共同生活援助（日中サービス支援型） | 8.6% | 6.3% | 3.5% | 1.9% | 1.6% | 2.6% |
| 共同生活援助（外部サービス利用型） | 15.0% | 11.0% | 6.1% | 1.9% | 1.6% | 2.6% |
| 児童発達支援 | 8.1% | 5.9% | 3.3% | 1.3% | 1.0% | 2.0% |
| 医療型児童発達支援 | 12.6% | 9.2% | 5.1% | 1.3% | 1.0% | 2.0% |
| 放課後等デイサービス | 8.4% | 6.1% | 3.4% | 1.3% | 1.0% | 2.0% |
| 居宅訪問型児童発達支援 | 8.1% | 5.9% | 3.3% | 1.1% | | 2.0% |
| 保育所等訪問支援 | 8.1% | 5.9% | 3.3% | 1.1% | | 2.0% |
| 福祉型障害児入所施設 | 9.9% | 7.2% | 4.0% | 4.3% | 3.9% | 3.8% |
| 医療型障害児入所施設 | 7.9% | 5.8% | 3.2% | 4.3% | 3.9% | 3.8% |
| 障害者支援施設が行う生活介護 | 6.1% | 4.4% | 2.5% | 1.7% | | 1.1% |
| 障害者支援施設が行う自立訓練（機能訓練） | 6.8% | 5.0% | 2.8% | 2.6% | | 1.8% |
| 障害者支援施設が行う自立訓練（生活訓練） | 6.8% | 5.0% | 2.8% | 2.6% | | 1.8% |
| 障害者支援施設が行う就労移行支援 | 6.7% | 4.9% | 2.7% | 1.8% | | 1.3% |
| 障害者支援施設が行う就労継続支援A型 | 6.5% | 4.7% | 2.6% | 1.8% | | 1.3% |
| 障害者支援施設が行う就労継続支援B型 | 6.4% | 4.7% | 2.6% | 1.8% | | 1.3% |

※1　福祉・介護職員処遇改善加算、福祉・介護職員等特定処遇改善加算における、障害者支援施設が行う日中活動系サービスは、各サービスとは別の加算率を適用する。

※2　福祉・介護職員等ベースアップ等支援加算における、障害者支援施設が行う日中活動系サービスは、各サービスと同じ加算率を適用する。

(厚生労働省)

## 3 令和６年５月までのベースアップ等支援加算の算定要件と配分ルール

### （1）ベースアップ等支援加算の算定要件

ベースアップ等支援加算の算定要件は下記の３つとなります。

> ① 旧処遇改善加算（Ⅰ）〜（Ⅲ）のいずれかを算定していること（※１）
> ② 受給した総額よりも多い金額を福祉・介護職員等の賃金額に充てること
> ③ 受給した総額のうち「３分の２以上」は福祉・介護職員等の「ベースアップ等（※２）」に充てること

※１　旧処遇改善加算とベースアップ等支援加算の算定開始が同時でも問題ありません。

※２　ベースアップとは、「基本給」または「毎月決まって支払われる手当」によって賃金を引き上げることをいい、定期昇給とは異なります。

旧処遇改善加算・特定処遇改善加算と比較すると要件はわかりやすいものとなっており、旧処遇改善加算さえ取得していれば、算定自体はかなりハードルが低いといえます。

ただし、配分にあたっていくつか留意すべき事項がありますので、以下に記載します。

### （2）ベースアップ等支援加算の配分ルール

#### ① ３分の２以上を「基本給」または「毎月支給する手当」に充てなければならない

ベースアップ等支援加算はその受給総額の３分の２以上を「基本給」または「毎月決まって支給する手当」に充てなければなりません。

ベースアップ等支援加算は毎月の障害福祉サービス報酬額に基づき、毎月振り込まれることなりますが、この「毎月振り込まれた金額」

ではなく、「計画期間を通じて受給した総額」の3分の2以上を充てることが要件となります。

　例えば、ベースアップ等支援加算を令和4年10月から令和5年3月まで算定しており、この10月から3月までの期間（つまり令和4年11月請求分から令和5年4月請求分まで）においてベースアップ等支援加算として受給した総額が30万円とするならば、そのうちの3分の2にあたる「20万円」以上をベースアップ等に充てなければならない、ということになります。

　なお、「毎月支給する手当」にてベースアップを行うとした場合、毎月必ず支給を行う必要はありますが、「毎月定額を支払う必要がある」とまではされていませんので、例えば、月々の障害福祉サービスの報酬額に合わせて金額を柔軟に設定することも可能です（例：ベースアップ手当として、当該月の売上に応じて10,000円〜20,000円の範囲の金額を毎月対象者に支払う、など）

## ②　配分対象者は福祉・介護職員に限らず、柔軟に設定可能

　旧処遇改善加算の場合、配分する対象者は「福祉・介護職員」に限られており、「管理者」「サービス管理責任者」といった中核人材や、「事務員」「調理員」といった福祉・介護職員以外の人材には配分することができません。また、特定処遇改善加算についてはこうした福祉・介護職員以外の人材への配分も認められますが、配分ルールが厳格に規定されているため、限定的な金額しか福祉・介護職員以外の人材への配分を行うことができませんでした。

　しかし、ベースアップ等支援加算は事業所の実情に応じて福祉・介護職員以外の人材についても配分対象とすることができ、また配分ルールも事実上存在しませんので、事業所内で対象としたい人材に柔軟に配分を行うことが可能です。

　ただし、ベースアップ等支援加算の算定要件については、「福祉・介護職員」と「福祉・介護職員以外」のそれぞれにおいて3分の2以上をベースアップ等に充てるという要件を満たさなければなりませんの

で、注意が必要です。

　例えば、ベースアップ等支援加算の受給総額が600万円であり、「福祉・介護職員」に300万円、「福祉・介護職員以外」に300万円を配分する場合、「福祉・介護職員」と「福祉・介護職員以外」の配分額のそれぞれ200万円以上をベースアップ等に充てなければなりません。

　このルールは令和6年6月からの処遇改善加算の配分においても踏襲されていますので、注意して配分する必要があります。

## 4　令和6年5月までのベースアップ等支援加算に関するQ＆A

　ベースアップ等支援加算そのものに関するQ＆Aについては示されてはいませんが、当該加算の前身となる「処遇改善臨時特例交付金」が取得要件・配分方法ともにほぼ同じであるため、参考までにこのQ＆Aをまとめて紹介いたします。

「福祉・看護職員処遇改善臨時特例交付金に関するＱ＆Ａ
（令和４年２月２日）」

## ○　賃金改善全般について

> 問1　令和４年２月分及び３月分の賃金改善は一時金等での対応
> も可とされているが、その場合、どの程度の賃金改善を行って
> いる必要があるか。

（答）

　　毎月ごとに賃金改善額が交付額を上回ることを求めるものではな
いため、令和４年２月分及び３月分として見込まれる交付金額のす
べてを、令和４年２月分及び３月分の賃金改善に充てる必要はない。

　　ただし、賃金改善実施期間全体で、交付金の合計額を上回る賃金
改善を行うことが必要であるため、計画的に賃金改善を行っていた
だきたい。

> 問2　「○月分の賃金改善」というのは、「○月に支払われる賃金
> を引き上げる」ということか。

（答）

　　賃金改善対象期間は、原則、令和４年２月分から９月分までとし
ており、「○月の労働に対する賃金を引き上げる」又は「○月に支払
われる賃金を引き上げる」のいずれの方法もとりうるものであるが、
現行の処遇改善加算等と異なる取扱いとならないよう、各事業所に
おいて適切にご対応いただきたい。

## ○　ベースアップ等に係る要件について

> 問3　令和４年２月分から賃金改善を行うことが交付要件とされ
> ているが、令和４年２月分及び３月分の賃金改善は一時金で対
> 応したとしても、４月分以降は毎月賃金改善を行うことが必要か。

（答）

　本交付金については、賃金改善が賃上げ効果の継続に資するよう、賃金改善の合計額の3分の2以上は、基本給又は決まって毎月支払われる手当の引上げに充てることを交付要件としている。

　そのため、令和4年2月分及び3月分の賃金改善は一時金で対応した場合であっても、令和4年4月分以降は、ベースアップ等による毎月の賃金改善を行うことが必要となる。

---

問4　ベースアップ等による賃金改善を開始した後に、利用者が想定よりも増えるなど、交付金の受給額が計画書作成時の見込額を上回り、ベースアップ等に充てるべき額が増加した場合、必要に応じて再度就業規則等を改正し、基本給又は決まって毎月支払われる手当を更に引き上げることが必要か。

---

（答）

　貴見のとおり。

---

問5　時給や日給を引き上げることは、ベースアップ等の引上げにあたるか。

---

（答）

　基本給が時給制の職員についてその時給を引き上げることや、基本給が日給制の職員についてその日給を引き上げることは、ベースアップ等の引上げに当たる。

---

問6　令和4年2月及び3月に一時金で賃金改善を行った場合、同年4月から9月までの6か月間においてベースアップ等に係る要件を満たしていればよいか。もしくは、同年2月から9月までの8か月間全体で当該要件を満たしている必要があるか。

---

（答）

　令和４年２月及び３月に、ベースアップ等以外の賃金項目について賃金改善を行った場合であっても、同年２月から９月までの８か月間全体の賃金改善額の３分の２以上はベースアップ等に充てられている必要がある。

---

問７　ベースアップ等に係る要件については、「福祉・介護職員」と「その他の職員」のグループごとに満たす必要があるか。

---

（答）

　貴見のとおり。

---

問８　賃金改善実施期間における賃金改善額について、「当該賃金改善に伴う法定福利費等の事業主負担の増加分を含むことができる」とされているが、法定福利費等の事業主負担の増加分は、ベースアップ等による賃金改善に含めてよいか。

---

（答）

　法定福利費等の事業主負担の増加分については、ベースアップ等による賃金改善には当たらないが、福祉・介護職員処遇改善加算等と同様に、ベースアップ等に充てた額以外の分として賃金改善に含めることは可能である。

---

問９　賃金改善額の３分の２以上をベースアップ等に充てることが要件とされているが、ベースアップ等に充てた額以外の分について、用途制限はないのか。

---

（答）

　賃金改善実施期間全体で、交付金の合計額を上回る賃金改善を行うことが必要であるため、ベースアップ等に充てた額以外の分につ

いても、賞与や一時金等による賃金改善に充てなければならない。

問10　「決まって毎月支払われる手当」とはどのようなものか。

（答）

　決まって毎月支払われる手当には、労働と直接的な関係が認められ、労働者の個人的事情とは関係なく支給される手当を含むが、以下の諸手当は含まない。
・月ごとに支払われるか否かが変動するような手当
・労働と直接的な関係が薄く、当該労働者の個人的事情により支給される手当（通勤手当、扶養手当等）

問11　就業規則等の改正が間に合わず、本年4月以降にベースアップ等による賃金改善が実施できない場合は本交付金の対象外となるのか。

（答）

　貴見のとおり。

○　その他の要件について

問12　その他の職員の範囲は、事業所の判断で決められるのか。また、福祉・介護職員とその他の職員について、配分割合等のルールは設けられているか。

（答）

　その他の職員の範囲は各事業所においてご判断いただきたい。また、本部の人事、事業部等で働く者など、法人内で障害福祉サービスに従事していない職員の取扱いについては、2019年度障害福祉サービス等報酬改定に関するＱ＆Ａ（Vol. 2）（令和元年7月29日）問11を参照されたい。

なお、その他の職員にも配分を行う場合は、福祉・介護職員の処遇改善を目的とした交付金であることを十分に踏まえた配分をお願いしたい。

---

問13　福祉・介護職員処遇改善加算（Ⅰ）、（Ⅱ）又は（Ⅲ）について、いつの時点で算定している必要があるか。

（答）

令和4年2月サービス提供分以降について算定している必要があり、令和4年2月サービス提供分について同加算を算定していない事業所については、本交付金の対象とはならない。

○　処遇改善計画書・実績報告書について

---

問14　令和4年2月分及び3月分のベースアップ等について、処遇改善計画書にどのように記入すればよいか。

（答）

ベースアップ等に係る要件については、賃金改善実施期間全体で満たしていればよいため、令和4年2月分及び3月分に限った記載を求めることとはしていない。

---

問15　処遇改善計画書の「福祉・介護職員等の賃金の総額」には、福祉・介護職員処遇改善加算及び福祉・介護職員等特定処遇改善加算を取得し実施される賃金改善額並びに各障害福祉サービス事業所等の独自の賃金改善額を含む額を記載するのか。

（答）

貴見のとおり。

問16　事業計画書の提出期限は令和４年４月15日、実績報告書の
　　　提出期限は令和５年１月31日となっているが、それぞれの提出
　　　開始時期はいつ頃を想定しているのか。

（答）

　　提出開始時期については、各都道府県において適切に設定された
　い。

問17　前年度の福祉・介護職員等の賃金の総額は、前年度から事
　　　業所の福祉・介護職員等が入れ替わりや増員等があった場合、
　　　どのように考えればよいか。

（答）

　　2019年度障害福祉サービス等報酬改定に関するＱ＆Ａ（Vol. 4）
　（令和２年３月31日）問２及び福祉・介護職員処遇改善加算等に関す
　るＱ＆Ａ（令和３年３月29日）問14を参照されたい。

○　その他

問18　賃金改善開始月に、都道府県に対して賃金改善開始の報告
　　　様式を提出するのはなぜか。

（答）

　　当該報告については、令和４年２月分及び３月分の賃金改善を
　行っていることを担保するため、令和４年４月15日までの提出とし
　ている処遇改善計画書に先立って提出いただくこととしている。
　　そのため、原則として令和４年２月末日までの報告を求めている
　が、
　・令和４年３月分とまとめて同年２月分の賃金改善分の支給を行う
　　場合は、同年３月末日までの報告とすること
　・また、やむを得ない事情により、令和４年２月分から賃金改善を

行っているにもかかわらず未報告であった場合には、処遇改善計画書の提出時に併せて報告を行うこと

とする。

---

問19　交付額の算出に用いる総報酬には、福祉・介護職員処遇改善加算及び福祉・介護職員等特定処遇改善加算分を含めたものか。

---

（答）

貴見のとおり。

---

問20　原則として、令和4年2月分から賃金改善を実施することが要件とされており、本年4月以降に新規開設する事業所は令和4年2・3月分の賃金改善を行うことができないが、本交付金の対象となるか。

---

（答）

本年4月以降に新規開設する事業所については、その他の要件を満たす場合には、本交付金の対象となる。

---

問21　障害者支援施設が行う日中活動系サービスの交付率は、福祉・介護職員処遇改善加算等の取扱いと異なり、各サービスと同じ交付率を適用することとなるのか。

---

（答）

貴見のとおり。

> 問22　以下の①から③に該当する事業所について、本交付金の対象となるか。
> ①　令和4年2月分の賃金改善を実施したが、同年3月に事業所を休廃止した場合
> ②　令和4年2月分から4月分まで賃金改善を実施し、同年4月に処遇改善計画書を提出したが、同年4月末に事業所を休廃止した場合
> ③　令和4年2月分から5月分まで賃金改善を実施し、同年4月に処遇改善計画書を提出し、同年5月に交付決定が行われたが、同年5月末に事業所を休廃止した場合

（答）

　①の場合は、交付申請時に事業所が存在しない、又は休止中のため、対象とならない。

　また、②及び③の場合は、当該事業所に実績報告書の提出を求め、本交付金の支給要件を満たすことが確認できた場合には、対象となる。

> 問23　令和4年3月分から本交付金の対象とすることは可能か。

（答）

　令和4年2月分から賃金改善を行うことや、令和4年2月サービス提供分以降について福祉・介護職員処遇改善加算（Ⅰ）、（Ⅱ）又は（Ⅲ）を算定していること等の要件を満たさない場合には、本交付金の対象とはならない。

○　**都道府県の事務等について**

> 問24　事業者から本交付金を債権譲渡したい旨の要望があった場合の考え方如何。

（答）

　　本交付金は、全額を福祉・介護職員等の賃金に充てることを支給
の要件としている交付金であり、債権譲渡することは適当ではない。

　　このため、債権譲渡等により、国保連合会に登録されている口座
に本補助金を振り込むことが適当でない事業所に対する本交付金の
支払いについては、都道府県にてご対応いただきたい。

---

　問25　国保連合会との交付対象事業所リストの連携について、決
　　　まった方法があるか。

---

（答）

　　交付対象事業所リストの連携方法等については、各都道府県にお
いて国保連合会と調整いただきたい。

---

　問26　月遅れ請求、過誤調整等により、事後的に総報酬の額が増
　　　減する場合、交付金の支払・返還をどのようにすべきか。

---

（答）

　　月遅れ請求等の対応については、実施要綱において「当該請求に
係る交付額の支給を最大2か月間対応することとする」としている
ところ。

　　また、月遅れ請求等により、

・事後的に報酬が増額した場合

・事後的に報酬が減額したが、当月の総報酬がプラスである場合

については、交付金額の調整は国保連合会において対応がされる。

　　なお、

・事後的に総報酬が減額し、当月の総報酬がマイナスとなった場合

については、交付対象期間全体でみたときに交付金額が適正なもの
となるよう、都道府県に個別にご対応いただく必要がある。

問27　事業所に対する交付決定について、処遇改善計画書の「2
①福祉・介護職員処遇改善臨時特例交付金の見込額」の額に基
づき交付決定を行うこととしてよいか。

（答）

　お示しいただいた方法を想定しているが、都道府県と事業所との
事務処理については、各都道府県の財政担当部局と調整の上ご対応
いただきたい。

　なお、国保連合会から事業者に支払われる交付金額は、月ごとの
確定した障害福祉サービス等報酬に交付率を乗じたものであり、処
遇改善計画書の「2①介護職員処遇改善臨時特例交付金の見込額」
そのものが支払われるものではない。

問28　市町村が指定権者である事業所についても、本交付金につ
いては都道府県が対応する必要があるか。

（答）

　貴見のとおり。

問29　国保連合会に委託を行うか否かについては、各都道府県の
判断と解してよいか。

（答）

　貴見のとおり。

問30　令和4年2月分から9月分までの交付金全額をまとめて6
月に事業所に対して支払い、実績報告書提出後に精算する取扱
いは可能か。

（答）

　　毎月の障害福祉サービス等報酬に基づいて交付金額が決まるため、交付金の支払いは毎月行うことが適当と考えられる。

### 「福祉・介護職員処遇改善臨時特例交付金に関するＱ＆Ａ（Vol.2）（令和4年2月24日）」

> 問1　令和4年2月分及び3月分について一時金で賃金改善を行った場合、当該改善分をベースアップ等による賃金改善として取り扱うことは可能か。

（答）

　　令和4年2月分及び3月分について一時金で賃金改善を行った場合においても、当該対応が、単に就業規則等の改定がなされていないことのみの違いであるなど、同年4月分以降に行うベースアップ等による賃金改善を見越した対応である場合には、2月分及び3月分の一時金による賃金改善のうち、同年4月分から9月分までの間のベースアップ等による賃金改善分に相当する額をベースアップ等による賃金改善分に含めることとして差し支えない。

＜例＞

　　4月以降のベースアップ等による賃金改善額の平均が各月7,000円であって、2月分及び3月分の一時金による賃金改善が18,000円である場合、ベースアップ等による賃金改善分に含めることが可能なのは、2か月分の14,000円（7,000円×2）までとなる。

> 問2　本事業における交付金の支出事務について、都道府県から国保連合会に委託することは、地方自治法施行令（昭和22年政令第16号）第165条の3第1項により、認められるか。

（答）

　　地方自治法施行令第161条第1項第12号に規定する「非常災害のため即時支払を必要とする経費」に該当するものとして認められる。

　　なお、本件については、総務省自治行政局行政課と協議済みである。

---

問3　都道府県内に所在する障害児入所施設等において、他の措置権者による障害児施設措置費対象児童がいる場合、当該児童分の交付金に係る計画書の提出等はどのような整理となるか。

---

（答）

　　以下のような整理により対応することとなる。なお、措置権者が市となる場合は、当該市と連携をとってご対応いただきたい。

| 施設所在地 | 入所児童の措置権者 | 計画書の提出 | 交付金の支払い |
|---|---|---|---|
| A 都道府県 | A 都道府県 | A 都道府県 | A 都道府県 |
| A 都道府県 | A 都道府県内のa市 | A 都道府県 | A 都道府県 |
| A 都道府県 | B 都道府県 | B 都道府県 | B 都道府県 |
| A 都道府県 | B 都道府県内のb市 | B 都道府県 | B 都道府県 |

## 5　その他ベースアップ等支援加算についてのよくあるご質問

　ベースアップ等支援加算についてよくいただくご質問についてまとめました。

**Q1**：ベースアップ等支援加算の計画書の申請においては算定要件通り3分の2以上をベースアップに充てたが、利用者が減少するなどして見込み額が下回り、加算が不足した場合は、事業主負担になりますか？

**A1**：お見込みの通りです。

　ただ、ベースアップ等支援加算を手当として支給していた場合、例えば、賃金規程等で「売上げに応じて金額が変動する可能性がある」という旨を入れておくと、不測の事態に対応しやすくなります。

**Q2**：毎年の最低賃金の引上げの対応にベースアップ等支援加算を充てることはできないのでしょうか？

**A2**：福祉・介護職員処遇改善加算等について述べたものではありませんが、平成30年度介護報酬改定に関するQ＆A（Vol. 6）にて下記の回答があります。

---

　○　最低賃金の計算について

　問7　最低賃金を満たしているのかを計算するにあたっては、介護職員処遇改善加算により得た加算額を最低賃金額と比較する賃金に含めることとなるのか。

（答）

　介護職員処遇改善加算により得た加算額を、最低賃金額と比較する賃金に含むか否かについては、当該加算額が、臨時に支払わ

---

> れる賃金や賞与等として支払われておらず、予定し得る通常の賃金として、毎月労働者に支払われているような場合には、最低賃金額と比較する賃金に含めることとなるが、当該加算の目的等を踏まえ、最低賃金を満たした上で、賃金の引上げを行っていただくことが望ましい。

上記の回答の通り、最低賃金の引上げにベースアップ等支援加算を含む処遇改善等加算を充てるのは NG というわけではありません。

ただ、処遇改善加算・特定処遇改善加算およびベースアップ等支援加算が「業界全体の賃金水準の引上げ」を目的とした加算であり、「最低賃金の引上げにかかる事業所の負担を補填する」主旨で存在するわけではないことに重々ご留意のうえ、充当をご検討ください。

> **Q3**：ベースアップをした場合、社会保険の標準報酬額も上がる可能性がありますが、法定福利費に充てることはできないのでしょうか？

**A3**：当該ベースアップ等により、社会保険料の等級が変わったり、雇用保険料が増加したりするかと思いますが、当該等級変動部分および雇用保険料増加部分にかかる「事業主負担分」については充当が可能です。

ただし、「受給総額の3分の2以上をベースアップ等に充てなければならない」要件については、上記法定福利費を除いた状態で満たす必要がありますので、注意が必要です。

例えば、ベースアップ等支援加算の受給総額が30万円だったとすれば、法定福利費込で30万円を配分すれば問題ありませんが、そのうち3分の2の20万円のベースアップ等としての配分については「法定福利費を除いて」達成しなければなりません。

第 **5** 章

令和6年2月からの

## 処遇改善臨時特例交付金と

令和6年6月からの

## 新処遇改善加算 （福祉・介護職員等処遇改善加算） の概要と算定要件

本章では、令和6年2月から令和6年5月までに実施された「処遇改善臨時特例交付金」の内容と、令和6年6月から一本化された「新処遇改善加算（福祉・介護職員等処遇改善加算）」について解説していきます。

　前章までに解説した通り、令和6年5月までの処遇改善加算は「(旧) 処遇改善加算」「特定処遇改善加算」「ベースアップ等支援加算」の3つに分かれており、算定のための要件も配分対象や配分ルールもそれぞれに定められていました。

　しかし、福祉・介護職員等の確保に向けて、福祉・介護職員等の処遇改善のための措置をできるだけ多くの事業所に活用されるよう推進する観点から、(旧) 処遇改善加算、特定処遇改善加算、ベースアップ等支援加算について、令和6年6月から、各加算・各区分の要件および加算率を組み合わせた4段階の「福祉・介護職員等処遇改善加算」に一本化するとともに、令和6年2月から令和6年5月までに実施された「福祉・介護職員処遇改善臨時特例交付金」を活用し、加算率が引き上げられることとなりました。

# Ⅰ　令和６年２月からの処遇改善臨時特例交付金

　令和５年11月に開催された「デフレ完全脱却のための総合経済対策」の閣議決定に基づき、令和６年２月から、障害福祉職員を対象として、賃上げ効果が継続される取組みを行うことを前提に、収入を２％程度（月額平均6,000円相当）引き上げるための補助金が交付されることとなりました。これが「処遇改善臨時特例交付金」です（令和４年度のベースアップ等支援加算の前身である補助金と名称は同じですが、内容は異なります。以下、「臨時特例交付金」といいます）。

## 5-1：令和６年２月からの臨時特例交付金の概要

### 令和６年２月からの福祉・介護職員処遇改善臨時特例交付金について

- ○ 「デフレ完全脱却のための総合経済対策」（令和５年11月２日閣議決定）に基づき、障害福祉職員を対象に、賃上げ効果が継続される取組を行うことを前提として、収入を２％程度（月額平均6,000円相当）引き上げるための措置を、令和６年２月から前倒しで実施するために必要な経費を令和５年度内に都道府県に交付する。
- ○ 福祉・介護職員以外の他の職種の処遇改善にこの処遇改善の収入を充てることができるよう柔軟な運用を認める。

◎**対象期間**　令和６年２月～５月分の賃金引上げ分（以降も、別途賃上げ効果が継続される取組みを行う）

◎**交付金額**　対象障害福祉サービス事業所等の福祉・介護職員（常勤換算）１人当たり月額平均6,000円の賃金引上げに相当する額。対象サービスごとに福祉・介護職員数（常勤換算）に応じて必要な交付率を設定し、各事業所の総報酬額にその交付率を乗じた額を支給

◎**取得要件**
- ・ 福祉・介護職員等ベースアップ等支援加算を取得している事業所（令和６年４月から福祉・介護職員等ベースアップ等支援加算を取得見込みの事業所も含む）
- ・ 上記かつ、令和６年２・３月分（令和５年度中分）から実際に賃上げを行う事業所
- ・ 賃上げ効果の継続に資するよう、補助額の2/3以上は福祉・介護職員等の月額賃金（※）の改善に使用することを要件とする（４月分以降。基本給の引上げに伴う賞与や超過勤務手当等への影響を考慮しつつ、就業規則（賃金規程）改正に一定の時間を要することを考慮して、令和６年２・３月分は全額一時金による支給を可能とする。
　　※「基本給」又は「決まって毎月支払われる手当」

◎**対象となる職種**
- ・ 福祉・介護職員
- ・ 事業所の判断により、福祉・介護職員以外の他の職種の処遇改善にこの処遇改善の収入を充てることができるよう柔軟な運用を認める。

◎**申請方法**　各事業所において、都道府県に福祉・介護職員・その他職員の賃金改善額を記載した計画書（※）を提出。
　　※賃金改善額の総額（対象とする職員全体の額）の記載を求める（職員個々人の賃金改善額の記載は求めない）

◎**報告方法**　各事業所において、都道府県に賃金改善期間経過後、計画の実績報告書（※）を提出。
　　※賃金改善額の総額（対象とする職員全体の額）の記載を求める（職員個々人の賃金改善額の記載は求めない）

◎**交付方法**
対象事業所は都道府県に対して申請し、対象事業所に対して交付金支払（国費10/10、約167億円（事務費含む））。

◎**申請・交付スケジュール**
- ✓ 都道府県に対しては令和５年度内に概算交付
　　※ 事業者に対する交付スケジュールとして、都道府県における準備等の観点から、やむをえない事情による場合は、令和６年４月から受付、６月から交付することも想定。
- ✓ 賃金改善期間後、処遇改善実績報告書を提出。

【執行のイメージ】

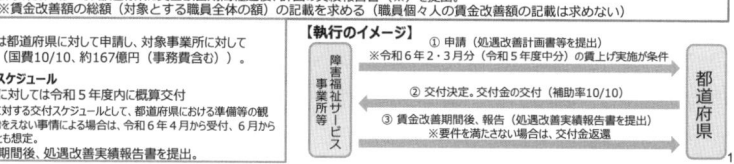

（厚生労働省）

　令和6年2月から同年5月までの期間限定の交付でしたが、令和6年6月からの一本化後の処遇改善加算の加算率は、この交付金の加算率も想定した上で設定されました。

## 1 臨時特例交付金の受給要件

　臨時特例交付金受給のための要件は下記のとおりです。

> （1）　ベースアップ等支援加算を取得している事業所であること（※1）
> （2）　上記かつ、令和6年2・3月分（令和5年度中分）から実際に賃上げを行う事業所であること
> （3）　賃上げ効果の継続に資するよう、補助額の2/3以上は福祉・介護職員等の月額賃金（※2）の改善に使用すること（※3）

　※1　令和6年4月から福祉・介護職員等ベースアップ等支援加算を取得見込みの事業所も含みます。
　※2　「基本給」または「決まって毎月支払われる手当」
　※3　令和6年4月・5月分交付額についてのみ（令和6年2・3月分は全額一時金による支給が可能です）

　以下、それぞれの要件について補足します。

### （1）ベースアップ等支援加算を取得している事業所であること

　「ベースアップ等支援加算の上乗せ」として導入されたという経緯から、臨時特例交付金を受給するためには、前提として「ベースアップ等支援加算」を算定している必要があります。

　ただ、この要件には緩和措置があり、令和6年2月（3月）時点でベースアップ等支援加算を算定していない事業所であっても、令和6年4月にベースアップ等支援加算を算定する見込みであれば受給できることとなっていました。

## （2）令和6年2・3月分（令和5年度中分）から実際に賃上げを行う事業所であること

　臨時特例交付金の受付開始は補正予算成立後の令和6年4月からでしたが、その前の令和6年2月・3月分から賃金改善を実施していなければなりませんでした。賃金改善は下記 **(3)** のとおり「基本給」または「決まって毎月支払われる手当」により行いますが、2月・3月分については一時金による支給でよく、また2月・3月分をまとめて3月に支払っても問題ありません。

## （3）補助額の2/3以上は福祉・介護職員等の月額賃金改善に使用すること

　ここでいう補助額は、「令和6年4月・5月受給分」のことです。したがって、令和6年2月・3月分については全額を一時金や賞与に充てても問題ありません。

# Ⅱ　令和6年6月以降の処遇改善加算（福祉・介護職員等処遇改善加算）

　前述の通り、処遇改善加算は3種類（処遇改善加算、特定処遇改善加算、ベースアップ等支援加算）に分かれており、その要件や配分方法も様々でした。加えて、令和6年2月から臨時特例交付金も加わったため、非常に複雑な構造となっていました。しかしながら、令和6年6月より、各加算・各区分の要件および加算率を組み合わせた4段階の「福祉・介護職員等処遇改善加算」に一本化されました。

　また、経過措置区分として、令和6年度末までは、令和6年5月までの3つの加算の取得状況に基づく加算率を維持した上で、加算率の引上げを行う（処遇改善加算Ⅴ（1）〜（14）、詳細は140頁）、とされています。

## 1　既存の処遇改善加算等からの主な変更点

　既存の処遇改善加算等から大きく変化がある部分は下記の通りです。

①　新加算においては、加算・賃金改善額の職種間配分ルールを統一する。
　　福祉・介護職員への配分を基本とし、特に経験・技能のある職員に重点的に配分することとするが、事業所内で柔軟な配分を認める。
②　月額賃金の改善に関する要件を見直し、新加算Ⅳの加算額の1/2以上を月額賃金に充てることとする。
③　令和7年度に、職場環境等要件の見直しを行う。

## 5-2：令和6年6月からの福祉・介護職員等処遇改善加算の算定要件等

### 福祉・介護職員等処遇改善加算について②

**算定要件等**

○ 新加算（Ⅰ～Ⅳ）は、加算・賃金改善額の職種間配分ルールを統一。（福祉・介護職員への配分を基本とし、特に経験・技能のある職員に重点的に配分することとするが、事業所内で柔軟な配分を認める。）

○ 新加算のいずれの区分を取得している事業所においても、新加算Ⅳの加算額の1／2以上を月額賃金の改善に充てることを要件とする。

　※ それまでベースアップ等支援加算を取得していない事業所が、一本化後の新加算を新たに取得する場合には、ベースアップ等支援加算相当分の加算額については、その2／3以上を月額賃金の改善として新たに配分することを求める。

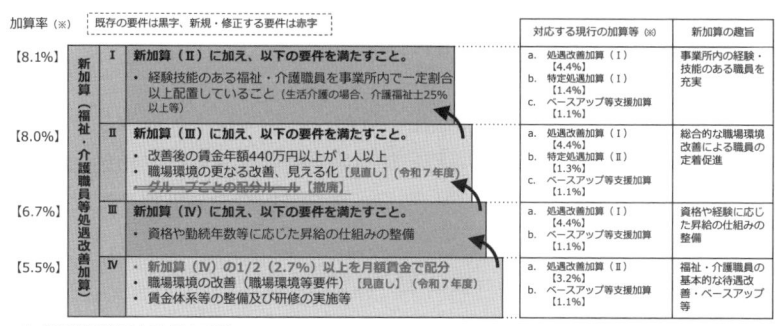

※ 加算率は生活介護のものを例として記載。

6

（厚生労働省資料より）

---

# 2 新加算の算定要件

新加算の算定要件は、下記のように構成されています。

① 月額賃金改善要件Ⅰ

　新加算Ⅳの1／2以上のベースアップを行う。

② 月額賃金改善要件Ⅱ

　旧ベースアップ等支援加算相当の2／3以上の新規のベースアップを行う。

　※令和6年5月までに旧ベースアップ等支援加算を算定していなかった事業所のみ

③ キャリアパス要件Ⅰ

　職員の職位・職責・職務内容および任用要件ならびに職位ごとの賃金

体制の整備

　※旧キャリアパス要件Ⅰの内容と同様

④　キャリアパス要件Ⅱ

　研修計画を定めての研修の実施または資格取得等のための支援

　※旧キャリアパス要件Ⅱの内容と同様

⑤　キャリアパス要件Ⅲ

　昇給の仕組みの整備

　※旧キャリアパス要件Ⅲの内容と同様

⑥　キャリアパス要件Ⅳ

　改善後の賃金が年額440万円以上の職員が、新加算ⅠまたはⅡを算定している事業所の数以上いる（令和6年度は「賃金改善額が月額8万円以上の職員が1人以上」いることでも要件を満たす。また、小規模事業所等は理由を計画書等に付することで免除）。

　※旧特定処遇改善加算Ⅰ・Ⅱの要件と同様

⑦　キャリアパス要件Ⅴ

　「福祉専門職員配置等加算」または「特定事業所加算」を算定している。

　※旧特定処遇改善加算Ⅰの要件と同様

⑧　職場環境等要件

　所定の6つの区分から選択し、賃金改善以外での職員の待遇改善を実施

　※新加算Ⅲ・Ⅳの場合は区分ごとに1以上、全体で7以上の取組みを実施

　※新加算Ⅰ・Ⅱの場合は区分ごとに2以上、全体で13以上の取組みを実施かつ取組み内容をHP掲載等により公表

　新処遇改善加算は、上記要件のどれを満たしているかによって区分が異なります。

新処遇改善加算Ⅰ・・上記①～⑧すべてを満たす。
新処遇改善加算Ⅱ・・上記①～⑥および⑧を満たす。
新処遇改善加算Ⅲ・・上記①～⑤および⑧を満たす。
新処遇改善加算Ⅳ・・上記①～④および⑧を満たす。

以降で詳しく解説していきます。

## 3 令和6年6月以降の処遇改善加算の区分要件

　令和6年6月以降の処遇改善加算は、「処遇改善加算Ⅰ〜Ⅳ」の4段階に分かれており、番号が若くなるごとに上位の加算率となります。

　以下では、処遇改善加算の区分（Ⅰ〜Ⅳ）について、解説をしていきます。

### （1）処遇改善加算Ⅳの要件

①　加算Ⅳ相当分として受給した金額の2分の1を月額賃金（ベースアップ等）に充てること

②　新たな職場環境等要件を満たすこと（令和7年度から）

③　職位、職責または職務内容等に応じた任用要件と賃金体系を整備すること

④　資質向上のための計画を策定して研修の実施または研修の機会を確保すること

　新処遇改善加算Ⅳは、旧処遇改善加算の「キャリアパス要件Ⅰ（上記③）」と「キャリアパス要件Ⅱ（上記④）」およびベースアップ等支援加算が組み込まれた形です。

　キャリアパス要件Ⅰ、Ⅱは、旧処遇改善加算と同様ですが（24頁参照）、ベースアップ等支援加算部分は、一本化前は「3分の2以上」をベースアップ等に充てなければならなかったのに対し（108頁参照）、「2分の1以上」となっています。

　一見緩和されているようにも見えますが、例えば、生活介護において、ベースアップ等支援加算の加算率が1.1%（臨時特例交付金0.8%

## 5-3：令和6年6月からの福祉・介護職員等処遇改善加算の加算率（サービス別・令和6年中）

（参考）福祉・介護職員等処遇改善加算

（参考）令和6年5月までの加算率

| サービス区分 | 福祉・介護職員等処遇改善加算 | | | 福祉・介護職員等特定処遇改善加算 | | 福祉・介護職員等ベースアップ等支援加算 | 令和6年度改定における加算率の引上げ | ①+④+⑥+⑦ | ①+⑤+⑥+⑦ | ①+⑥+⑦ |
| | ① | ② | ③ | ④ | ⑤ | ⑥ | ⑦ | | | |
| | I | II | III | I | II | | | I | II | III |
|---|---|---|---|---|---|---|---|---|---|---|
| 居宅介護 | 27.4% | 20.0% | 11.1% | 7.0% | 5.5% | 4.5% | 2.8% | 41.7% | 40.2% | 34.7% |
| 重度訪問介護 | 20.0% | 14.6% | 8.1% | 7.0% | 5.5% | 4.5% | 2.8% | 34.3% | 32.8% | 27.3% |
| 同行援護 | 27.4% | 20.0% | 11.1% | 7.0% | 5.5% | 4.5% | 2.8% | 41.7% | 40.2% | 34.7% |
| 行動援護 | 23.9% | 17.5% | 9.7% | 7.0% | 5.5% | 4.5% | 2.8% | 38.2% | 36.7% | 31.2% |
| 重度障害者等包括支援 | 8.9% | 6.5% | 3.6% | 6.1% | | 4.5% | 2.8% | 22.3% | | 16.2% |
| 生活介護 | 4.4% | 3.2% | 1.8% | 1.4% | 1.3% | 1.1% | 1.2% | 8.1% | 8.0% | 6.7% |
| 施設入所支援 | 8.6% | 6.3% | 3.5% | 2.1% | | 2.8% | 2.4% | 15.9% | | 13.8% |
| 短期入所 | 8.6% | 6.3% | 3.5% | 2.1% | | 2.8% | 2.4% | 15.9% | | 13.8% |
| 療養介護 | 6.4% | 4.7% | 2.6% | 2.1% | 1.9% | 2.8% | 2.4% | 13.7% | 13.5% | 11.6% |
| 自立訓練（機能訓練） | 6.7% | 4.9% | 2.7% | 4.0% | 3.6% | 1.8% | 1.3% | 13.8% | 13.4% | 9.8% |
| 自立訓練（生活訓練） | 6.7% | 4.9% | 2.7% | 4.0% | 3.6% | 1.8% | 1.3% | 13.8% | 13.4% | 9.8% |
| 就労選択支援 | 6.4% | 4.7% | 2.6% | 1.7% | 1.5% | 1.3% | 0.9% | 10.3% | 10.1% | 8.6% |
| 就労移行支援 | 6.4% | 4.7% | 2.6% | 1.7% | 1.5% | 1.3% | 0.9% | 10.3% | 10.1% | 8.6% |
| 就労継続支援A型 | 5.7% | 4.1% | 2.3% | 1.7% | 1.5% | 1.3% | 0.9% | 9.6% | 9.4% | 7.9% |
| 就労継続支援B型 | 5.4% | 4.0% | 2.2% | 1.7% | 1.5% | 1.3% | 0.9% | 9.3% | 9.1% | 7.6% |
| 就労定着支援 | 6.4% | 4.7% | 2.6% | 1.7% | | 1.3% | 0.9% | 10.3% | | 8.6% |
| 自立生活援助 | 6.4% | 4.7% | 2.6% | 1.7% | 1.5% | 1.3% | 0.9% | 10.3% | 10.1% | 8.6% |
| 共同生活援助（介護サービス包括型） | 8.6% | 6.3% | 3.5% | 1.9% | 1.6% | 2.6% | 1.6% | 14.7% | 14.4% | 12.8% |
| 共同生活援助（日中サービス支援型） | 8.6% | 6.3% | 3.5% | 1.9% | 1.6% | 2.6% | 1.6% | 14.7% | 14.4% | 12.8% |
| 共同生活援助（外部サービス利用型） | 15.0% | 11.0% | 6.1% | 1.9% | 1.6% | 2.6% | 1.6% | 21.1% | 20.8% | 19.2% |
| 児童発達支援 | 8.1% | 5.9% | 3.3% | 1.3% | 1.0% | 2.0% | 1.7% | 13.1% | 12.8% | 11.8% |
| 医療型児童発達支援（※） | 12.6% | 9.2% | 5.1% | 1.3% | 1.0% | 2.0% | 1.7% | 17.6% | 17.3% | 16.3% |
| 放課後等デイサービス | 8.4% | 6.1% | 3.4% | 1.3% | 1.0% | 2.0% | 1.7% | 13.4% | 13.1% | 12.1% |
| 居宅訪問型児童発達支援 | 8.1% | 5.9% | 3.3% | 1.1% | | 2.0% | 1.7% | 12.9% | | 11.8% |
| 保育所等訪問支援 | 8.1% | 5.9% | 3.3% | 1.1% | | 2.0% | 1.7% | 12.9% | | 11.8% |
| 福祉型障害児入所施設 | 9.9% | 7.2% | 4.0% | 4.3% | 3.9% | 3.8% | 3.1% | 21.1% | 20.7% | 16.8% |
| 医療型障害児入所施設 | 7.9% | 5.8% | 3.2% | 4.3% | 3.9% | 3.8% | 3.1% | 19.1% | 18.7% | 14.8% |
| 障害者支援施設が行う生活介護 | 6.1% | 4.4% | 2.5% | 1.7% | | 1.1% | 1.2% | 10.1% | | 8.4% |
| 障害者支援施設が行う自立訓練（機能訓練） | 6.8% | 5.0% | 2.8% | 2.6% | | 1.8% | 1.3% | 12.5% | | 9.9% |
| 障害者支援施設が行う自立訓練（生活訓練） | 6.8% | 5.0% | 2.8% | 2.6% | | 1.8% | 1.3% | 12.5% | | 9.9% |
| 障害者支援施設が行う就労移行支援 | 6.7% | 4.9% | 2.7% | 1.8% | | 1.3% | 0.9% | 10.7% | | 8.9% |
| 障害者支援施設が行う就労継続支援A型 | 6.5% | 4.7% | 2.6% | 1.8% | | 1.3% | 0.9% | 10.5% | | 8.7% |
| 障害者支援施設が行う就労継続支援B型 | 6.4% | 4.7% | 2.6% | 1.8% | | 1.3% | 0.9% | 10.4% | | 8.6% |

## の加算率（サービス別・令和6年度中）

| ②+⑥+⑦ | ①+④+⑦ | ②+④+⑥+⑦ | ①+⑤+⑦ | ②+⑤+⑥+⑦ | ②+④+⑦ | ②+⑤+⑦ | ③+④+⑥+⑦ | ①+⑦ | ③+⑤+⑥+⑦ | ③+④+⑦ | ②+⑦ | ③+⑤+⑦ | ③+⑥+⑦ | ③+⑦ |
|---|---|---|---|---|---|---|---|---|---|---|---|---|---|---|
| 福祉・介護職員等処遇改善加算 | | | | | | | | | | | | | | |
| IV | V(1) | V(2) | V(3) | V(4) | V(5) | V(6) | V(7) | V(8) | V(9) | V(10) | V(11) | V(12) | V(13) | V(14) |
| 27.3% | 37.2% | 34.3% | 35.7% | 32.8% | 29.8% | 28.3% | 25.4% | 30.2% | 23.9% | 20.9% | 22.8% | 19.4% | 18.4% | 13.9% |
| 21.9% | 29.8% | 28.9% | 28.3% | 27.4% | 24.4% | 22.9% | 22.4% | 22.8% | 20.9% | 17.9% | 17.4% | 16.4% | 15.4% | 10.9% |
| 27.3% | 37.2% | 34.3% | 35.7% | 32.8% | 29.8% | 28.3% | 25.4% | 30.2% | 23.9% | 20.9% | 22.8% | 19.4% | 18.4% | 13.9% |
| 24.8% | 33.7% | 31.8% | 32.2% | 30.3% | 27.3% | 25.8% | 24.0% | 26.7% | 22.5% | 19.5% | 20.3% | 18.0% | 17.0% | 12.5% |
| 13.8% | 17.8% | 19.9% |  |  | 15.4% |  | 17.0% | 11.7% |  | 12.5% | 9.3% |  | 10.9% | 6.4% |
| 5.5% | 7.0% | 6.9% | 6.9% | 6.8% | 5.8% | 5.7% | 5.5% | 5.6% | 5.4% | 4.4% | 4.4% | 4.3% | 4.1% | 3.0% |
| 11.5% | 13.1% | 13.6% |  |  | 10.8% |  | 10.8% | 11.0% |  | 8.0% | 8.7% |  | 8.7% | 5.9% |
| 11.5% | 13.1% | 13.6% |  |  | 10.8% |  | 10.8% | 11.0% |  | 8.0% | 8.7% |  | 8.7% | 5.9% |
| 9.9% | 10.9% | 12.0% | 10.7% | 11.8% | 9.2% | 9.0% | 9.9% | 8.8% | 9.7% | 7.1% | 7.1% | 6.9% | 7.8% | 5.0% |
| 8.0% | 12.0% | 12.0% | 11.6% | 11.6% | 10.2% | 9.8% | 9.8% | 8.0% | 9.4% | 8.0% | 6.2% | 7.6% | 5.8% | 4.0% |
| 8.0% | 12.0% | 12.0% | 11.6% | 11.6% | 10.2% | 9.8% | 9.8% | 8.0% | 9.4% | 8.0% | 6.2% | 7.6% | 5.8% | 4.0% |
| 6.9% |  |  |  |  |  |  |  |  |  |  |  |  |  |  |
| 6.9% | 9.0% | 8.6% | 8.8% | 8.4% | 7.3% | 7.1% | 6.5% | 7.3% | 6.3% | 5.2% | 5.6% | 5.0% | 4.8% | 3.5% |
| 6.3% | 8.3% | 8.0% | 8.1% | 7.8% | 6.7% | 6.5% | 6.2% | 6.6% | 6.0% | 4.9% | 5.0% | 4.7% | 4.5% | 3.2% |
| 6.2% | 8.0% | 7.9% | 7.8% | 7.7% | 6.6% | 6.4% | 6.1% | 6.3% | 5.9% | 4.8% | 4.9% | 4.6% | 4.4% | 3.1% |
| 6.9% | 9.0% | 8.6% |  |  | 7.3% |  | 6.5% | 7.3% |  | 5.2% | 5.6% |  | 4.8% | 3.5% |
| 6.9% | 9.0% | 8.6% | 8.8% | 8.4% | 7.3% | 7.1% | 6.5% | 7.3% | 6.3% | 5.2% | 5.6% | 5.0% | 4.8% | 3.5% |
| 10.5% | 12.1% | 12.4% | 11.8% | 12.1% | 9.8% | 9.5% | 9.6% | 10.2% | 9.3% | 7.0% | 7.9% | 6.7% | 7.7% | 5.1% |
| 10.5% | 12.1% | 12.4% | 11.8% | 12.1% | 9.8% | 9.5% | 9.6% | 10.2% | 9.3% | 7.0% | 7.9% | 6.7% | 7.7% | 5.1% |
| 15.2% | 18.5% | 17.1% | 18.2% | 16.8% | 14.5% | 14.2% | 12.2% | 16.6% | 11.9% | 9.6% | 12.6% | 9.3% | 10.3% | 7.7% |
| 9.6% | 11.1% | 10.9% | 10.8% | 10.6% | 8.9% | 8.6% | 8.3% | 9.8% | 8.0% | 6.3% | 7.6% | 6.0% | 7.0% | 5.0% |
| 12.9% | 15.6% | 14.2% | 15.3% | 13.9% | 12.2% | 11.9% | 10.1% | 14.3% | 9.8% | 8.1% | 10.9% | 7.8% | 8.8% | 6.8% |
| 9.8% | 11.4% | 11.1% | 11.1% | 10.8% | 9.1% | 8.8% | 8.4% | 10.1% | 8.1% | 6.4% | 7.8% | 6.1% | 7.1% | 5.1% |
| 9.6% | 10.9% | 10.7% |  |  | 8.7% |  | 8.1% | 9.8% |  | 6.1% | 7.6% |  | 7.0% | 5.0% |
| 9.6% | 10.9% | 10.7% |  |  | 8.7% |  | 8.1% | 9.8% |  | 6.1% | 7.6% |  | 7.0% | 5.0% |
| 14.1% | 17.3% | 18.4% | 16.9% | 18.0% | 14.6% | 14.2% | 15.2% | 13.0% | 14.8% | 11.4% | 10.3% | 11.0% | 10.9% | 7.1% |
| 12.7% | 15.3% | 17.0% | 14.9% | 16.6% | 13.2% | 12.8% | 14.4% | 11.0% | 14.0% | 10.6% | 8.9% | 10.2% | 10.1% | 6.3% |
| 6.7% | 9.0% | 8.4% |  |  | 7.3% |  | 6.5% | 7.3% |  | 5.4% | 5.6% |  | 4.8% | 3.7% |
| 8.1% | 10.7% | 10.7% |  |  | 8.9% |  | 8.5% | 8.1% |  | 6.7% | 6.3% |  | 5.9% | 4.1% |
| 8.1% | 10.7% | 10.7% |  |  | 8.9% |  | 8.5% | 8.1% |  | 6.7% | 6.3% |  | 5.9% | 4.1% |
| 7.1% | 9.4% | 8.9% |  |  | 7.6% |  | 6.7% | 7.6% |  | 5.4% | 5.8% |  | 4.9% | 3.6% |
| 6.9% | 9.2% | 8.7% |  |  | 7.4% |  | 6.6% | 7.4% |  | 5.3% | 5.6% |  | 4.8% | 3.5% |
| 6.9% | 9.1% | 8.7% |  |  | 7.4% |  | 6.6% | 7.3% |  | 5.3% | 5.6% |  | 4.8% | 3.5% |

（厚生労働省資料より）

を加えても1.9％）であるのに対し、こちらでは「2.7％以上（新処遇改善加算Ⅳ相当分5.5％の2分の1）」をベースアップ等に充てなければならないため、実質的にベースアップ等支援加算よりも多くの金額をベースアップ等に充てなければならないことになります。

　なお、令和6年5月末までにベースアップ等支援加算を算定しておらず、かつ一本化後の新処遇改善加算Ⅰ～Ⅳに移行する事業所は、移行の際に「ベースアップ等支援加算相当分（生活介護であれば1.1％）の3分の2以上」をベースアップ等に充てる必要があります。

## （2）処遇改善加算Ⅲの要件

> 　処遇改善加算Ⅳの要件に加えて、経験もしくは資格等に応じて昇給する仕組み、または一定の基準に基づき定期に昇給を判定する仕組みを設けること

　新処遇改善加算Ⅲの要件は、旧処遇改善加算の「キャリアパス要件Ⅰ～Ⅲ」と同様です（24頁参照）。要件について特に変更はないため、既存のキャリアパス要件Ⅰ～Ⅲを満たしていれば問題ありません。

## （3）処遇改善加算Ⅱの要件

> 　処遇改善加算Ⅲの要件に加えて、
> ①　改善後の賃金年額（＝年収）が440万円以上の者が1名以上いること
> ②　職場環境等の更なる改善を行うこと（令和7年度から）※詳細は後述

　新処遇改善加算Ⅱの要件①は、特定処遇改善加算Ⅰ・Ⅱの要件と同様です（80頁参照）。
　小規模事業所等において①の要件を満たすのは難しいと思われるかもしれません。しかしながら、特定処遇改善加算においては「小規模

事業所等で加算額全体が少額である」「職員全体の賃金水準が低く、直ちに月額平均8万円等まで賃金を引き上げることが困難である」または「月額平均8万円等の賃金改善を行うに当たり、これまで以上に事業所内の階層や役職にある者に求められる能力や処遇を明確化することが必要であり、規程の整備や研修・実務経験の蓄積などに一定期間を要する」といった事項に該当すれば、①の要件は免除されます。この免除には特段の申請や許可は必要なく、処遇改善加算計画書・実績報告書にその理由を付する（書式のチェックボックスにチェックする）のみで足ります。これは新処遇改善加算Ⅱにおいても同様ですので、小規模事業所においては、実質的に②の要件のみを満たせばよいこととなります。

　また、特定処遇改善Ⅰ・Ⅱの算定にあたって必要であった配分ルールも撤廃されましたので、原則として（福祉・介護職員への処遇改善を前提とした加算であることに留意しつつ）自由に配分ができるようになりました。

## （4）処遇改善加算Ⅰの要件

> 　処遇改善加算Ⅱの要件に加えて、福祉専門職員配置等加算を算定していること
> （居宅介護・重度訪問介護事業者等は特定事業所加算を算定していること）

　新処遇改善加算Ⅰの要件は、特定処遇改善加算Ⅰの要件と同様です（76頁参照）。

　要件について特に変更はないため、特定処遇改善加算Ⅰの要件を満たしていれば問題ありません。

## 4　新処遇改善加算における職場環境等要件について（令和7年度から施行）

　新処遇改善加算（福祉・介護職員等処遇改善加算）の算定要件の中に「職場環境等要件」が含まれていますが、こちらは既存の職場環境等要件とは内容や基準が大きく異なるので注意が必要です。

　これまでは、旧処遇改善加算を算定している場合には、原則として次頁の図表5-4から1つ以上実施していればよく、特定処遇改善加算を算定している場合でも、上記から3つ以上実施（6つの区分から3つ以上の区分を選択し、それぞれ1つ以上実施）していれば要件を満たせていました。

　しかし、令和7年度からは、この取組み内容が大幅に増加することとなります。

　具体的には下記の通りです。

---

（1）新処遇改善加算Ⅲ・Ⅳを算定するために必要な職場環境等要件の取組み
　次頁の図表5-4の6つの区分からそれぞれ1つ以上（「生産性向上」の区分については2つ以上）実施すること
（2）新処遇改善加算Ⅰ・Ⅱを算定するために必要な職場環境等要件の取組み
　次頁の図表5-4の6つの区分からそれぞれ2つ以上（「生産性向上」の区分については3つ以上、うち「⑱現場の課題の見える化」については必須）実施すること

---

　つまり、新処遇改善加算Ⅲ・Ⅳを算定するためには最低7つ以上の取組みを実施しなければならず、新処遇改善加算Ⅰ・Ⅱを算定するためには最低13以上の取組みを実施し、そのうちの「現場の課題の見える化」については必ず実施しなければなりません。

　さらに、新処遇改善加算Ⅰ・Ⅱにおける職場環境等要件にあたっては、「障害福祉サービス情報公表システム」によって当該取組内容を

# 福祉・介護職員等処遇改善加算の職場環境等要件（令和７年度以降）

福祉・介護職員等処遇改善加算 Ⅲ・Ⅳ：以下の**区分ごとにそれぞれ１つ以上（生産性向上は２つ以上）**取り組んでいる
福祉・介護職員等処遇改善加算 Ⅰ・Ⅱ：以下の**区分ごとにそれぞれ２つ以上（生産性向上は３つ以上うち⑱は必須）**取り組んでいる

| 区分 | | 内容 |
|---|---|---|
| 入職促進に向けた取組 | ① | 法人や事業所の経営理念や支援方針・人材育成方針、その実現のための施策・仕組みなどの明確化 |
| | ② | 事業者の共同による採用・人事ローテーション・研修のための制度構築 |
| | ③ | 他産業からの転職者、主婦層、中高年齢者等、経験者・有資格者にこだわらない幅広い採用の仕組みの構築（採用の実績でも可） |
| 資質の向上やキャリアアップに向けた支援 | ④ | 職業体験の受入れや地域行事への参加や主催による職業魅力向上の取組の実施 |
| | ⑤ | 働きながら国家資格の取得を目指す者に対する研修受講支援や、専門性の高い支援技術を取得しようとする者に対する各国家資格の生涯研修制度、サービス管理責任者研修、喀痰吸引研修、強度行動障害支援者養成研修等の業務関連専門技術研修の受講支援等 |
| | ⑥ | 研修の受講やキャリア段位制度等と人事考課との連動によるキャリアサポート制度等の導入 |
| | ⑦ | エルダー・メンター（仕事やメンタル面のサポート等をする担当者）制度等の導入 |
| | ⑧ | 上位者・担当者等によるキャリア面談など、キャリアアップ・働き方等に関する定期的な相談の機会の確保 |
| 両立支援・多様な働き方の推進 | ⑨ | 子育てや家族等の介護等と仕事の両立を目指すための休暇制度等の充実、事業所内託児施設の整備 |
| | ⑩ | 職員の事情等の状況に応じた勤務シフトや短時間正規職員制度の導入、職員の希望に即した非正規職員から正規職員への転換の制度等の整備 |
| | ⑪ | 有給休暇を取得しやすい雰囲気・意識作りのため、具体的な取得目標（例えば、１週間以上の休暇を年に●回取得、付与日数のうち●％以上を取得）を定めた上で、取得状況を定期的に確認し、身近な上司等からの積極的な声かけ等に取り組んでいる |
| | ⑫ | 有給休暇の取得促進のため、情報共有や複数担当制等により、業務の属人化の解消、業務配分の偏りの解消に取り組んでいる |
| | ⑬ | 障害を有する者でも働きやすい職場環境の構築や勤務シフトの配慮 |
| 腰痛を含む心身の健康管理 | ⑭ | 業務や福利厚生制度、メンタルヘルス等の職員相談窓口の設置等相談体制の充実 |
| | ⑮ | 短時間勤務労働者等も受診可能な健康診断・ストレスチェックや、従業者のための休憩室の設置等健康管理対策の実施 |
| | ⑯ | 福祉・介護職員の身体的な負担軽減のための介護技術の修得支援やリフト等の活用、職員に対する腰痛対策の研修、管理者に対する雇用管理改善の研修等の実施 |
| 生産性向上（業務改善及び働く環境改善）のための業務改善の取組 | ⑰ | 事故・トラブルへの対応マニュアル等の作成等の体制の整備 |
| | ⑱ | 現場の課題の見える化（課題の抽出、課題の構造化、業務時間調査の実施等）を実施している |
| | ⑲ | ５Ｓ活動（業務管理の手法の１つ。整理・整頓・清掃・清潔・躾の頭文字をとったもの）等の実践による職場環境の整備を行っている |
| | ⑳ | 業務手順書の作成や、記録・報告様式の工夫による情報共有や作業負担の軽減を行っている |
| | ㉑ | 業務支援ソフト（記録、情報共有、請求業務転記が不要なもの。）、情報端末（タブレット端末、スマートフォン端末等）の導入 |
| | ㉒ | 介護ロボット（見守り支援、移乗支援、移動支援、排泄支援、入浴支援、介護業務支援等）又はインカム等の職員間の連絡調整の迅速化に資するＩＣＴ機器（ビジネスチャットツール含む）の導入 |
| | ㉓ | 業務内容の明確化と役割分担を行い、福祉・介護職員が支援に集中できる環境を整備。特に、間接業務（食事等の準備や片付け、清掃、ベッドメイク、ゴミ捨て等）がある場合は、いわゆる介護助手等の活用や外注で担うなど、役割の見直しやシフトの組み換え等を行う |
| | ㉔ | 各種委員会の共同設置、各種指針・計画の共同策定、物品の共同購入等の事務処理部門の集約、共同で行うＩＣＴインフラの整備、人事管理システムや福利厚生システム等の共通化等、協働化を通じた職場環境の改善に向けた取組の実施 |
| やりがい・働きがいの構成 | ㉕ | ミーティング等による職場内コミュニケーションの円滑化による個々の福祉・介護職員の気づきを踏まえた勤務環境や支援内容の改善 |
| | ㉖ | 地域社会への参加・包容（インクルージョン）の推進のための、モチベーション向上に資する、地域の児童・生徒や住民との交流の実施 |
| | ㉗ | 利用者本位の支援方針など障害福祉や法人の理念等を定期的に学ぶ機会の提供 |
| | ㉘ | 支援の好事例や、利用者やその家族からの謝意等の情報を共有する機会の提供 |

新加算Ⅰ・Ⅱにおいては、情報公表システム等で職場環境等要件の各項目ごとの具体的な取組内容の公表を求める予定

（厚生労働省資料より）

公表する必要もあります。

　令和6年度中は猶予されているものの、令和7年度から大幅に取り組むべき項目が増加する職場環境等要件のための準備を行うことも、新加算移行のための大きなポイントとなります。

## 5　新処遇改善加算（Ⅰ〜Ⅳ）に直ちに移行することができない場合の経過措置

　旧処遇改善加算ⅠとⅡ以上を算定している事業所であれば（職場環境等要件はさておくとして）、すぐに新加算に移行することは可能なのですが、例えば、旧処遇改善加算Ⅲ（キャリアパス要件Ⅰ・Ⅱのいずれかのみを満たしている）を算定している事業所などは、直ちに新加算に移行することは難しい状況になるかと思われます。

　そのような事業所に対して、令和7年3月までの救済措置として、新処遇改善加算Ⅴが設けられています。

### 5-5：新加算Ⅰ〜Ⅳに直ちに移行することが困難な場合の経過措置（新処遇改善加算Ⅴ）

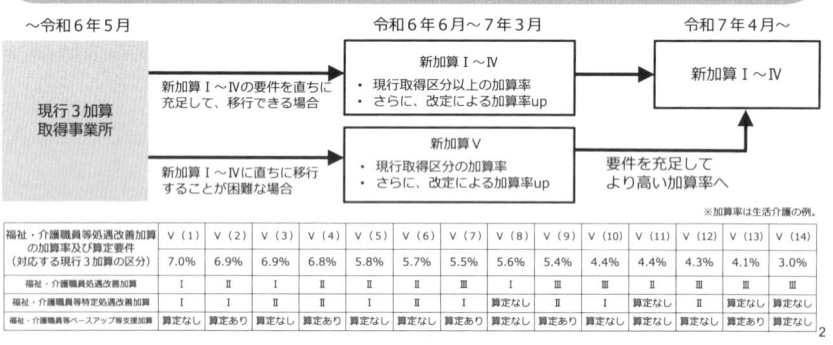

| 福祉・介護職員等処遇改善加算の加算率及び算定要件（対応する現行3加算の区分） | Ⅴ（1） | Ⅴ（2） | Ⅴ（3） | Ⅴ（4） | Ⅴ（5） | Ⅴ（6） | Ⅴ（7） | Ⅴ（8） | Ⅴ（9） | Ⅴ（10） | Ⅴ（11） | Ⅴ（12） | Ⅴ（13） | Ⅴ（14） |
|---|---|---|---|---|---|---|---|---|---|---|---|---|---|---|
| | 7.0% | 6.9% | 6.9% | 6.8% | 5.8% | 5.7% | 5.5% | 5.6% | 5.4% | 4.4% | 4.4% | 4.3% | 4.1% | 3.0% |
| 福祉・介護職員処遇改善加算 | Ⅰ | Ⅰ | Ⅰ | Ⅱ | Ⅰ | Ⅱ | Ⅰ | Ⅱ | Ⅱ | Ⅱ | Ⅲ | Ⅱ | Ⅲ | Ⅲ |
| 福祉・介護職員等特定処遇改善加算 | Ⅰ | Ⅱ | Ⅱ | Ⅱ | Ⅰ | Ⅱ | Ⅰ | 算定なし | Ⅱ | Ⅰ | 算定なし | Ⅱ | 算定なし | 算定なし |
| 福祉・介護職員等ベースアップ等支援加算 | 算定なし | 算定あり | 算定なし | 算定あり | 算定なし | 算定あり | 算定なし | 算定あり | 算定なし | 算定なし | 算定なし | 算定なし | 算定あり | 算定なし |

※加算率は生活介護の例。

（厚生労働省資料より）

　この新処遇改善加算Ⅴは（1）から（14）までに分かれており、令和6年5月末までに「旧処遇改善加算Ⅰ〜Ⅲ」「特定処遇改善加算Ⅰ・Ⅱ」「ベースアップ等支援加算」の、それぞれどの種類の加算のどの区

分を算定していたかによって、（1）から（14）のどの区分に該当する
かが決まります。

　ただし、前述の通り、令和6年度内に限っての経過措置であり、令
和7年度からは新処遇改善加算Ⅰ～Ⅳのいずれかに移行しなければな
りませんので、注意が必要です。

## 6 新処遇改善加算に関する Q&A

　ここでは、厚生労働省から発出された新処遇改善加算についての
Q&A を紹介します。一本化されたとはいえ、仕組みや要件について
は引き続き複雑なものとなっていますので、Q&A をしっかり確認し
た上で加算の算定を行うことが重要です。

「福祉・看護職員等処遇改善加算に関するＱ＆Ａ<br>（第1版）（令和6年3月26日）

## 【賃金改善方法・対象経費】

> 問1-1　賃金改善の基準点はいつの時点になるのか。

（答）

○　「福祉・介護職員等処遇改善加算等に関する基本的考え方並びに事務処理手順及び様式例の提示について」（障障発0326第4号、こ支障第86号　令和6年3月15日厚生労働省社会・援護局障害保健福祉部障害福祉課長、こども家庭庁支援局障害児支援課長通知）（以下「通知」という。）において、福祉・介護職員等処遇改善加算（以下「新加算」という。）、福祉・介護職員処遇改善加算（以下「旧処遇改善加算」という。）、福祉・介護職員等特定処遇改善加算（以下「旧特定加算」という。）及び福祉・介護職員等ベースアップ等支援加算（以下「旧ベースアップ等加算」という。以下、旧処遇改善加算、旧特定加算、旧ベースアップ等加算を合わせて「旧3加算」という。）を算定する障害福祉サービス事業者、障害者支援施設、障害児通所支援事業者又は障害児入所施設（以下「障害福祉サービス事業者等」という。）は、新加算等の算定額に相当する福祉・介護職員その他の職員の賃金（基本給、手当、賞与等（退職手当を除く。以下同じ。）を含む。）の改善（当該賃金改善に伴う法定福利費等の事業主負担の増加分を含むことができる。以下「賃金改善」という。）を実施しなければならないとしている。

○　賃金改善の額は、新加算及び旧3加算（以下「新加算等」という。）を原資として賃金改善を実施した後の実際の賃金水準と、新加算等を算定しない場合の賃金水準との比較により、各障害福祉サービス事業者等において算出する。新加算等を算定しない場合の賃金水準は、原則として、初めて新加算等又は交付金等（平成21年度補正予算による福祉・介護職員処遇改善交付金並びに令和3年度及び令和

５年度補正予算による福祉・介護職員処遇改善臨時特例交付金をいう。以下同じ。）を算定した年度の前年度における賃金水準とする。

○　ただし、障害福祉サービス事業者等における職員構成の変動等により、初めて新加算等又は交付金等を算定した年度の前年度における賃金水準を推計することが困難な場合又は現在の賃金水準と比較することが適切でない場合は、新加算等を算定しない場合の賃金水準を、新加算等を除いた障害福祉サービス等報酬の総単位数の見込額に基づく営業計画・賃金計画を策定した上で試算する等の適切な方法により算出し、賃金改善額を算出することとしても差し支えない。

○　また、障害福祉サービス事業所等を新規に開設した場合については、新加算等を算定しない場合の賃金水準を、新加算等を除いた障害福祉サービス等報酬の総単位数の見込額に基づく営業計画・賃金計画を策定する等の適切な方法により算出した上で試算する等の適切な方法により算出し、賃金改善額を算出することとしても差し支えない。

---

問１-２　前年度から事業所の福祉・介護職員等の減少や入れ替わり等があった場合、どのように考えればよいか。

---

（答）

○　実績報告書における①「令和６年度の加算の影響を除いた賃金額」と②「令和５年度の加算及び独自の賃金改善の影響を除いた賃金額」の比較は、新加算等及び交付金等による賃金改善以外の部分で賃金水準を引き下げていないことを確認するために行うものである。

○　一方で、賃金水準のベースダウン（賃金表の改訂による基本給等の一律の引下げ）等を行ったわけではないにも関わらず、事業規模の縮小に伴う職員数の減少や職員の入れ替わり（勤続年数が長く給与の高い職員が退職し、代わりに新卒者を採用した等）といった事情により、上記①の額が②の額を下回る場合には、②の額を調整し

ても差し支えない。

○　この場合の②の額の調整方法については、例えば、

○　退職者については、その職員が、前年度に在籍していなかったものと仮定した場合における賃金総額を推計する

○　新規採用職員については、その者と同職であって勤務年数等が同等の職員が、本年度に在籍したものと仮定した場合における賃金総額を推計する等の方法が想定される。

例：

| | | 勤続10年<br>(賃金35万円/月) | 勤続5年<br>(賃金30万円/月) | 勤続1年<br>(賃金25万円/月) | 賃金総額<br>※処遇補助金除く |
|---|---|---|---|---|---|
| 令和5年度 | 実際の人数 | 10人<br>(計4200万円) | 5人<br>(計1800万円) | 5人<br>(計1500万円) | 7500万円 |
| | 調整後 | 5人<br>(計2100万円)<br>※上記の10人のうち5人は在籍しなかったものと仮定 | 5人<br>(計1800万円)<br>※調整なし | 10人<br>(計3000万円)<br>※上記の10人に加え5人在籍したものと仮定 | 6900万円 |
| 令和6年度 | 実際の人数 | 5人<br>(計2100万円) | 5人<br>(計1800万円) | 10人<br>(計3000万円) | 6900万円 |

---

問1-3　「決まって毎月支払われる手当」とはどのようなものか。

（答）

○　「決まって毎月支払われる手当」とは、労働と直接的な関係が認められ、労働者の個人的事情とは関係なく支給される手当を指す。

○　また、決まって毎月支払われるのであれば、月ごとに額が変動するような手当も含む。

○　ただし、以下の諸手当は、新加算等の算定、賃金改善の対象とな

る「賃金」には含めて差し支えないが、「決まって毎月支払われる手当」には含まれない。

○　月ごとに支払われるか否かが変動するような手当

○　労働と直接的な関係が薄く、当該労働者の個人的事情により支給される手当（通勤手当、扶養手当等）

> 問1-4　時給や日給を引き上げることは、基本給等の引上げに当たるか。

（答）

○　基本給が時給制の職員についてその時給を引き上げることや、基本給が日給制の職員についてその日給を引き上げることは、新加算等の算定に当たり、基本給の引上げとして取り扱って差し支えない。また、時給や日給への上乗せの形で支給される手当については、「決まって毎月支払われる手当」と同等のものと取り扱って差し支えない。

> 問1-5　キャリアパス要件及び職場環境等要件を満たすために取り組む費用について、賃金改善額に含めてもよいか。

（答）

○　新加算等の取扱いにおける「賃金改善」とは賃金の改善をいうものであることから、キャリアパス要件及び職場環境等要件を満たすために取り組む費用については、新加算等の算定に当たり、賃金改善額に含めてはならない。

> 問1-6　最低賃金を満たしているのかを計算するにあたっては、新加算等により得た加算額を最低賃金額と比較する賃金に含めることとなるのか。

（答）

○　新加算等の加算額が、臨時に支払われる賃金や賞与等として支払

われておらず、予定し得る通常の賃金として、毎月労働者に支払われているような場合には、当該加算額を最低賃金額と比較する賃金に含めることとなるが、新加算等の目的等を踏まえ、最低賃金を満たした上で、賃金の引上げを行っていただくことが望ましい。

> 問1-7　賃金改善額に含まれる法定福利費等の範囲について。

（答）

○　賃金改善額には次の額を含むものとする。

○　法定福利費（健康保険料、介護保険料、厚生年金保険料、児童手当拠出金、雇用保険料、労災保険料等）における、新加算等による賃金改善分に応じて増加した事業主負担分

○　法人事業税における新加算等による賃金上昇分に応じた外形標準課税の付加価値額増加分

○　また、法定福利費等の計算に当たっては、合理的な方法に基づく概算によることができる。

○　なお、任意加入とされている制度に係る増加分（例えば、退職手当共済制度等における掛金等）は含まないものとする。

> 問1-8　賃金改善実施期間の設定について。

（答）

○　賃金改善の実施月については、必ずしも算定対象月と同一ではなくても差し支えないが、次のいずれかのパターンの中から、事業者が任意に選択することとする。なお、配分のあり方について予め労使の合意を得るよう、可能な限り努めること。

（例：6月に算定する新加算の配分について）

①　6月の労働時間に基づき、6月中に見込額で職員に支払うパターン

②　6月の労働時間に基づき、7月中に職員に支払うパターン

③　6月サービス提供分の報酬が、7月の国保連の審査を経て、8月

に各事業所に振り込まれるため、8月中に職員に支払うパターン

> 問1-9　実績報告において賃金改善額が新加算等の加算額を下
> 回った場合、加算額を返還する必要があるのか。

（答）

○　新加算等の算定要件は、賃金改善額が加算額以上となることであることから、賃金改善額が加算額を下回った場合、算定要件を満たさないものとして、加算の返還の対象となる。

○　ただし、不足する部分の賃金改善を賞与等の一時金として福祉・介護職員等に追加的に配分することで、返還を求めない取扱いとしても差し支えない。

> 問1-10　「令和6年度に2.5%、令和7年度に2.0%のベースアップ」は処遇改善加算の算定要件ではなく、各障害福祉サービス事業所・施設等で目指すべき目標ということか。

（答）

○　貴見のとおり、今般の報酬改定による加算措置の活用や、賃上げ促進税制の活用を組み合わせることにより、令和6年度に+2.5%、令和7年度に+2.0%のベースアップを実現いただきたい。

○　なお、新加算の加算額については、令和6・7年度の2か年で全額が賃金改善に充てられていればよいこととしている。令和6年度に措置されている加算額には令和7年度のベースアップに充当する分の一部が含まれているところ、この令和7年度分の一部を前倒しして本来の令和6年度分と併せて令和6年度の賃金改善に充てることや、令和6年度の加算額の一部を、令和7年度に繰り越して賃金改善に充てることも可能である。

> 問1-11　繰り越しを行う場合、労使合意は必要か。

（答）

○　繰り越しを行うことについて、予め労使の合意を得るよう、可能な限り努めること。

### 【対象者・対象事業者】

> 問2-1　賃金改善の対象者はどのように設定されるのか。

（答）

○　新加算等の各事業所内における配分については、福祉・介護職員への配分を基本とし、特に経験・技能のある職員に重点的に配分することとするが、事業所内での柔軟な職種間配分を認めることとする。

> 問2-2　EPAによる介護福祉士候補者及び外国人の技能実習制度における介護職種の技能実習生は、新加算等の対象となるのか。

（答）

○　EPAによる介護福祉士候補者と受入れ機関との雇用契約の要件として「日本人が従事する場合に受ける報酬と同等額以上の報酬を受けること」とされていることに鑑み、EPAによる介護福祉士候補者が従事している場合、新加算等の対象となる。

○　また、介護職種の技能実習生の待遇について「日本人が従事する場合の報酬の額と同等
以上であること」とされていることに鑑み、介護職種の技能実習生が従事している場合、新加算等の対象となる。

> 問2-3　福祉・介護職員その他の職員が派遣労働者の場合であっても、新加算等の対象となるのか。

（答）

○　派遣労働者であっても、新加算等の対象とすることは可能であり、賃金改善を行う方法等について派遣元と相談した上で、対象とする派遣労働者を含めて処遇改善計画書や実績報告書を作成すること。その際、新加算等を原資とする派遣料等の上乗せが、派遣元から支払われる派遣職員の給与に上乗せされるよう、派遣元と協議すること。

---

問2-4　在籍型の出向者、業務委託職員についても派遣職員と同様に考えて良いか。

---

（答）

○　貴見のとおり。

---

問2-5　賃金改善に当たり、一部の福祉・介護職員を対象としないことは可能か。

---

（答）

○　福祉・介護職員等処遇改善加算の算定要件は、賃金改善に要する額が加算による収入以上となることであり、事業所（法人）全体での賃金改善が要件を満たしていれば、一部の福祉・介護職員を対象としないことは可能である。

○　ただし、例えば、一部の職員に加算を原資とする賃金改善を集中させることや、同一法人内の一部の事業所のみに賃金改善を集中させることなど、職務の内容や勤務の実態に見合わない著しく偏った配分は行わないこと。

○　また、新加算等を算定する障害福祉サービス事業者等は、当該事業所における賃金改善を行う方法等について職員に周知するとともに、福祉・介護職員等から新加算等に係る賃金改善に関する照会があった場合は、当該職員についての賃金改善の内容について、書面を用いるなど分かりやすく回答すること。

> 問2-6　障害福祉サービス等と介護サービスを両方実施しており、職員が兼務等を行っている場合における福祉・介護職員その他の職員の賃金総額はどのように計算するのか。

（答）

○　処遇改善計画書に、職員の賃金を記載するにあたり、原則、加算の算定対象サービス事業所における賃金については、常勤換算方法により計算することとしており、同一法人において障害福祉サービス等と介護サービスを実施しており、兼務している職員がいる場合においても、障害福祉サービス事業所等における賃金について、常勤換算方法による計算をし、按分し計算することを想定している。

○　一方で、計算が困難な場合等においては実際にその職員が収入として得ている額で判断しても差し支えない。

> 問2-7　法人本部の人事、事業部等で働く者など、障害福祉サービスに従事していない職員について、新加算等による賃金改善の対象に含めることは可能か。
> 　　　新加算等を算定していない障害福祉サービス事業所等（加算の対象外サービスの事業所等を含む。）の職員はどうか。

（答）

○　法人本部の職員については、新加算等の算定対象となるサービス事業所等における業務を行っていると判断できる場合には、賃金改善の対象に含めることができる。

○　新加算等を算定していない障害福祉サービス事業所等（加算の対象外サービスの事業所等を含む。）の職員は、新加算等を原資とする賃金改善の対象に含めることはできない。

## 【月額賃金改善要件】

> 問3-1　月額賃金改善要件Ⅰについて、「基本給等以外の手当又
> は一時金により行っている賃金改善の一部を減額し、その分を
> 基本給等に付け替えることで、本要件を満たすこととして差し
> 支えない。」としているが、各職員の収入が減額されるような付
> け替えは可能か。

（答）

○　事業所全体の賃金の水準及び個別の各職員の賃金額については、
就業規則等に基づき、労使で協議の上設定されるものである。障害
福祉サービス事業所等は、月額賃金改善要件Ⅰを満たすような配分
を行った結果、事業所全体での賃金水準が低下しないようにするだ
けでなく、各職員の賃金水準が低下しないよう努めること。

## 【キャリアパス要件Ⅰ～Ⅲ】

> 問4-1　キャリアパス要件Ⅰで「就業規則等の明確な根拠規定を
> 書面で整備」とあるが、この「等」とはどのようなものが考え
> られるのか。

（答）

○　法人全体の取扱要領や労働基準法上の就業規則作成義務のない事
業場（常時雇用する者が10人未満）における内規等を想定している。

○　なお、令和6年度の処遇改善計画書等の様式の中で、別紙様式7
の参考2として、キャリアパスや賃金規程のモデル例を掲載してい
るため、就業規則作成義務のない事業場においては特に参考にされ
たい。

> 問4-2　キャリアパス要件Ⅱで「福祉・介護職員と意見を交換し
> ながら」とあるが、どのような手法が考えられるか。

（答）

○　様々な方法により、可能な限り多くの福祉・介護職員の意見を聴く機会（例えば、対面に加え、労働組合がある場合には労働組合との意見交換のほか、メール等による意見募集を行う等）を設けるように配慮することが望ましい。

> 問4-3　キャリアパス要件Ⅱの「資質向上のための目標」とはどのようなものが考えられるのか。

（答）

○　「資質向上のための目標」については、事業者において、運営状況や福祉・介護職員のキャリア志向等を踏まえ適切に設定されたい。

○　なお、例示するとすれば次のようなものが考えられる。

①　利用者のニーズに応じた良質なサービスを提供するために、福祉・介護職員が技術・能力（例：介護技術、コミュニケーション能力、協調性、問題解決能力、マネジメント能力等）の向上に努めること

②　事業所全体での資格等（例：介護福祉士、介護職員基礎研修、居宅介護従事者養成研修等）の取得率の向上

> 問4-4　キャリアパス要件Ⅱの「具体的取り組み」として、「資質向上のための計画に沿って、研修機会の提供又は技術指導等を実施（OJT、OFF-JT等）するとともに、福祉・介護職員の能力評価を行うこと」とあるが、そのうち「資質向上のための計画」とはどのようなものが考えられるのか。

（答）

○　「資質向上のための計画」については、特に様式や基準等を設けておらず、事業者の運営方針や事業者が求める福祉・介護職員像及び福祉・介護職員のキャリア志向に応じて適切に設定されたい。また、計画期間等の定めは設けておらず、必ずしも賃金改善実施期間

と合致していなくともよい。

○　その運用については適切に取り組んでいただくとともに、無理な計画を立てて、かえって業務の妨げにならないよう配慮されたい。

○　例示するとすれば次のようなものが考えられるが、これに捉われず、様々な計画の策定をしていただき、福祉・介護職員の資質向上に努められたい。

**研修計画**

| 研修テーマ | 対象者 | ○月 | ○月 | ○月 | ○月 | ○月 | ○月 | ○月 | ○月 | ○月 | ○月 | ○月 | ○月 |
|---|---|---|---|---|---|---|---|---|---|---|---|---|---|
| ヒヤリハット事例への対応 | 全職員 | | | | | | | | | | | | |
| 基本的な待遇・マナーの理解 | 初任職員 | | | | | | | | | | | | |
| 障害福祉サービスでできること、できないこと | 全職員 | | | | | | | | | | | | |
| 虐待防止や人権環境に関する理解 | 全職員 | | | | | | | | | | | | |
| 基本的な防火対策の理解 | 全職員 | | | | | | | | | | | | |
| 感染症への理解 | 全職員 | | | | | | | 実施予定時期にチェックを入れる | | | | | |
| 法令順守の理解 | リーダー職員 | | | | | | | | | | | | |
| 利用者に対するアセスメントの実施 | リーダー職員 | | | | | | | | | | | | |

その他の計画
○　採用1〜2年目の福祉・介護職員に対し、3年以上の経験者を担当者として定め、日常業務の中で技術指導・業務に対する相談を実施する。
○　月1回のケアカンファレンス、ケース検討の実施（希望者）
○　他事業者との交流の実施（年3回）
○　都道府県が実施する研修会への参加（希望者）

---

**問4-5　キャリアパス要件Ⅱの「福祉・介護職員の能力評価」とは、どのようなものが考えられるのか。**

（答）

○　個別面談等を通して、例えば、職員の自己評価に対し、先輩職員・サービス担当責任者・ユニットリーダー・管理者等が評価を行う手法が考えられる。

○　なお、こうした機会を適切に設けているのであれば、必ずしも全ての福祉・介護職員に対して評価を行う必要はないが、福祉・介護職員が業務や能力に対する自己認識をし、その認識が事業者全体の方向性の中でどのように認められているのかを確認しあうことは重要であり、趣旨を踏まえ適切に運用していただきたい。

---

**問4-6　キャリアパス要件Ⅲとキャリアパス要件Ⅰとの具体的な違い如何。**

（答）

○　キャリアパス要件Ⅰについては、職位・職責・職務内容等に応じた任用要件と賃金体系を整備することを要件としているが、昇給に関する内容を含めることまでは求めていないものである。一方、キャリアパス要件Ⅲにおいては、経験、資格又は評価に基づく昇給の仕組みを設けることを要件としている。

> 問4-7　キャリアパス要件Ⅲの昇給の方式については、手当や賞与によるものでも良いのか。

（答）

○　キャリアパス要件Ⅲを満たすための昇給の方式は、基本給による賃金改善が望ましいが、基本給、手当、賞与等を問わない。

> 問4-8　非常勤職員や派遣職員はキャリアパス要件Ⅲによる昇給の仕組みの対象となるか。

（答）

○　キャリアパス要件Ⅲによる昇給の仕組みについては、非常勤職員を含め、当該事業所や法人に雇用される全ての福祉・介護職員が対象となり得るものである必要がある。

○　また、福祉・介護職員であれば、派遣労働者であっても、派遣元と相談の上、新加算等の対象とし、派遣料金の値上げ分等に充てることは可能であり、この場合、計画書・実績報告書は、派遣労働者を含めて作成することとしている。キャリアパス要件Ⅲを満たす必要がある場合であって、派遣労働者を新加算等の対象とする場合には、当該派遣職員についてもキャリアパス要件Ⅲに該当する昇給の仕組みが整備されていることを要する。

> 問4-9　『一定の基準に基づき定期に昇給を判定する仕組み』とあるが、一定の基準とは具体的にどのような内容を指すのか。

（答）

○　昇給の判定基準については、客観的な評価基準や昇給条件が明文化されていることを要する。また、判定の時期については、事業所の規模や経営状況に応じて設定して差し支えないが、明文化されていることが必要である。

## 【キャリアパス要件Ⅳ】

> 問5-1　令和7年度以降月額8万円以上の要件が削除されたのはなぜか。令和6年6月から令和7年3月まではどのように考えればよいか。

（答）

○　旧3加算の一本化により、旧特定加算が廃止されることに伴い、旧特定加算による賃金改善額が月額8万円以上という従前の要件の継続が難しくなったことから、令和7年度以降、月額8万円以上の要件について廃止することとしたものである。

○　ただし、激変緩和措置として、令和6年度に限り、旧特定加算相当の加算額を用いて月額8万円以上の改善を行っていればよいこととしている。その際、「旧特定加算相当の加算額」については、例えば、令和6年6月以降、新加算Ⅰを算定する場合であれば、6月以降も旧特定加算Ⅰを算定し続けた場合に見込まれる加算額を用いる等の適当な方法で推計して差し支えない。

> 問5-2　新加算等による賃金改善後の年収が440万円以上（令和6年度にあっては旧特定加算相当による賃金改善の見込額が月額8万円以上となる場合を含む。以下同じ。）かを判断するにあたっての賃金に含める範囲はどこまでか。

（答）

○　「処遇改善後の賃金が役職者を除く全産業平均賃金（440万円）以

上」の処遇改善となる者に係る処遇改善後の賃金額については、手当等を含めて判断することとなる。なお、処遇改善後の賃金「440万円」については、社会保険料等の事業主負担その他の法定福利費等は含めずに判断する。

> 問5-3　サービス区分の異なる加算算定対象サービスを一体的に運営している場合であっても、新加算等による賃金改善後の年収が440万円以上となる者を2人設定する必要があるのか。

（答）

○　事業者等において、サービス区分の異なる加算算定対象サービスを一体的に実施しており、同一の就業規則等が適用される等、労務管理が一体と考えられる場合は、同一事業所とみなし、年収が440万円以上となる者を合計で1人以上設定することにより、キャリアパス要件Ⅳを満たすこととする。

> 問5-4　共生型サービスを提供する事業所において、新加算等を算定する場合、年収440万円となる者の設定は、障害福祉サービス等のみで設定する必要があるのか。

（答）

○　障害福祉サービス等の共生型の指定を受け共生型サービスを提供している事業所においては、障害福祉サービス等の共生型サービスとして、年額440万円の改善の対象となる者について、1人以上設定する必要がある。また、障害福祉サービス等と介護サービスを両方行っている事業所についても同様に扱われたい。ただし、小規模事業所等で加算額全体が少額である場合等は、その旨を説明すること。

## 【キャリアパス要件Ⅴ】

> 問6-1 配置等要件（福祉専門職員配置等加算または、特定事業所加算を算定していることとする要件）について、「喀痰吸引をには、変更の届出を行うこととされているが、3か月間以上継続しなければ、変更届出は不要ということか。

（答）

○ 貴見のとおり。

○ なお、特定事業所加算を算定できない状況が常態化し、3か月以上継続した場合に変更の届出を行うこととなるが、当該届出の4ヶ月目以降、旧特定加算Ⅰ及び新加算Ⅰから、旧特定加算Ⅱ及び新加算Ⅱへの算定区分が変更となる。

○ 例えば、7月まで特定事業所加算を算定し、新加算Ⅰを算定していたが、8月、9月、10月と算定することができず、11月も特定事業所加算を算定できないと分かった場合には、11月から、新加算Ⅰではなく、新加算Ⅱへの算定区分の変更が必要となる。

## 【職場環境等要件】

> 問7-1 職場環境等要件の28項目について、毎年、新規に取組を行う必要はあるのか。

（答）

○ 新加算等を前年度から継続して算定する場合、職場環境等要件を満たすための取組については従前の取組を継続していればよく、当該年度において新規の取組を行う必要まではない。

第**6**章

# 処遇改善加算の手続き

　前章までにおいては旧処遇改善加算、特定処遇改善加算およびベースアップ等支援加算と、令和6年6月からの新処遇改善加算の概要と要件について解説してきました。本章では、加算を取得するためのより具体的な手続きを、厚生労働省からの通達文書をもとに解説していきます。

◆　令和7年度の処遇改善加算の変更に関する追加情報につきましては、下記、「書籍の追加情報」に掲載しております。

　日本法令HP（書籍の追加情報）

　　https://www.horei.co.jp/book/osirasebook.shtml

# 1 書類の提出スケジュールと手続きのポイント

　処遇改善加算の算定のためには、各所轄庁で定められた期限までに所定の書類を提出する必要があります。所轄庁によって細かな違いはありますが、概ね下記の通りです。

## 6-1：処遇改善加算の提出スケジュール

（2月）……**処遇改善計画書の提出**

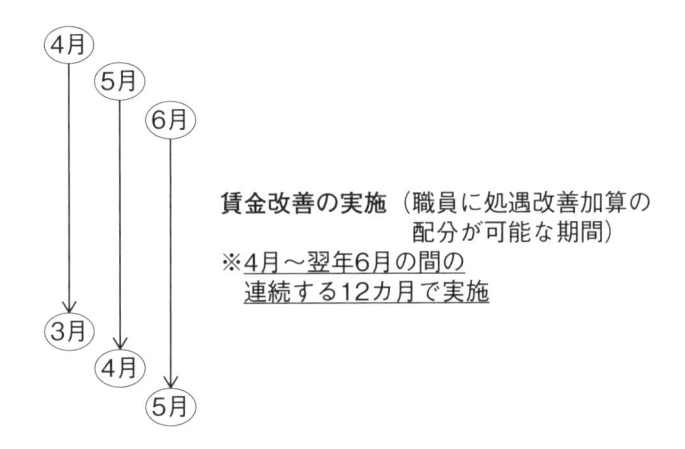

**賃金改善の実施**（職員に処遇改善加算の配分が可能な期間）
※4月～翌年6月の間の連続する12カ月で実施

（翌7月）……**処遇改善実績報告書の提出**

処遇改善加算は、毎月の障害福祉サービス給付費の振込みとあわせて毎月振り込まれます（前月のサービス提供分を当月10日までに請求し、その翌月の20日ごろに振込み）。

**コメント**

・処遇改善加算は、年1回の一括支給ではなく、毎月の振込みとなります。
・振り込まれる処遇改善加算は、毎月支給のサービス給付費×加算率です。
・第1回目の申請は4月のサービス提供分からで、5月10日までに申請します。支給は6月20日頃になります。
・毎月の受給にあたっては特段の手続きは必要なく、計画書さえ提出していれば自動的に振込みとなります。
・計画書についてはあくまでも計画ですので、実際の配分と乖離があっても問題ありません（ただし、実績報告書には実際に行った配分方法を記載する必要があります）。

## （1）計画書の提出（障害福祉サービス等処遇改善計画書）

・すでに処遇改善加算を算定している事業所の場合……毎年2月末までに提出（法改正や様式変更がある年度は毎年4月15日まで）
・新規で処遇改善加算を算定する事業所の場合……加算算定開始月の前々月末日までに提出（東京都の場合）

　処遇改善加算を取得しようとする事業者等については、まず、管轄の自治体（都道府県知事等（当該介護サービス事業所等の指定等権者が都道府県知事である場合は都道府県知事、当該介護サービス事業所等の指定等権者が市町村長（特別区長を含む）である場合は、市町村長））に、福祉・介護職員に対して行う処遇改善の内容を記した書面である「障害福祉サービス等処遇改善計画書」を提出する必要があります。

　処遇改善計画書は、毎年4月から翌年3月までの福祉・介護職員等の処遇改善に関する計画を提出するものであり、通例として毎年2月末日が期限となっています。ただし、処遇改善加算等の法改正がある年度や処遇改善加算計画書の様式変更がある年度は特例として、毎年4月15日までに計画書を提出することで、4月1日に遡及して有効と

なります。この計画書は加算を算定し続ける限り「毎年度」提出する必要があり、一度でも計画書を提出しなかった場合は加算の算定を行うことができませんので、注意が必要です。

　また、処遇改善加算を新規で算定する場合、4月からに限らず、年度の途中からでも算定が可能ですが、その場合、例えば東京都であれば「加算算定開始月の前々月末日まで（例：8月から算定を開始したい場合は6月末まで）」に計画書を所轄庁に提出する必要があるなど、かなり前もって書類を準備・提出しておく必要があります。そのため、直前ではなくあらかじめしっかり準備をしたうえで算定を開始することが重要です。

## （2）実績報告書の提出（障害福祉サービス等処遇改善実践報告書）

・毎年7月末までに提出

　処遇改善加算は「計画書」によって、「その年にどういった賃金改善等を行うか」を決定しますが、そのほかにも「その年に（実際において）どういった改善を行ったか」という、処遇改善の実績の報告（障害福祉サービス等処遇改善実績報告書）を行う必要があります。これについての提出時期はどの所轄庁もほぼ共通で、その年度における賃金改善等の内容を、年度終了後最初の「7月末日」までに提出することとなります（例：令和6年4月から令和7年3月までの賃金改善等の結果を、令和7年7月末までに報告する）。

　計画書同様、実績報告書についても加算算定の要件となっているため、提出を怠ると加算の算定を行うことができなくなる場合がありますので、注意が必要です。

　なお、実績報告書の提出先は計画書の提出先と同じです。

## （3）計画書・実績報告書の記載例

　処遇改善加算の計画書および実績報告書の様式については、すべての自治体において統一の様式となっており、様式が共通化されています。165頁以降に参考として計画書・実績報告書の記載例を掲載しますので、ご参照ください。

　令和6年度における処遇改善加算計画書は、厚生労働省において「別紙様式2」「別紙様式6」「別紙様式7」の3つの様式が示されており、事業所数の規模等によって使用する様式が異なるので、注意が必要です。

> ・別紙様式2……事業所数が11以上の場合に使用
> ・別紙様式6……事業所数が10以下の場合に使用（※）
> ・別紙様式7……令和6年4月または5月から新たに処遇改善加算を算定し、かつ令和6年6月以降は新加算ⅢまたはⅣを算定する場合に使用（※）

※別紙様式6または7の要件に該当する場合であっても、別紙様式2を使用して提出することは問題ありません。なお、実績報告書については現在のところ様式は共通（別紙様式3）であり、事業所数の規模等により使用する様式が異なることはありません。

　東京都の場合、計画書・実績報告書いずれについても「東京都障害者サービス情報（http://www.shougaifukushi.metro.tokyo.jp/）」のページからダウンロードできます。記載例がついており、また計算式も自動で計算される項目が多いため、次のポイントをあらかじめ検討しておき、かつ要領を掴みさえすれば比較的簡単に作成できるようになっています。

## （4）計画書・実績報告書作成のポイント

### 計画書作成のポイント

① 　処遇改善加算の見込額を事業所ごとに（おおまかに）試算する。

② 　上記を、試算額における加算Ⅳ相当額の2分の1以上をベースアップ等に充てることに留意しつつ、職員に「いつ（配分時期）」「どうやって（配分方法）」配分するかを決定する。

③ 　キャリアパス要件Ⅰ〜Ⅴのうち、どの項目を満たしているかを確認する。

④ 　職員への計画書の周知方法を決定する。

### 実績報告書作成のポイント

① 　国民健康保険団体連合会から毎月送付される「処遇改善加算総額のお知らせ」をもとに、支給対象期間における処遇改善加算の総額を計算する。

② 　上記を「いつ（配分時期）」「どうやって（配分方法）」配分したかを確認・計算する。

※総額はもちろん、配分した人数と1人当たりの平均額も計算しておく。

障害福祉サービス等処遇改善加算計画書記載例（東京都）

# ●令和6年度　処遇改善計画書（新加算及び旧3加算）作成用　基本情報入力シート

令和6年度 処遇改善計画書（新加算及び旧3加算）作成用　基本情報入力シート

令和6年度計画書

●はじめに本シート（基本情報入力シート）の黄色セルに入力することで、加算の対象事業所等に関する基本的な情報が、各様式に自動的に転記されます。
●各シートの行や列の追加・削除は行わないください。

●「別紙様式2-1」を完成させるには、「基本情報入力シート」「別紙様式2-2」「別紙様式2-3」及び「別紙様式2-4」から転記される情報が必要です。まずはこれらのシートを完成させてください。
　ただし、令和7年3月までに（年度途中の）新加算の区分変更を行う予定がない場合は、「別紙様式2-4」の記入は不要です。

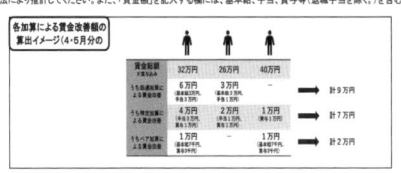

●「別紙様式2-1」に記載する各加算による賃金改善の見込額について、具体的な算出方法は問いませんが、各職員に対して各加算を原資として行う予定の賃金改善額を積み上げる（足し上げる）などの適切な方法により推計してください。また、「賃金額」を記入する欄には、基本給、手当、賞与等（退職手当を除く。）を含む金額を記入してください。

**1 提出先に関する情報**

旧3加算及び新加算の届出に係る提出先の名称を入力してください。

| 加算提出先 | 東京都 |
|---|---|

**2 基本情報**

下表に必要事項を入力してください。記入内容が各様式に反映されます。

| 法人名 | フリガナ | ○○ケアサービス |
|---|---|---|
| | 名称 | ○○ケアサービス |
| 法人住所 | 〒 | 100－1234 |
| | 住所1（番地・住居番号まで） | 東京都千代田区霞が関1-2-2 |
| | 住所2（建物名等） | ○○ビル18F |
| 法人代表者 | 職名 | 代表取締役 |
| | 氏名 | 厚労 花子 |
| 書類作成担当者 | フリガナ | コウロウ タロウ |
| | 氏名 | 厚労 太郎 |
| 連絡先 | 電話番号 | 03-3571-XXXX |
| | E-mail | aaa@aaa.aa.jp |

**3 加算の対象事業所に関する情報**

下表に必要事項を入力してください。記入内容が別紙様式2-2、2-3、2-4に反映されます。

※「一月あたり障害福祉サービス等報酬総額（円）」には、前年1月から12月までの1年間のサービス別の報酬総額（各種加算減算を含む。）をもとで除いるなどの方法によって推計し、事業所ごとに記載いただく。また、「一月あたり処遇改善加算、特定加算及びベースアップ等加算総額」は、前年1月から12月までの1年間の処遇改善加算、特定加算及びベースアップ等加算をもとで除いるなどの方法によって推計し、事業所ごとに記載いただく。
なお、適切な処遇改善計画を策定するため、令和6年度に事業拡大に伴う額の増減が見込まれる場合には、それらの増減の見込を反映させる等の調整を行っても差し支えありません。

| 通し番号 | 障害福祉サービス等事業所番号 | 指定権者名 | 事業所の所在地（都道府県） | 事業所の所在地（市区町村） | 事業所名 | サービス名 | 一月あたり障害福祉サービス等報酬総額[円] | 一月あたり処遇改善加算、特定加算及びベースアップ等加算総額[円] | 一月あたり障害福祉サービス等報酬総額（処遇改善加算、特定加算及びベースアップ等加算を除く）[円] |
|---|---|---|---|---|---|---|---|---|---|
| 1 | 1314567891 | 東京都 | 東京都 | 千代田区 | 障害福祉事業所名称01 | 居宅介護 | 800,000 | 180,000 | 620,000 |
| 2 | 1314567892 | 東京都 | 東京都 | 豊島区 | 障害福祉事業所名称02 | 居宅介護 | 1,000,000 | 230,000 | 770,000 |
| 3 | 1314567893 | 東京都 | 東京都 | 世田谷区 | 障害福祉事業所名称03 | 生活介護 | 5,000,000 | 260,000 | 4,740,000 |
| 4 | 1314567894 | さいたま市 | 埼玉県 | さいたま市 | 障害福祉事業所名称04 | 就労継続支援B型 | 2,500,000 | 130,000 | 2,370,000 |
| 5 | 1314567895 | 千葉市 | 千葉県 | 千葉市 | 障害福祉事業所名称05 | 施設入所支援 | 7,700,000 | 600,000 | 7,100,000 |
| 6 | 1314567895 | 千葉市 | 千葉県 | 千葉市 | 障害福祉事業所名称05 | 施設入所支援 | 7,700,000 | 600,000 | 7,100,000 |
| 7 | 1314567895 | 千葉市 | 千葉県 | 千葉市 | 障害福祉事業所名称05 | 障害者支援施設・生活介護 | 13,700,000 | 1,000,000 | 12,700,000 |
| 8 | | | | | | | | | |
| 9 | | | | | | | | | |
| 10 | | | | | | | | | |

> **コメント**
>
> 令和6年度の処遇改善加算計画書は4月・5月の一本化前の計画と、6月以降の一本化後の計画を合わせて記載する書式となっています。
> よって、令和7年度以降は書式の変更等が予想されますので、ご留意ください。

> **コメント**
>
> この様式で入力した内容が次頁の計画書に自動転記されるようになっています。

（厚生労働省ホームページ「福祉・介護職員の処遇改善」より）https://www.mhlw.go.jp/stf/seisakunitsuite/bunya/hukushi_kaigo/shougaishahukushi/minaoshi/index_00007.html

# ●別紙様式2-1　総括表　福祉・介護職員等処遇改善加算等　処遇改善計画書（令和6年度）※以下、事業所数が11以上の場合に使用

別紙様式2-1 総括表

| 提出先 | 東京都 |
|---|---|

## 福祉・介護職員等処遇改善加算等 処遇改善計画書（令和6年度）

### 1 基本情報

| フリガナ | ○○ケアサービス | | | |
|---|---|---|---|---|
| 法人名 | ○○ケアサービス | | | |
| 法人所在地 | 〒 100−1234 東京都千代田区霞が関1-2-2 ○○ビル18F | | | |
| フリガナ | コウロウ タロウ | | | |
| 書類作成担当者 | 厚労 太郎 | | | |
| 連絡先 | 電話番号 | 03-3571-XXXX | E-mail | aaa@aaa.aa.jp |

### 2 賃金改善計画について

#### （1）加算額以上の賃金改善について（全体）

| 令和6年度に賃金改善が必要な額と賃金改善の見込額 | | | |
|---|---|---|---|
| ① 令和6年度の加算の見込額 | (a) | 33,217,560 | 円 |
| ⅰ）うち、令和5年度と比較して令和6年度に増加する加算の見込額 | (b) | 14,925,840 | 円 |
| ア うち、令和7年度の賃金改善に充てるために繰り越す部分の見込額 | (c) | 4,799,515 | 円 |
| ② 令和6年度の賃金改善に充てる必要がある加算の見込額（賃金改善が必要な額）(a − c) | (d) | 28,418,045 | 円 |
| ③ 令和6年度の賃金改善の見込額（②の額以上となること） | (e) | 29,000,000 | 円 |

| 令和5年度と比較した令和6年度の増加分の配分方法 | | | |
|---|---|---|---|
| ④ 令和5年度と比較して令和6年度に増加する加算の見込額（繰越分を除く。）(b − c) | (f) | 10,126,325 | 円 |
| ⑤ 令和6年度に④を原資として行う新たな賃金改善の見込額（ベースアップ（基本給及び決まって毎月支払われる手当の一律の引上げ）によるもの） | (g) | 8,700,000 | 円 |
| ⑥ ⑤以外で、その他の手当、一時金等による新たな賃金改善の見込額 | (h) | 1,500,000 | 円 |
| ⑦ 新たな賃金改善の見込額の合計 (g + h) | (i) | 10,200,000 | 円 |

【記入上の注意】

・ (b)には、令和5年度と比較して令和6年度に増加する加算の見込額として、旧3加算の上位区分への移行によるもの（令和6年4・5月分）並びに令和6年度改定での加算率の引上げ及び新加算Ⅰ〜Ⅳへの移行によるもの（令和6年6月以降分）の合計額が別紙様式2-2、2-3及び2-4から自動で転記される。このうち、令和7年度の賃金改善のために繰り越す額（c）を除いた額が、(f)に転記される。

・ 障害福祉現場で働く方々にとって、令和6年度に2.5%、令和7年度に2.0%のベースアップへとつながるよう、令和6年度分の加算額の全額を令和6年度内の賃金改善に充てることは求めず、障害福祉サービス事業者等の判断により、その一部を令和7年度に繰り越して賃金改善に充てることを認める。令和7年度に繰り越す額は、(b)を上回らない範囲内で各事業者等において設定し、(c)に記載すること。また、繰越分は全額令和7年度の賃金改善に充て、期間中に事業所が休廃止した場合には、必ず一時金等により福祉・介護職員その他の職員の賃金として配分すること。

・ (e)・(g)・(h)には、新加算等の算定により実施する賃金改善の見込額を計算し、記入すること。その際、加算による賃金改善を行った場合の法定福利費等の事業主負担の増加分を含めることができる。

・ (g)は(f)の見込額以上となること。ただし、ベースアップのみにより当該賃金改善を行うことができない場合（例えば、令和6年度障害福祉サービス等報酬改定を踏まえ賃金体系等を整備途上である場合）には、必要に応じて、その他の手当、一時金等を組み合わせて実施しても差し支えない。したがって、(i)の値（g + hの合計）が(f)以上であれば差し支えない。

#### （2）加算以外の部分で賃金水準を引き下げないことの誓約

| ☑ 処遇改善加算等による賃金改善以外の部分で賃金水準を引き下げません。 |
|---|

【記入上の注意】

・ 「処遇改善加算等による賃金改善以外の部分で賃金水準を引き下げない」とは、①「加算取得年度の賃金の総額」から「当該年度の各加算による賃金改善所要額の総額」を除いた額と、②「前年度の賃金の総額」から「前年度の各加算等及び独自の賃金改善額」を除いた額を比較し、①の額が②の額を下回らない（加算等の影響を除いた賃金総額を引き下げない）ことをいう。実績報告書では、これらの賃金額の具体的な記載を求めるため、詳細な考え方は、別紙様式3-1（実績報告書）2)(2)を参照すること。

・ ただし、サービス利用者数の大幅な減少等の影響により、結果として加算以外の部分で賃金が下がった場合には、その事情を別紙様式5「特別な事情に係る届出書」により届け出ることで算定要件を満たすこととする。

**【記入上の注意】**

- 必須の記入箇所は 薄橙色 黄色 ピンク色 のセルです。
  空欄が残っているとエラーになります。

- グレー色 のセルの入力は必須ではありませんが、可能な限り入力してください。

- 先に「基本情報入力シート」「別紙様式2－2」および「別紙様式2－3」を完成させてください。
  （必要に応じて「別紙様式2－4」も記入）

- 「別紙様式2－2」から「別紙様式2－4」までの記入内容に応じて、入力が不要な欄が非表示になります。

- 濃いオレンジ色のセルに「×」が表示された場合、記入内容が要件を満たしていないか、
  未入力の欄があります。修正してください。グレー色のセルの「○」「×」および空欄は、要件には影響しません。
  ○ 要件を満たす × 要件を満たさない（または未入力あり） ○ △ × 要件には影響せず

- 本処遇改善計画書に記載された金額は見込額であり、提出後の運営状況（利用者数等）、
  人員配置状況（職員数等）その他の事由により変動があっても差し支えありません。

---

別紙様式2－2から別紙様式2－4までに記入した内容に基づき、令和6年度の加算の見込額の合計が自動で表示されます。

別紙様式2-2に記入した令和6年3月時点の旧3加算の算定状況と比較し、令和6年4・5月の旧3加算の上位区分への移行並びに新規算定による増加分と、令和6年6月以降の加算率の引上げ分及び新加算Ⅰ～Ⅳへの移行による増加分の合計が自動で表示されます。

障害福祉現場で働く方々にとって、令和6年度に2.5%、令和7年度に2.0%のベースアップへとつながるよう、障害福祉サービス事業者等の判断により、(b)の額を上限として、令和6年度の加算額の一部を令和7年度へ繰り越した上で令和7年度分の賃金改善に充てることが可能です。

事業者等において推計した加算による賃金改善の見込額を、直接記入してください。
推計の具体的な方法は問いませんが、基本情報入力シートの図を参考に、加算を原資として行う各職員の賃金改善の見込額を積み上げる（足し上げる）などの方法により推計してください。
令和5年度と比較して、職員の賃下げにならないような計画としてください。

例えば、法人で処遇改善加算を配分するために設定した手当（「処遇改善手当」等）の水準を引き上げたとしても、手当の引上げ幅以上に基本給やその他の手当を引き下げることで、全体として職員の賃金水準を引き下げていた場合、処遇改善加算の要件を満たしたことにはなりません。

## （3）賃金改善を行う賃金項目及び方法

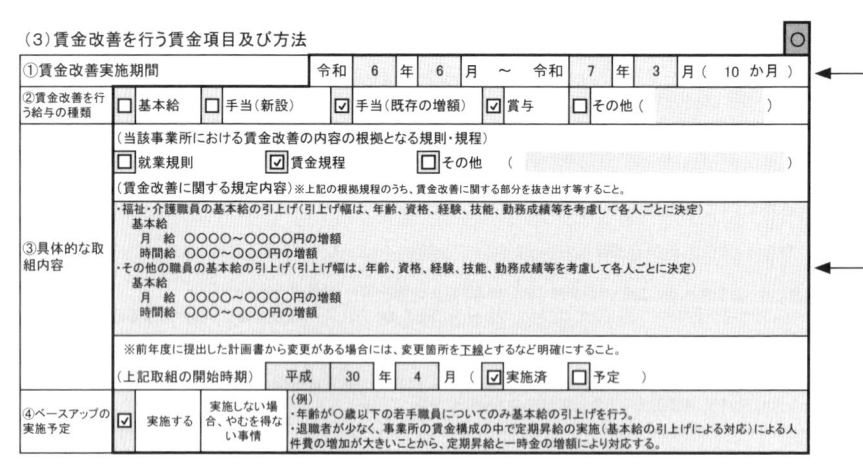

| ①賃金改善実施期間 | 令和 6 年 6 月 ～ 令和 7 年 3 月（ 10 か月 ） |
| --- | --- |
| ②賃金改善を行う給与の種類 | □基本給　□手当（新設）　☑手当（既存の増額）　☑賞与　□その他（　　　　　　　　） |
| ③具体的な取組内容 | （当該事業所における賃金改善の内容の根拠となる規則・規程）<br>□就業規則　☑賃金規程　□その他　（　　　　　　　　　　　　　　　）<br>（賃金改善に関する規定内容）※上記の根拠規程のうち、賃金改善に関する部分を抜き出す等すること。<br>・福祉・介護職員の基本給の引上げ（引上げ幅は、年齢、資格、経験、技能、勤務成績等を考慮して各人ごとに決定）<br>　基本給<br>　　月　給　○○○○～○○○○円の増額<br>　　時間給　○○○～○○○円の増額<br>・その他の職員の基本給の引上げ（引上げ幅は、年齢、資格、経験、技能、勤務成績等を考慮して各人ごとに決定）<br>　基本給<br>　　月　給　○○○○～○○○○円の増額<br>　　時間給　○○○～○○○円の増額<br><br>※前年度に提出した計画書から変更がある場合には、変更箇所を下線とするなど明確にすること。<br>（上記取組の開始時期）　平成 30 年 4 月　（☑実施済　□予定 ） |
| ④ベースアップの実施予定 | ☑実施する　　実施しない場合、やむを得ない事情　　（例）<br>・年齢が○歳以下の若手職員についてのみ基本給の引上げを行う。<br>・退職者が少なく、事業所の賃金構成の中で定期昇給の実施（基本給の引上げによる対応）による人件費の増加が大きいことから、定期昇給と一時金の増額により対応する。 |

## 3　福祉・介護職員等処遇改善加算等の要件について

### （1）（参考）月額賃金改善要件Ⅰ（新加算Ⅳの1/2以上の月額賃金改善）【新加算Ⅰ～Ⅳ】
※令和6年度中は適用されないため、記入は任意

| ① | 令和6年度の新加算Ⅳ相当の見込額の1/2 | 12,272,550 円 |
| --- | --- | --- |
| ② | 令和6年度の加算による賃金改善の見込額のうち、月額賃金改善による額　（①の見込額以上となること） | 13,000,000 円 |

【記入上の注意】
・　令和7年度以降に新加算の算定を行う場合は、本要件を必ず満たす必要があることから、上記のグレー色のセルに「×」が付く場合は、令和6年度中（令和7年3月末まで）に、加算を原資とする一時金等の一部を基本給等の引上げに付け替えるなどの必要な対応を行うこと。

### （2）月額賃金改善要件Ⅱ（旧ベア加算相当の2/3以上の新規の月額賃金改善）【新加算Ⅰ～Ⅳ】
※新加算Ⅰ～Ⅳを算定するまで旧ベア加算又は新加算Ⅴ(2)・(4)・(7)・(9)・(13)を算定していなかった事業所のみ

| ①新加算への移行に伴い、新たに増加する旧ベースアップ等加算相当の見込額 | 2,172,860 円 |
| --- | --- |
| ②新たに増加する旧ベースアップ等加算相当を原資として実施する新たな賃金改善の見込額 | 2,303,860 円　（ 80.08 ％ ） |
| ⅰ）うち、基本給等の新規の引上げによる賃金改善の見込額（①の額の2/3以上となること）（括弧内は月額(10か月間算定するとした場合)） | 1,740,000 円<br>（ 174,000 円 ） |

### （3）月額賃金改善要件Ⅲ（旧ベア加算額の2/3以上の新規の月額賃金改善）【旧ベア加算】

【令和5年度から継続して旧ベースアップ等加算を算定する事業所について】
⇒　令和6年度も令和5年度のベースアップ加算の配分のために行ったものと同等以上の賃金改善を継続することを誓約すること

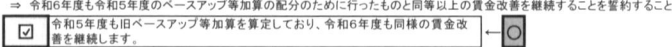

☑　令和5年度も旧ベースアップ等加算を算定しており、令和6年度も同様の賃金改善を継続します。

【令和6年4・5月から新規に旧ベースアップ等加算を算定する事業所について】
⇒　新規に算定する事業所の旧ベースアップ等加算について、福祉・介護職員とその他の職種のそれぞれについて、賃金改善の見込額の3分の2以上が、基本給等（基本給又は決まって毎月支払われる手当）の引上げに充てられる計画になっていること

| ①新規に算定する旧ベースアップ等加算の見込額 | 404,500 円 | |
| --- | --- | --- |
| ②旧ベースアップ等加算による賃金改善の見込額（ⅰ・ⅱの合計） | 415,000 円 | |
| 福祉・介護職員　ⅰ）旧ベースアップ等加算による賃金改善の見込額 | 315,000 円 | （ 79.37 ％ ） |
| うち、基本給等の新規の引上げによる賃金改善の見込額（総額）（括弧内は月額(2か月間算定するとした場合)） | 250,000 円<br>（ 125,000 円 ） | |
| その他の職員　ⅱ）旧ベースアップ等加算による賃金改善の見込額 | 100,000 円 | （ 70.00 ％ ） |
| うち、基本給等の新規の引上げによる賃金改善の見込額（総額）（括弧内は月額(2か月間算定するとした場合)） | 70,000 円<br>（ 35,000 円 ） | |

原則4月～3月までの連続する期間を記入してください。
ただし、例えば、介護報酬のサービス提供月の2か月遅れで賃金の支払いを行っている場合は、6月～5月までと記入してください。

### コメント

賃金改善のための取組みを、金額も含めて記載します。
就業規則や賃金規程に該当の記載があれば、それを引用する形でも問題
ありません。

別紙様式2－3及び2－4に記入した内容をもとに、令和6年6月以降の10か月分の値が自動で入力されます。

令和5年度以前から算定していた部分の配分も含め、令和6年6月以降の新加算の配分方法のうち、
基本給等（基本給又は決まって毎月支払われる手当）で行っている賃金改善の総額を記入してください。
②が①を下回る場合は、令和6年度中に加算を原資とする一時金等の一部を基本給等の引上げに付け替えるなどの対応が必要です。

この金額は、賃金改善期間における基本給等の引上げ額の目安となります。
賃金改善額のうち、基本給等の引上げ額がこの金額以上となるようにすることで、
月額賃金改善要件Ⅱを満たしながら賃金改善を行うことができます。

旧ベースアップ等加算による賃金改善の見込額を、福祉・介護職員とその他の職種の職員に分けて、直接記入してください。
なお、ⅰとⅱの合計額は、3（3）①に表示される旧ベースアップ等加算の見込額を上回る必要があります。
推計の具体的な方法は問いませんが、基本情報入力シートの図を参考に、旧ベースアップ等加算を配分するために行う
各職員の賃金改善の所要額を積み上げる（足し上げる）などの方法により推計してください。
また、事業所ごとの内訳ではなく、本計画書で一括して届出を行う事業所全体の金額を記入してください。

この金額は、賃金改善期間における基本給等の引上げによる賃金改善の目安となります。
賃金改善額のうち、基本給等の引上げ額がこの金額以上となるようにすることで、
旧ベースアップ等加算の要件を満たしながら賃金改善を行うことができます。

**(4)キャリアパス要件Ⅰ・Ⅱ**

【新加算Ⅰ～Ⅳ・Ⅴ(1)～(6)・Ⅴ(8)・Ⅴ(11)、旧処遇Ⅰ・Ⅱ】　⇒キャリアパス要件ⅠとⅡの両方を満たすこと。　| 該当 |

**キャリアパス要件Ⅰ（任用要件・賃金体系の整備等）**

□　次のイからハまでのすべての基準を満たす。
イ　福祉・介護職員の任用における職位、職責又は職務内容等に応じた任用の要件を定めている。
ロ　イに掲げる職位、職責又は職務内容等に応じた賃金体系を定めている。
ハ　イ、ロについて、就業規則等の明確な根拠規定を書面で整備し、全ての福祉・介護職員に周知している。

⇒上記が×の場合、令和6年度中の整備を誓約すること。　☑　令和6年度中（令和7年3月末まで）に福祉・介護職員の任用要件・賃金体系を定めます。　　○

**キャリアパス要件Ⅱ（研修の実施等）**

□　次のイとロの両方の基準を満たす。
イ　福祉・介護職員の職務内容等を踏まえ、福祉・介護職員と意見交換しながら、資質向上の目標及び①・②のうちのいずれかに関する具体的な計画を策定し、研修の実施又は研修の機会を確保している。

| | |
|---|---|
| ①資質向上のための具体的な取組内容（該当する項目にチェック（✓）した上で、具体的な内容を記載） □ | （例）個別の希望に基づく研修計画を作成し、年●●回以上の研修をオンラインで受講させる。月2回ランチミーティングを行い、業務の中での気付きや困りごとへのフィードバックを行う。 |
| ②資格取得のための支援の実施 □ | （例）実務経験が3年以上の介護職員に対し、実務者研修の受講費用として、○○万円を支給　※資格取得のための支援対策として、法人内で資格取得のための研修会を実施 |

ロ　イについて、全ての福祉・介護職員に周知している。

⇒上記が×の場合、令和6年度中の実施を誓約すること。　☑　令和6年度中（令和7年3月末まで）に研修等に係る計画を策定し、研修の実施又は研修機会の確保を行います。　　○

**(5)キャリアパス要件Ⅲ（昇給の仕組みの整備等）**

**キャリアパス要件Ⅲ【新加算Ⅰ～Ⅲ、Ⅴ(1)・(3)・(8)、旧処遇Ⅰ】**　⇒次のイとロの両方の基準を満たす。

□　次のイの1から3までで昇給する仕組み又は一定の基準に基づき定期に昇給を判定する仕組みを設けている。
イ　福祉・介護職員について、経験もしくは資格等に応じて昇給する仕組み又は一定の基準に基づき定期に昇給を判定する仕組みを設けている。

□①経験に応じて昇給する仕組み
　※「勤続年数」や「経験年数」などに応じて昇給する仕組み
□②資格等に応じて昇給する仕組み
　※「介護福祉士」等の取得に応じて昇給する仕組みを指す。ただし、介護福祉士資格を有して就業する者についても昇給が図られる仕組みであることを要する。
□③一定の基準に基づき定期に昇給を判定する仕組み
　※「実技試験」や「人事評価」などの結果に基づき昇給する仕組みを指す。ただし、客観的な評価基準や昇給条件が明文化されていることを要する。

ロ　イについて、全ての福祉・介護職員に周知している。

⇒上記が×の場合、令和6年度中の整備を誓約すること。　☑　令和6年度中（令和7年3月末まで）に昇給の仕組みを整備します。　　○

！チェックボックスにチェック(✔)するだけでなく、右側の自由記載欄に具体的な内容を記載してください。また、自由記載欄に記載した場合は、左側のチェックボックスにチェック(✓)を入れてください。

！チェックボックスにチェック(✔)するだけでなく、右側の自由記載欄に具体的な内容を記載してください。また、自由記載欄に記載した場合は、左側のチェックボックスにチェック(✓)を入れてください。

コメント

キャリアパス要件Ⅲを直ちに満たすことができない場合でも、令和6年度中に整備することを誓約することで満たすことが可能です。

## (6) キャリアパス要件Ⅳ 【新加算Ⅰ・Ⅱ、Ⅴ(1)〜(7)・(9)・(10)・(12)、旧特定Ⅰ・Ⅱ】

**キャリアパス要件Ⅳ（改善後の賃金要件）⇒以下の欄が「○」の場合、要件を満たしている。**

| | | |
|---|---|---|
| 旧特定加算Ⅰ・Ⅱの要件（4・5月） | ⇒ ✕ | （別紙様式2-2「⑥キャリアパス要件Ⅳ」の欄から転記） |
| 新加算Ⅰ・Ⅱ、Ⅴ(1)〜(7)・(9)・(10)・(12)の要件（6月以降） | ⇒ ○ | （別紙様式2-3「⑥キャリアパス要件Ⅳ」の欄から転記） |
| 新加算Ⅰ・Ⅱの要件（年度内の区分変更後） | ⇒ | （別紙様式2-4「⑥キャリアパス要件Ⅳ」の欄から転記） |

**⇒上記のいずれかまたは全てに「✕」が付いた場合、この欄に記入すること** ○

「月額平均8万円の処遇改善又は改善後の賃金が年額440万円以上となる者」を設定できない場合その理由

- ☐ 小規模事業所等で加算額全体が少額であるため。
- ☑ 職員全体の賃金水準が低く、直ちに月額平均8万円まで賃金を引き上げることが困難であるため。
- ☐ 月額平均8万円等の賃金改善を行うに当たり、これまで以上に事業所内の階層や役職にある者に求められる能力や処遇を明確化することが必要であり、規程の整備や研修・実務経験の蓄積などに一定期間を要するため。
- ☐ その他（ 　　　　　　　　　　　　　　　　　　　　　　　　　　　　　　　　　　　　　　　　　　　　　　　）

## (7) キャリアパス要件Ⅴ 【新加算Ⅰ、Ⅴ(1)・(2)・(5)・(7)・(10)、旧特定Ⅰ】

**キャリアパス要件Ⅴ（配置等要件）⇒以下の欄が「○」の場合、要件を満たしている。**

| | | |
|---|---|---|
| 旧特定加算Ⅰの要件（4・5月） | ⇒ ○ | （別紙様式2-2「⑦キャリアパス要件Ⅴ」の欄から転記） |
| 新加算Ⅰ、Ⅴ(1)・(2)・(5)・(7)・(10)の要件（6月以降） | ⇒ ○ | （別紙様式2-3「⑦キャリアパス要件Ⅴ」の欄から転記） |
| 新加算Ⅰの要件（年度内の区分変更後） | ⇒ | （別紙様式2-4「⑦キャリアパス要件Ⅴ」の欄から転記） |

## (8) 職場環境等要件

**【新加算Ⅰ・Ⅱ、Ⅴ(1)〜(7)・(9)・(10)・(12)又は旧特定Ⅰ・Ⅱを算定する場合】** 該当

⇒ 届出に係る計画の期間中に実施する事項について、チェック（✔）すること。複数の取組を行い、「入職促進に向けた取組」、「資質の向上やキャリアアップに向けた支援」、「両立支援・多様な働き方の推進」、「腰痛を含む心身の健康管理」、「生産性向上のための業務改善の取組」、「やりがい・働きがいの醸成」の6区分から任意で3つの区分を選択し、選択した区分でそれぞれ1つ以上の取組を行うこと

| | | |
|---|---|---|
| 入職促進に向けた取組 | ☐ 法人や事業所の経営理念や支援方針・人材育成方針、その実現のための施策・仕組みなどの明確化 | |
| | ☐ 事業者の共同による採用・人事ローテーション・研修のための制度構築 | |
| | ☐ 他産業からの転職者、主婦層、中高年齢者等、経験者・有資格者等にこだわらない幅広い採用の仕組みの構築 | |
| | ☑ 職業体験の受入れや地域行事への参加や主催等による職業魅力向上の取組の実施 | |
| 資質の向上やキャリアアップに向けた支援 | ☐ 働きながら介護福祉士等の取得を目指す者に対する実務者研修受講支援や、より専門性の高い支援技術を取得しようとする者に対する喀痰吸引研修、強度行動障害支援者養成研修、サービス提供責任者研修、中堅職員に対するマネジメント研修の受講支援等 | |
| | ☐ 研修の受講やキャリア段位制度と人事考課との連動 | |
| | ☐ エルダー・メンター（仕事やメンタル面のサポート等をする担当者）制度等導入 | |
| | ☐ 上位者・担当者等によるキャリア面談など、キャリアアップ等に関する定期的な相談の機会の確保 | |
| 両立支援・多様な働き方の推進 | ☐ 子育てや家族等の介護等と仕事の両立を目指す者のための休業制度等の充実、事業所内託児施設の整備 | |
| | ☐ 職員の事情等の状況に応じた勤務シフトや短時間正規職員制度の導入、職員の希望に即した非正規職員から正規職員への転換の制度等の整備 | |
| | ☐ 有給休暇が取得しやすい環境の整備 | |
| | ☐ 業務や福利厚生制度、メンタルヘルス等の職員相談窓口の設置等相談体制の充実 | |
| | ☐ 障害を有する者でも働きやすい職場環境の構築や勤務シフトの配慮 | |
| 腰痛を含む心身の健康管理 | ☐ 福祉・介護職員の身体の負担軽減のための介護技術の修得支援、介護ロボットやリフト等の介護機器等導入及び研修による腰痛対策の実施 | |
| | ☐ 短時間勤務労働者等も受診可能な健康診断・ストレスチェックや、従業員のための休憩室の設置等健康管理対策の実施 | |
| | ☐ 雇用管理改善のための管理者に対する研修等の実施 | |
| | ☑ 事故・トラブルへの対応マニュアル等の作成等の体制の整備 | |
| 生産性向上のための業務改善の取組 | ☐ タブレット端末やインカム等のICT活用や見守り機器等の介護ロボットやセンサー等の導入による業務量の縮減 | |
| | ☐ 高齢者の活躍（居室やフロア等の清掃、食事の配膳・下膳などのほか、経理や労務、広報なども含めた介護業務以外の業務の提供）等による役割分担の明確化 | |
| | ☐ 5S活動（業務管理の手法の1つ。整理・整頓・清掃・清潔・躾の頭文字をとったもの）等の実践による職場環境の整備 | |
| | ☐ 業務手順書の作成や、記録・報告様式の工夫等による情報共有や作業負担の軽減 | |
| やりがい・働きがいの醸成 | ☐ ミーティング等による職場内コミュニケーションの円滑化による個々の福祉・介護職員の気づきを踏まえた勤務環境や支援内容の改善 | |
| | ☐ 地域包括ケアの一員としてのモチベーション向上につながる、地域の児童・生徒や住民との交流の実施 | |
| | ☐ 利用者本位の支援方針など障害福祉や法人の理念等を定期的に学ぶ機会の提供 | |
| | ☐ 支援の好事例や、利用者やその家族からの謝意等の情報を共有する機会の提供 | |

**【見える化要件】【新加算Ⅰ・Ⅱ、Ⅴ(1)〜(7)・(9)・(10)・(12)、旧特定Ⅰ・Ⅱ】**

・ 実施する周知方法について、チェック（✔）すること。なお、令和6年度中の見込みでも差し支えない。 ○

| | | |
|---|---|---|
| ホームページへの掲載 | ☑ 職場環境等要件の25項目のうち、実施する取組項目の「障害福祉サービス等情報公表システム」での選択 | |
| | ☐ 職場環境等要件の25項目のうち、実施する取組項目の自社のホームページへの掲載 | |

**コメント**

令和6年度においては、新加算Ⅰ・Ⅱを算定するためには6つの区分のうち任意の3つの区分を選択し、選択した区分でそれぞれ1つ以上（合計3つ以上）の取組みを行う必要があります。

なお、令和7年度からは大幅に取組み内容が増えるため、注意が必要です。

## 4　要件を満たすことの確認・証明

・　以下の点を確認し、満たしている項目に全てチェック（✔）すること。

| 確認事項 | 証明する資料の例<br>（指定権者からの求めに<br>応じて提出） | ○ |
|---|---|---|
| ☑ 処遇改善加算等として給付される額は、職員の賃金改善のために全額支出します。<br>また、処遇改善加算等による賃金改善以外の部分で賃金水準を引き下げません。 | 就業規則、給与規程、給<br>与明細等 | |
| ☑ 令和7年度に繰り越す額（2（1）①ⅰ ア）がある場合は、全額、令和7年度の更なる賃金改善に充てます。期間中に事業所が休廃止した場合には、一時金等により福祉・介護職員その他の職員の賃金として配分します。 | 就業規則、給与規程、給<br>与明細等 | |
| ☑ キャリアパス要件Ⅰ～Ⅲのうち、満たす必要のある項目について、証明となる書面を作成し、職員に周知しました。また、計画書の提出時点で書面の準備ができていない場合は、令和6年度中（令和7年3月末まで）に書面を整備します。 | 就業規則、給与規程、資<br>質向上のための計画等 | |
| ☑ 労働基準法、労働災害補償保険法、最低賃金法、労働安全衛生法、雇用保険法その他の労働に関する法令に違反し、罰金以上の刑に処せられていません。 | ― | |
| ☑ 労働保険料の納付が適正に行われています。 | 労働保険関係成立届、確<br>定保険料申告書 | |
| ☑ 本計画書の内容を雇用する全ての職員に対して周知しました。 | 会議録、周知文書 | |

※　各証明資料は、指定権者からの求めがあった場合には、速やかに提出すること。
※　本様式への虚偽記載のほか、旧3加算及び新加算の請求に関して不正があった場合並びに指定権者からの求めに応じて書類の提出を行うことができなかった場合は、障害福祉サービス等報酬の返還や指定取消となる場合がある。

| | ○ |
|---|---|

---

本処遇改善計画書の記載内容・確認事項の内容に間違いありません。
記載内容を証明する資料を適切に保管することを誓約します。

令和　　6　年　○　月　○　日　　法人名　○○ケアサービス
　　　　　　　　　　　　　　　　　代表者　職名　代表取締役　　氏名　厚労　花子

---

## （確認用）　提出前のチェックリスト

・　以下の項目にオレンジ色の「×」がないか、提出前に確認すること。「×」がある場合、当該項目の記載を修正すること。
※　空欄が表示される項目は、記入が不要であるため対応する必要はない。

| | 2　賃金改善計画について | |
|---|---|---|
| | 令和7年度への繰越し見込額が令和6年度に増加する加算の見込額を超える計画となっている | |
| (1) | 令和7年度に繰り越す額を除いた加算額以上の賃金改善を行う計画となっている | ○ |
| | 令和6年度に増加する加算の見込を超える賃金改善を行う計画となっている | ○ |
| (2) | 加算以外の部分で賃金水準を引き下げないことを誓約している | ○ |
| (3) | 賃金改善を行う賃金項目及び方法を記載している | ○ |

| | | 3　福祉・介護職員等処遇改善加算等の要件について | |
|---|---|---|---|
| (1) | 月額賃金改善要件Ⅱ | 旧ベースアップ等加算相当の2/3以上の新規の月額賃金改善を行う計画になっていること | ○ |
| (2) | 月額賃金改善要件Ⅲ | 令和5年度から継続して旧ベースアップ等加算を算定する事業所について、令和5年度以前からの賃金改善の取組の継続を誓約していること | ○ |
| | | 令和6年4・5月から新規に旧ベースアップ等加算を算定する事業所について、旧ベア加算額以上の新規の賃金改善を行う計画になっていること | ○ |
| | | 福祉・介護職員について、賃金改善の見込額の2/3以上が、ベースアップ等に充てられる計画になっていること | ○ |
| | | その他の職種について、賃金改善の見込額の2/3以上が、ベースアップ等に充てられる計画になっていること | ○ |
| (3) | キャリアパス要件Ⅰ・Ⅱ | キャリアパス要件Ⅰ（任用要件・賃金体系の整備等）とキャリアパス要件Ⅱ（研修の実施等）の両方を満たすこと。ただし、満たさない場合は、令和6年度中（令和7年3月末まで）に福祉・介護職員の任用要件・賃金体系を定めること及び研修等に係る計画を策定し、研修の実施又は研修機会の確保を行うことを誓約していること | ○ |
| | | キャリアパス要件Ⅰ（任用要件・賃金体系の整備等）とキャリアパス要件Ⅱ（研修の実施等）のどちらかを満たすこと。ただし、満たさない場合は、令和6年度中（令和7年3月末まで）に福祉・介護職員の任用要件・賃金体系を定めること又は研修等に係る計画を策定し、研修の実施又は研修機会の確保を行うことを誓約していること | ○ |
| (4) | キャリアパス要件Ⅲ | キャリアパス要件Ⅲ（昇給の仕組みの整備等）を満たすこと。ただし、満たさない場合は、令和6年度中（令和7年3月末まで）に昇給の仕組みを整備することを誓約していること | ○ |
| (5) | キャリアパス要件Ⅳ | 賃金改善額が月額平均8万円以上又は改善後の賃金が年額440万円以上となる者の数が事業所あたり1以上となるような計画になっていること。ただし、満たさない場合は、小規模事業所であるなどの理由を記載すること | ○ |
| (6) | キャリアパス要件Ⅴ | キャリアパス要件Ⅴ（配置等要件）を満たすこと | ○ |
| (7) | 職場環境等要件 | 新加算等の区分ごとに必要な職場環境等要件の取組を行っていること | ○ |
| | | 情報公表システム等での見える化要件を満たすこと | ○ |

| | 4　要件を満たすことの確認・証明 | |
|---|---|---|
| ・ | 必要な項目が全て選択されていること | ○ |
| ・ | 誓約・記名が行われていること | ○ |

令和7年度に繰り越す額（2（1）①ⅰア）がない場合は、この欄へのチェック（✓）は不要です。

**コメント**

左記証憑書類は提出の必要はありませんが、自治体等から要請があった際には直ちに提出する必要があります。

空欄が表示される項目は、記入が不要のため、
対応する必要はありません。

**コメント**

記載した内容のうち要件を満たしていない項目がある場合、「✗」がつきますので、もし✗がついてしまった場合は再度該当項目に戻り、要件を確認してみてください。

# ●別紙様式2-2　個票（令和6年4・5月分）

別紙様式2-2 個票（令和6年4・5月分）

| 法人名 | ○○ケアサービス |
|---|---|

| | | |
|---|---|---|
| 処遇改善加算額（見込額）の合計［円］（別紙様式2-1 2(1)(a)の内数） | 2,862,260 | 円 |
| 特定加算（見込額）の合計［円］（別紙様式2-1 2(1)(a)の内数） | 469,700 | 円 |
| ベースアップ等加算（見込額）の合計［円］（別紙様式2-1 2(1)(a)の内数） | 508,780 | 円 |
| うち、新規に算定する旧ベア加算の見込額［円］（別紙様式2-1 3(3)①に転記） | 404,500 | 円 |
| 旧3加算のうち、令和6年度に増加する加算額の見込額（旧3加算の上位区分への移行によるもの）（別紙様式2-1 2(1)(b)の内数） | 792,120 | 円 |

【記入上の注意】
・月額8万円以上の改善については、特定加算による賃金改善分のみで判断すること。改善後の賃金が年額440万円以上であるかは、処遇改善加算、特定加算、ベースアップ等加算による賃金改善額を含む金額で判断すること。

| 障害福祉サービス等事業所番号 | 指定権者名 | 事業所の所在地 | | 事業所名 | サービス名 | 処遇改善加算等除く一月あたり障害福祉サービス等総額［円］(a) | 処遇改善加算・特定加算・ベースアップ等加算の別 | （参考）令和5年度 算定した処遇加算の区分 ※令和6年3月時点 | 加算率 |
|---|---|---|---|---|---|---|---|---|---|
| | | 都道府県 | 市区町村 | | | | | | |
| 1 1314567891 | 東京都 | 東京都 | 千代田区 | 障害福祉事業所名称01 | 居宅介護 | 620,000 | 処遇改善加算 | 処遇加算Ⅱ | 20.0% |
| | | | | | | | 特定加算 | 特定加算Ⅱ | 5.5% |
| | | | | | | | ベースアップ等加算 | ベア加算なし | 0.0% |
| 2 1314567892 | 東京都 | 東京都 | 豊島区 | 障害福祉事業所名称02 | 居宅介護 | 770,000 | 処遇改善加算 | 処遇加算Ⅱ | 20.0% |
| | | | | | | | 特定加算 | 特定加算Ⅱ | 5.5% |
| | | | | | | | ベースアップ等加算 | ベア加算なし | 0.0% |
| 3 1314567893 | 東京都 | 東京都 | 世田谷区 | 障害福祉事業所名称03 | 生活介護 | 4,740,000 | 処遇改善加算 | 処遇加算Ⅱ | 3.2% |
| | | | | | | | 特定加算 | 特定加算なし | 0.0% |
| | | | | | | | ベースアップ等加算 | ベア加算 | 1.1% |
| 4 1314567894 | さいたま市 | 埼玉県 | さいたま市 | 障害福祉事業所名称04 | 就労継続支援B型 | 2,370,000 | 処遇改善加算 | 処遇加算Ⅲ | 2.2% |
| | | | | | | | 特定加算 | 特定加算なし | 0.0% |
| | | | | | | | ベースアップ等加算 | ベア加算なし | 0.0% |
| 5 1314567895 | 千葉市 | 千葉県 | 千葉市 | 障害福祉事業所名称05 | 施設入所支援 | 7,100,000 | 処遇改善加算 | 処遇加算Ⅲ | 6.3% |
| | | | | | | | 特定加算 | | |
| | | | | | | | ベースアップ等加算 | | |
| 6 1314567895 | 千葉市 | 千葉県 | 千葉市 | 障害福祉事業所名称05 | 施設入所支援 | 7,100,000 | 処遇改善加算 | 処遇加算Ⅲ | 6.3% |
| | | | | | | | 特定加算 | 特定加算Ⅰ | 2.1% |
| | | | | | | | ベースアップ等加算 | ベア加算なし | 0.0% |
| 7 1314567895 | 千葉市 | 千葉県 | 千葉市 | 障害福祉事業所名称05 | 障害者支援施設：生活介護 | 12,700,000 | 処遇改善加算 | 処遇加算Ⅲ | 2.5% |
| | | | | | | | 特定加算 | 特定加算なし | 0.0% |
| | | | | | | | ベースアップ等加算 | ベア加算なし | 0.0% |
| 8 | | | | | | | 処遇改善加算 | | |
| | | | | | | | 特定加算 | | |
| | | | | | | | ベースアップ等加算 | | |
| 9 | | | | | | | 処遇改善加算 | | |
| | | | | | | | 特定加算 | | |
| | | | | | | | ベースアップ等加算 | | |

処遇改善加算を取得せずに特定加算・ベースアップ等加算を取得することはできません。

・令和5年度の加算率と比較して、令和6年4・5月の加算率が低くなっている場合は、加算率が赤字で表示されます。
・「特定加算Ⅱ」を選択し、加算率に「エラー」が表示された場合は、配置等要件に関する加算がないサービスのため、「特定加算Ⅰ」を選択してください。

| | | |
|---|---|---|
| 提出先 | 東京都 | |

**【記入上の注意】**
・記入箇所は色付きのセルだけです。
・ 緑色 水色 黄色 のセルには、原則として全て記入してください。

⑥キャリアパス要件Ⅳについて

| | |
|---|---|
| 賃金改善額が月額平均8万円以上又は改善後の賃金が年額440万円以上となる者の数 | 2 |
| 特定加算Ⅰ・Ⅱの算定を届け出た事業所数 | 3 |

| | | | 令和6年度 | | ○ ②月額賃金要件Ⅲ | | ○ ③・④キャリアパス要件Ⅰ・Ⅱ | | ○ ⑤キャリアパス要件Ⅲ | × ⑥キャリアパス要件Ⅳ | ○ ⑦キャリアパス要件Ⅴ |
|---|---|---|---|---|---|---|---|---|---|---|---|
| 令和6年4・5月に算定する処遇改善加算等の区分 | 加算率(b) | 算定対象月(c) ※通常は令和6年4月〜令和6年5月 | 処遇改善加算等の見込額[円] (a×b×c) | 令和6年度に増加する加算額の見込額 (令和5年度の加算額と比較) | 新たに増加するベースアップ等加算の見込額 | 月額賃金要件Ⅲを満たす | 賃金体系整備等及び研修の実施等 | 賃金体系整備等又は研修の実施等 | 昇給の仕組みの整備等 | 改善後の賃金要件(月額8万円以上又は年額440万円以上)を満たす職員数を記載 | 福祉専門職員配置等加算等の算定状況 |
| 処遇改善加算Ⅰ | 27.4% | 令和6年4月〜令和6年5月(2ヶ月) | 339,760 | 91,760 | | | ○ | | 令和6年度中に満たす | | |
| 特定加算Ⅰ | 7.0% | 令和6年4月〜令和6年5月(2ヶ月) | 86,800 | 18,600 | | | | | | 1 | 特定事業所加算 |
| ベア加算 | 4.5% | 令和6年4月〜令和6年5月(2ヶ月) | 55,800 | 55,800 | 55,800 | ○ | | | | | |
| 処遇改善加算Ⅰ | 27.4% | 令和6年4月〜令和6年5月(2ヶ月) | 421,960 | 113,960 | | | ○ | | 令和6年度中に満たす | | |
| 特定加算Ⅰ | 5.5% | 令和6年4月〜令和6年5月(2ヶ月) | 84,700 | 0 | | | | | | 1 | |
| ベア加算 | 4.5% | 令和6年4月〜令和6年5月(2ヶ月) | 69,300 | 69,300 | 69,300 | ○ | | | | | |
| 処遇改善加算Ⅱ | 3.2% | 令和6年4月〜令和6年5月(2ヶ月) | 303,360 | 0 | | | ○ | | | | |
| 特定加算なし | 0.0% | 令和6年4月〜令和6年5月(2ヶ月) | 0 | 0 | | | | | | | |
| ベア加算 | 1.1% | 令和6年4月〜令和6年5月(2ヶ月) | 104,280 | 0 | | | | | | | |
| 処遇改善加算Ⅲ | 2.2% | 令和6年4月〜令和6年5月(2ヶ月) | 104,280 | 0 | | | | ○ | | | |
| 特定加算なし | 0.0% | 令和6年4月〜令和6年5月(2ヶ月) | 0 | 0 | | | | | | | |
| ベア加算なし | 0.0% | 令和6年4月〜令和6年5月(2ヶ月) | 0 | 0 | | | | | | | |
| 処遇改善加算Ⅱ | 6.3% | 令和6年4月〜令和6年5月(1ヶ月) | 447,300 | | | | ○ | | | | |
| | | 令和6年4月〜令和6年5月(2ヶ月) | 0 | | | | | | | | |
| 処遇改善加算Ⅰ | 8.6% | 令和6年5月〜令和6年5月(2ヶ月) | 610,600 | 163,300 | | | | | 令和6年度中に満たす | | |
| 特定加算Ⅰ | 2.1% | 令和6年〜令和6年5月(2ヶ月) | 298,200 | 0 | | | | | | 0 | 対象加算なし |
| ベア加算なし | 0.0% | 令和6年4月〜令和6年5月(2ヶ月) | 0 | 0 | | | | | | | |
| 処遇改善加算Ⅱ | 2.5% | 令和6年4月〜令和6年5月(2ヶ月) | 635,000 | 0 | | | | ○ | | | |
| 特定加算なし | 0.0% | 令和6年4月〜令和6年5月(2ヶ月) | 0 | 0 | | | | | | | |
| ベア加算 | 1.1% | 令和6年4月〜令和6年5月(2ヶ月) | 279,400 | 279,400 | 279,400 | ○ | | | | | |
| | | 令和6年4月〜令和6年5月(2ヶ月) | | | | | | | | | |
| | | 令和6年4月〜令和6年5月(2ヶ月) | 0 | | | | | | | | |
| | | 令和6年4月〜令和6年5月(2ヶ月) | | | | | | | | | |
| | | 令和6年4月〜令和6年5月(2ヶ月) | | | | | | | | | |

各加算の「算定対象月」(通常は4月〜5月)を記入してください。
※「賃金改善実施期間」(賃金の支払い方法により、6月〜7月となることもある)ではありません。

・当該事業所に従事する経験・技能のある福祉・介護職員のうち月額8万円以上の賃金改善を行った又は改善後の賃金が年額440万円以上となる見込みの者の実人数を記載してください。
・要件を満たす職員が複数の事業所に兼務している場合には、いずれか1か所で1人と計上して下さい。(同一職員の重複計上は不可)。

配置等要件に関する加算がない重度障害者等包括支援、施設入所支援、短期入所、就労定着支援、居宅訪問型児童発達支援、保育所等訪問支援が特定加算Ⅰを取得する場合は、「対象加算なし」を選択してください。

# ●別紙様式2-3　個票（令和6年6月以降分）

別紙様式2-3 個票（令和6年6月以降分）

法人名　○○ケアサービス

| | | |
|---|---|---|
| 福祉・介護職員等処遇改善加算（見込額）の合計[円]（別紙様式2-1 2(1)(a)の内数） | 28,495,180 | 円 |
| うち、福祉・介護職員等処遇改善加算Ⅳ相当の1／2（見込額）の合計[円]（別紙様式2-1 3(1)①の内数） | 11,831,730 | 円 |
| うち、新たに増加する旧ベースアップ等加算相当の見込額[円]（別紙様式2-1 3(2)①の内数） | 1,988,000 | 円 |
| うち、令和6年度に増加する加算額の見込額（令和6年度改定での加算率の引上げ及び新加算への移行によるもの）（別紙様式2-1 2(1)(b)の内数） | 13,564,920 | 円 |
| （参考）令和5年度と比較し、令和7年度に増加する加算額の見込額（令和6年度改定の加算率の引上げ及び新加算への移行によるもの） | 16,175,520 | 円 |

【記入上の注意】
・月額8万円以上の改善については、旧特定処遇改善相当による賃金改善額のみで判断すること。改善後の賃金が年額440万円以上であるは、新加算及び旧3加算全体での賃金改善額を含む金額で判断すること。

| | 障害福祉サービス等事業所番号 | 指定権者名 | 事業所の所在地 | | 事業所名 | サービス名 | 処遇加算等除く一月あたり障害福祉サービス等総額[円]（a） | 令和6年4・5月時点の旧3加算の区分 | 合計の加算率 | （参考）令和5年度と要件を変えずに移行した場合の新加算の区分（カッコ内は6月以降算定可能な新加算Ⅴの区分）(上記と異なる場合) | 加算率 | 算定する新加算の区分 |
|---|---|---|---|---|---|---|---|---|---|---|---|---|
| | | | 都道府県 | 市区町村 | | | | | | | | |
| 1 | 1314567891 | 東京都 | 東京都 | 千代田区 | 障害福祉事業所名称01 | 居宅介護 | 620,000 | 処遇加算Ⅰ | 38.9% | 新加算Ⅰ | 41.7% | 令和6年度の算定予定 新加算Ⅰ |
| | | | | | | | | 特定加算Ⅰ | | | | |
| | | | | | | | | ベア加算 | | （　　　　） | | （参考）令和7年度の移行予定 新加算Ⅰ |
| 2 | 1314567892 | 東京都 | 東京都 | 豊島区 | 障害福祉事業所名称02 | 居宅介護 | 770,000 | 処遇加算Ⅰ | 37.4% | 新加算Ⅱ | 40.2% | 令和6年度の算定予定 新加算Ⅱ |
| | | | | | | | | 特定加算Ⅱ | | | | |
| | | | | | | | | ベア加算 | | （　　　　） | | （参考）令和7年度の移行予定 新加算Ⅱ |
| 3 | 1314567893 | 東京都 | 東京都 | 世田谷区 | 障害福祉事業所名称03 | 生活介護 | 4,740,000 | 処遇加算Ⅱ | 4.3% | 新加算Ⅳ | 5.5% | 令和6年度の算定予定 新加算Ⅳ |
| | | | | | | | | 特定加算なし | | | | |
| | | | | | | | | ベア加算 | | （　　　　） | | （参考）令和7年度の移行予定 新加算Ⅳ |
| 4 | 1314567894 | さいたま市 | 埼玉県 | さいたま市 | 障害福祉事業所名称04 | 就労継続支援B型 | 2,370,000 | 処遇加算Ⅲ | 2.2% | 新加算Ⅴ(14) | 3.1% | 令和6年度の算定予定 新加算Ⅴ(14) |
| | | | | | | | | 特定加算なし | | | | |
| | | | | | | | | ベア加算なし | | （　　　　） | | （参考）令和7年度の移行予定 |
| 5 | 1314567895 | 千葉市 | 千葉県 | 千葉市 | 障害福祉事業所名称05 | 施設入所支援 | 7,100,000 | 処遇加算Ⅱ | 6.3% | | | 令和6年度の算定予定 |
| | | | | | | | | | | | | （参考）令和7年度の移行予定 |
| 6 | 1314567895 | 千葉市 | 千葉県 | 千葉市 | 障害福祉事業所名称05 | 施設入所支援 | 7,100,000 | 処遇加算Ⅰ | 10.7% | 新加算Ⅴ(1) | 13.1% | 令和6年度の算定予定 新加算Ⅰ |
| | | | | | | | | 特定加算なし | | | | |
| | | | | | | | | ベア加算なし | | （　　　　） | | （参考）令和7年度の移行予定 新加算Ⅰ |
| 7 | 1314567895 | 千葉市 | 千葉県 | 千葉市 | 障害福祉事業所名称05 | 障害者支援施設生活介護 | 12,700,000 | 処遇加算Ⅲ | 3.6% | 新加算Ⅳ | 6.7% | 令和6年度の算定予定 新加算Ⅳ |
| | | | | | | | | 特定加算なし | | | | |
| | | | | | | | | ベア加算 | | （新加算Ⅴ(13)） | 4.8% | （参考）令和7年度の移行予定 新加算Ⅳ |
| 8 | | | | | | | | | | | | 令和6年度の算定予定 |
| | | | | | | | | | | | | （参考）令和7年度の移行予定 |
| 9 | | | | | | | | | | | | 令和6年度の算定予定 |
| | | | | | | | | | | | | （参考）令和7年度の移行予定 |
| 10 | | | | | | | | | | | | 令和6年度の算定予定 |
| | | | | | | | | | | | | （参考）令和7年度の移行予定 |

「令和5年度と要件を変えずに移行した場合」には、令和6年6月当初に直ちに令和5年度と要件を変えずに移行できる場合も含む。したがって、令和5年度にキャリアパス要件Ⅰ～Ⅲを満たしていない場合であって、令和6年度中に要件を満たすことの誓約をする場合も含む。

必須ではありませんが、令和7年度の新加算Ⅰ～Ⅳの算定に向けた計画的な準備のため、可能な限り選択するようにしてください。

・加算の要件上は問題ありませんが、令和6年4・5月の加算率の合計と比較して、令和6年6月以降の加算率が低くなっている場合は、加算率が赤字で表示されます。
・「新加算Ⅱ」を選択し、加算率に「エラー」が表示された場合は、配置等要件に関する加算がないサービスのため、「新加算Ⅰ」を選択してください。

| 提出先 | 東京都 |
|---|---|

【記入上の注意】
・記入箇所はピンク色　グレー色　のセルだけです。
・ピンク色　のセルには、原則として全て記入してください。
・グレー色　のセルの入力は必須ではありませんが、可能な限り入力してください。

⑥キャリアパス要件IVについて(「令和6年度の算定予定」について)

| | |
|---|---|
| 賃金改善額が月額平均8万円以上又は改善後の賃金が年額440万円以上となる者の数 | 3 |
| 新加算I・II・V(1)～(7)・(9)・⑽・⑾の算定を届け出た事業所数 | 3 |

| 加算率(b) | 算定対象月(c) ※通常は令和6年6月～令和7年3月 | 新加算の見込み額[円] (a×b×c) | 令和6年度に増加する加算額の見込額 (令和5年度の加算率と比較) | (参考)①月額賃金要件I(令和7年度～) 新加算IV相当の加算額の見込みの1/2 | ②月額賃金要件II 新たに増加する旧ベースアップ等加算相当の新加算の見込額 | 月額賃金要件Iを満たす | ③・④キャリアパス要件I・II 賃金体系整備等及び研修の実施等 | 賃金体系整備等又は研修の実施等 | ⑤キャリアパス要件III 昇給の仕組みの整備等 | ⑥キャリアパス要件IV 改善後の賃金要件(月額8万円以上又は年額440万円以上)を満たす職員数を記載 | ⑦キャリアパス要件V 福祉専門職員配置等加算の算定状況 |
|---|---|---|---|---|---|---|---|---|---|---|---|
| 41.7% | 令和6年6月～令和7年3月(10ヶ月) | 2,585,400 | 1,004,400 | 846,300 | 0 | | 令和6年度中に満たす | | 令和6年度中に満たす | 1 | 特定事業所加算 |
| 41.7% | 令和7年4月～令和8年3月(12ヶ月) | 3,102,480 | 1,205,280 | 1,015,560 | 新規に適用 / 0 | 新規に適用 | 継続で適用 | | 継続で適用 | | 継続で適用 |
| 41.7% | 令和6年6月～令和7年3月(10ヶ月) | 3,210,900 | 1,247,400 | 1,051,050 | 0 | | 令和6年度中に満たす | | 令和6年度中に満たす | 1 | 特定事業所加算 |
| 41.7% | 令和7年4月～令和8年3月(12ヶ月) | 3,853,080 | 1,496,880 | 1,261,260 | 新規に適用 / 0 | 新規に適用 | 継続で適用 | | 継続で適用 | 継続で適用 | 継続で適用 |
| 5.5% | 令和6年6月～令和7年3月(10ヶ月) | 2,607,000 | 568,800 | 1,303,500 | 0 | | | 賃金体系整備等又は研修の実施等 | | | |
| 5.5% | 令和7年4月～令和8年3月(12ヶ月) | 3,128,400 | 682,560 | 1,564,200 | 新規に適用 / 0 | 新規に適用 | 継続で適用 | | 新規に適用 | | 新規に適用 |
| 3.1% | 令和6年6月～令和6年9月(4ヶ月) | 293,880 | 85,320 | 293,880 | 0 | | | | 昇給の仕組みの整備等 | | |
| | 令和6年6月～令和7年3月(12ヶ月) | | | 881,640 | 369,720 | | | | | | |
| | 令和7年4月～令和8年3月(10ヶ月) | | | | | | | | | | |
| 15.9% | 令和6年6月～令和7年3月(10ヶ月) | 11,289,000 | 5,325,000 | 4,082,500 | 1,988,000 | ○ | | | 令和6年度中に満たす | 1 | 対象加算なし |
| 15.9% | 令和7年4月～令和8年3月(12ヶ月) | 13,546,800 | 6,390,000 | 4,899,000 | 新規に適用 / 0 | 継続で適用 | 継続で適用 | | 継続で適用 | 継続で適用 | 継続で適用 |
| 6.7% | 令和6年6月～令和7年3月(10ヶ月) | 8,509,000 | 5,334,000 | 4,254,500 | 0 | | | 賃金体系整備等又は研修の実施等 | | | |
| 6.7% | 令和7年4月～令和8年3月(12ヶ月) | 10,210,800 | 6,400,800 | 5,105,400 | 新規に適用 / 0 | 新規に適用 | 継続で適用 | | 新規に適用 | | 新規に適用 |
| | 令和6年6月～令和7年3月(10ヶ月) | | | | 0 | | | | | | |
| | 令和7年4月～令和8年3月(12ヶ月) | | | | 0 | | | | | | |
| | 令和6年6月～令和7年3月(10ヶ月) | | | | 0 | | | | | | |
| | 令和7年4月～令和8年3月(12ヶ月) | | | | 0 | | | | | | |
| | 令和6年6月～令和7年3月(10ヶ月) | | | | 0 | | | | | | |
| | 令和7年4月～令和8年3月(12ヶ月) | | | | 0 | | | | | | |

各加算の「算定対象月」(通常は6月～翌年3月)を記入してください。※「賃金改善実施期間」(賃金の支払い方法により、8月～翌年5月となることもある)ではありません。

加算の要件上は問題ありませんが、算定期間の終わりが令和7年3月になっていない場合は、赤字で表示されます。新加算I～IVへの令和6年度中の区分変更を予定している場合は、別紙様式2-4で色の付いたセルに記入してください。(事業所の廃止等を検討している場合を除く。)

・当該事業所に従事する経験・技能のある福祉・介護職員のうち月額8万円以上の賃金改善を行った又は改善後の賃金が年額440万円以上となる見込みの者の実人数を記載してください。
・要件を満たす職員が複数の事業所に兼務している場合には、いずれか1か所で1人と計上して下さい。(同一職員の重複計上は不可)。

配置等要件に関する加算がない重度障害者等包括支援、施設入所支援、短期入所、就労定着支援、居宅訪問型児童発達支援、保育所等訪問支援が特定加算Iを取得する場合は、「対象加算なし」を選択してください。

# ●別紙様式2-4　個票（年度内の区分変更がある場合に記入）

別紙様式2-4 個票（年度内の区分変更がある場合に記入）

| 法人名 | ○○ケアサービス |
| --- | --- |

| | |
| --- | --- |
| 福祉・介護職員等処遇改善加算（見込額）の合計[円]（別紙様式2-1 2(1)(a)の内数） | 881,640 円 |
| うち、福祉・介護職員等処遇改善加算Ⅳ相当の1／2（見込額）の合計[円]（別紙様式2-1 3(1)①の内数） | 440,820 円 |
| うち、新たに増加する旧ベースアップ等加算相当の見込額[円]（別紙様式2-1 3(2)①の内数） | 184,860 円 |
| うち、令和6年度に増加する加算額の見込額（令和6年度改定での加算率の引上げ及び新加算への移行によるもの）（別紙様式2-1 2(1)(b)の内数） | 568,800 円 |

【記入上の注意】
・月額4万円以上の改善については、旧特定加算相当による賃金改善分のみで判断すること。改善後の賃金が年額440万円以上であるかは、新加算及び旧3加算全体での賃金改善額を含む金額で判断すること。

| No | 障害福祉サービス等事業所番号 | 指定権者名 | 都道府県 | 市区町村 | 事業所名 | サービス名 | 処遇改善等加算（一月あたり障害福祉サービス等総額）[円](a) | 令和6年4・5月時点の旧3加算の区分 | 合計の加算率 | （参考）令和5年度と要件を変えずに移行した場合の新加算の区分（カッコ内は6月以降算定可能な新加算Ⅴの区分（上記と異なる場合）） | 加算率 | 算定する新加算の区分 |
|---|---|---|---|---|---|---|---|---|---|---|---|---|
| 1 | 1314567891 | 東京都 | 東京都 | 千代田区 | 障害福祉事業所名称01 | 居宅介護 | 620,000 | 処遇加算Ⅰ / 特定加算Ⅰ / ベア加算 | 38.9% | 新加算Ⅰ （　　） | 41.7% | 令和6年6月当初の算定予定 新加算Ⅰ / 区分変更後の算定予定 |
| 2 | 1314567892 | 東京都 | 東京都 | 豊島区 | 障害福祉事業所名称02 | 居宅介護 | 770,000 | 処遇加算Ⅱ / 特定加算Ⅰ / ベア加算 | 37.4% | 新加算Ⅱ （　　） | 40.2% | 令和6年6月当初の算定予定 新加算Ⅰ / 区分変更後の算定予定 |
| 3 | 1314567893 | 東京都 | 東京都 | 世田谷区 | 障害福祉事業所名称03 | 生活介護 | 4,740,000 | 処遇加算Ⅱ / 特定加算なし / ベア加算 | 4.3% | 新加算Ⅳ （　　） | 5.5% | 令和6年6月当初の算定予定 新加算Ⅳ / 区分変更後の算定予定 |
| 4 | 1314567894 | さいたま市 | 埼玉県 | さいたま市 | 障害福祉事業所名称04 | 就労継続支援B型 | 2,370,000 | 処遇加算Ⅲ / 特定加算なし / ベア加算なし | 2.2% | 新加算Ⅴ(14) （　　） | 3.1% | 令和6年6月当初の算定予定 新加算Ⅴ(14) / 区分変更後の算定予定 新加算Ⅳ |
| 5 | 1314567895 | 千葉市 | 千葉県 | 千葉市 | 障害福祉事業所名称05 | 施設入所支援 | 7,100,000 | 処遇加算Ⅱ | | 6.3% | （　　） | | 令和6年6月当初の算定予定 / 区分変更後の算定予定 |
| 6 | 1314567895 | 千葉市 | 千葉県 | 千葉市 | 障害福祉事業所名称05 | 施設入所支援 | 7,100,000 | 処遇加算Ⅰ / 特定加算Ⅰ / ベア加算 | 10.7% | 新加算Ⅴ(1) （　　） | 13.1% | 令和6年6月当初の算定予定 新加算Ⅰ / 区分変更後の算定予定 |
| 7 | 1314567895 | 千葉市 | 千葉県 | 千葉市 | 障害福祉事業所名称05 | 障害者支援施設：生活介護 | 12,700,000 | 処遇加算Ⅲ / 特定加算なし / ベア加算 | 3.6% | 新加算Ⅳ （ 新加算Ⅴ(13) ） | 6.7% / 4.8% | 令和6年6月当初の算定予定 新加算Ⅳ / 区分変更後の算定予定 |
| 8 | | | | | | | | | | （　　） | | 令和6年6月当初の算定予定 / 区分変更後の算定予定 |
| 9 | | | | | | | | | | （　　） | | 令和6年6月当初の算定予定 / 区分変更後の算定予定 |
| 10 | | | | | | | | | | （　　） | | 令和6年6月当初の算定予定 / 区分変更後の算定予定 |

「令和5年度と要件を変えずに移行した場合」には、令和6年6月当初に直ちに令和5年度と要件を変えずに移行できる場合を含む。したがって、令和5年度にキャリアパス要件Ⅰ～Ⅲを満たしていない場合であって、令和6年度中に要件を満たすことの誓約をする場合も含む。

令和6年度中に、新加算の加算区分の変更を行う予定の事業所がある場合に限り、「区分変更後の算定予定」の行に記載してください。また、新加算の経過措置区分Ⅴから、他の経過措置区分Ⅴへと移行することはできません。（例：新加算Ⅴ(2)から新加算Ⅴ(1)への移行は不可。新加算Ⅰへの移行は可）

区分変更前の加算率と比較して、区分変更後の加算率が低くなっている場合は、加算率が赤字で表示されます。
・「新加算Ⅱ」を選択し、加算率に「エラー」が表示された場合は、配置等要件に関する加算がないサービスのため、「新加算Ⅰ」を選択してください。

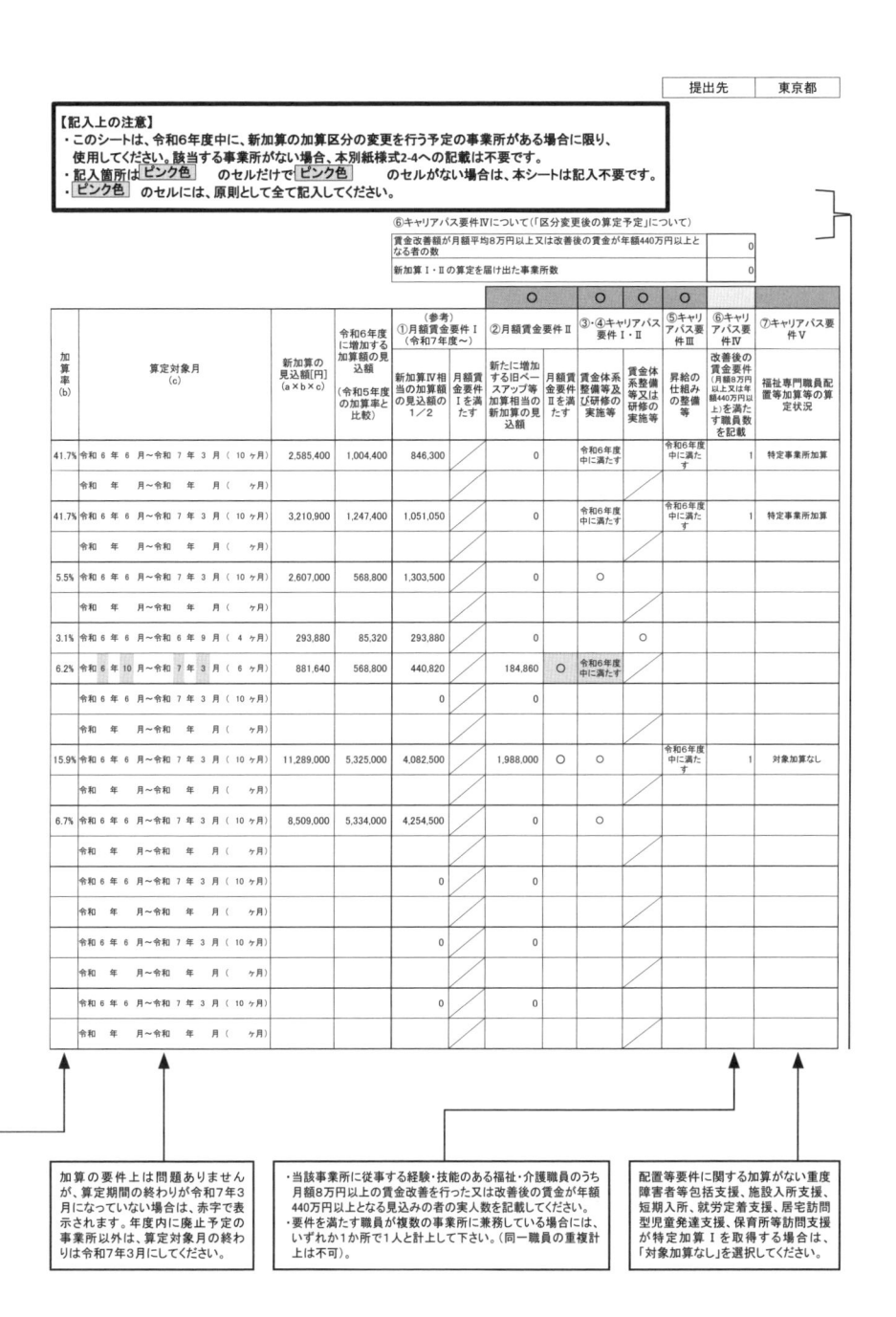

| 提出先 | 東京都 |
|---|---|

**【記入上の注意】**
・このシートは、令和6年度中に、新加算の加算区分の変更を行う予定の事業所がある場合に限り、使用してください。該当する事業所がない場合、本別紙様式2-4への記載は不要です。
・記入箇所は ピンク色 のセルだけで ピンク色 のセルがない場合は、本シートは記入不要です。
・ピンク色 のセルには、原則として全て記入してください。

⑥キャリアパス要件Ⅳについて（「区分変更後の算定予定」について）

| 賃金改善額が月額平均8万円以上又は改善後の賃金が年額440万円以上となる者の数 | 0 |
|---|---|
| 新加算Ⅰ・Ⅱの算定を届け出た事業所数 | 0 |

| 加算率(b) | 算定対象月(c) | 新加算の見込額[円]（a×b×c） | 令和6年度に増加する加算額の見込（令和5年度の加算率と比較） | （参考）月額賃金要件Ⅰ（令和7年度〜）新加算Ⅳ相当の加算額の見込額の1／2 | ①月額賃金要件Ⅰを満たす | ②月額賃金要件Ⅱ 新たに増加する旧ベースアップ等加算相当の新加算の見込額 | ②月額賃金要件Ⅱを満たす | ③・④キャリアパス要件Ⅰ・Ⅱ 賃金体系等の整備及び研修の実施等 | ⑤キャリアパス要件Ⅲ 賃金体系等の整備又は研修の実施等 | ⑤キャリアパス要件Ⅲ 昇給の仕組みの整備等 | ⑥キャリアパス要件Ⅳ 改善後の賃金要件（月額8万円以上又は年440万円以上）を満たす職員数を記載 | ⑦キャリアパス要件Ⅴ 福祉専門職員配置加算等の算定状況 |
|---|---|---|---|---|---|---|---|---|---|---|---|---|
| 41.7% | 令和6年6月〜令和7年3月（10ヶ月） | 2,585,400 | 1,004,400 | 846,300 | | | 0 | 令和6年度中に満たす | | 令和6年度中に満たす | 1 | 特定事業所加算 |
| | 令和　年　月〜令和　年　月（　ヶ月） | | | | | | | | | | | |
| 41.7% | 令和6年6月〜令和7年3月（10ヶ月） | 3,210,900 | 1,247,400 | 1,051,050 | | | 0 | 令和6年度中に満たす | | 令和6年度中に満たす | 1 | 特定事業所加算 |
| | 令和　年　月〜令和　年　月（　ヶ月） | | | | | | | | | | | |
| 5.5% | 令和6年6月〜令和7年3月（10ヶ月） | 2,607,000 | 568,800 | 1,303,500 | | | 0 | ○ | | | | |
| | 令和　年　月〜令和　年　月（　ヶ月） | | | | | | | | | | | |
| 3.1% | 令和6年6月〜令和7年9月（4ヶ月） | 293,880 | 85,320 | 293,880 | | | | | | | | |
| 6.2% | 令和6年10月〜令和7年3月（6ヶ月） | 881,640 | 568,800 | 440,820 | | 184,860 | ○ | 令和6年度中に満たす | | | | |
| | 令和6年6月〜令和7年3月（10ヶ月） | | | 0 | | | 0 | | | | | |
| | 令和　年　月〜令和　年　月（　ヶ月） | | | | | | | | | | | |
| 15.9% | 令和6年6月〜令和7年3月（10ヶ月） | 11,289,000 | 5,325,000 | 4,082,500 | | 1,988,000 | ○ | ○ | | 令和6年度中に満たす | 1 | 対象加算なし |
| | 令和　年　月〜令和　年　月（　ヶ月） | | | | | | | | | | | |
| 6.7% | 令和6年6月〜令和7年3月（10ヶ月） | 8,509,000 | 5,334,000 | 4,254,500 | | | 0 | ○ | | | | |
| | 令和　年　月〜令和　年　月（　ヶ月） | | | | | | | | | | | |
| | 令和6年6月〜令和7年3月（10ヶ月） | | | | | | | | | | | |
| | 令和　年　月〜令和　年　月（　ヶ月） | | | | | | | | | | | |
| | 令和6年6月〜令和7年3月（10ヶ月） | | | 0 | | | 0 | | | | | |
| | 令和　年　月〜令和　年　月（　ヶ月） | | | | | | | | | | | |
| | 令和6年6月〜令和7年3月（10ヶ月） | | | | | | | | | | | |
| | 令和　年　月〜令和　年　月（　ヶ月） | | | | | | | | | | | |

加算の要件上は問題ありませんが、算定期間の終わりが令和7年3月になっていない場合は、赤字で表示されます。年度内に廃止予定の事業所以外は、算定対象月の終わりは令和7年3月にしてください。

・当該事業所に従事する経験・技能のある福祉・介護職員のうち月額8万円以上の賃金改善を行った又は改善後の賃金が年額440万円以上となる見込みの者の実人数を記載してください。
・要件を満たす職員が複数の事業所に兼務している場合には、いずれか1か所で1人と計上して下さい。（同一職員の重複計上は不可）。

配置等要件に関する加算がない重度障害者等包括支援、施設入所支援、短期入所、就労定着支援、居宅訪問型児童発達支援、保育所等訪問支援が特定加算Ⅰを取得する場合は、「対象加算なし」を選択してください。

# ●別紙様式6-1　総括表　福祉・介護職員等処遇改善加算等 処遇改善計画書（令和6年度）　※事務所数が10以下の場合に使用

| 提出先 | 東京都 |
|---|---|

## 1　基本情報

| フリガナ | ○○ケアサービス |
|---|---|
| 法人名 | ○○ケアサービス |
| 法人所在地 | 〒 100 － 1234<br>東京都千代田区霞が関1-2-2<br>○○ビル18F |
| フリガナ | コウロウ タロウ |
| 書類作成担当者 | 厚労 太郎 |
| 連絡先 | 電話番号　03-3571-XXXX　E-mail　aaa@aaa.aa.jp |

## 2　賃金改善計画について

### （1）加算額以上の賃金改善について（全体）

| 令和6年度に賃金改善が必要な額と賃金改善の見込額 | | | |
|---|---|---|---|
| ①　令和6年度の加算の見込額 | (a) | 8,366,100 | 円 |
| i ）うち、令和5年度と比較して令和6年度に増加する加算の見込額 | (b) | 3,977,100 | 円 |
| ア　うち、令和7年度の賃金改善に充てるために繰り越す部分の見込額 | (c) | 1,200,000 | 円 |
| ②　令和6年度の賃金改善に充てる必要がある加算の見込額（賃金改善が必要な額）(a－c) | (d) | 7,166,100 | 円 |
| ③　令和6年度の賃金改善の見込額（②の額以上となること） | (e) | 8,100,000 | 円 |

〇

| 令和5年度と比較した令和6年度の増加分の配分方法 | | | |
|---|---|---|---|
| ④　令和5年度と比較して令和6年度に増加する加算の見込額（繰越分を除く。）(b－c) | (f) | 2,777,100 | 円 |
| ⑤　令和6年度に④を原資として行う新たな賃金改善の見込額（ベースアップ（基本給及び決まって毎月支払われる手当の一律の引上げ）によるもの） | (g) | 2,300,000 | 円 |
| ⑥　⑤以外で、その他の手当、一時金等による新たな賃金改善の見込額 | (h) | 600,000 | 円 |
| ⑦　新たな賃金改善の見込額の合計(g＋h) | (i) | 2,900,000 | 円 |

△　〇

【記入上の注意】

・　(b) には、令和5年度と比較して令和6年度に増加する加算の見込額として、旧3加算の上位区分への移行によるもの（令和6年4・5月分）並びに令和6年度改定での加算率の引上げ及び新加算Ⅰ～Ⅳへの移行によるもの（令和6年6月以降分）の合計額が別紙様式6-2から自動で転記される。このうち、令和7年度の賃金改善のために繰り越す額 (c) を除いた額が、(f) に転記される。

・　障害福祉現場で働く方々にとって、令和6年度に2.5%、令和7年度に2.0%のベースアップへとつながるよう、令和6年度分の加算額の全額を令和6年度内の賃金改善に充てることは求めず、障害福祉サービス事業者等の判断により、その一部を令和7年度に繰り越して賃金改善に充てることを認める。令和7年度に繰り越す場合には、必ず一時金等により福祉・介護職員その他の職員の賃金として配分すること。また、繰越分は全額令和7年度の賃金改善に充て、期間中に事業所が休廃止した場合には、必ず一時金等により福祉・介護職員その他の職員の賃金として配分すること。

・　(e)・(g)・(h) には、新加算等の算定により実施する福祉・介護職員の賃金改善の見込額を計算し、記入すること。その際、加算による賃金改善を行った場合の法定福利費等の事業主負担の増加分を含めることができる。

・　(g) は (f) の見込額以上となること。ただし、ベースアップのみにより当該賃金改善を行うことができない場合（例えば、令和6年度障害福祉サービス等報酬改定を踏まえ賃金体系等を整備途上である場合）には、必要に応じて、その他の手当、一時金等を組み合わせて実施しても差し支えない。したがって、(i) の値（g＋h の合計）が (f) 以上であれば差し支えない。

### （2）加算以外の部分で賃金水準を引き下げないことの誓約

| ☑ | 処遇改善加算等による賃金改善以外の部分で賃金水準を引き下げません。 |
|---|---|

← 〇

【記入上の注意】

・　「処遇改善加算等による賃金改善以外の部分で賃金水準を引き下げない」とは、①「加算取得年度の賃金の総額」から「当該年度の各加算による賃金改善所要額の総額」を除いた額と、②「前年度の賃金の総額」から「前年度の各加算額及び独自の賃金改善額」を除いた額を比較し、①の額が②の額を下回らない（加算等の影響を除いた賃金の水準を引き下げない）ことをいう。実績報告書では、これらの賃金額の具体的な記載を求めるため、詳細な考え方は、別紙様式3-1（実績報告書）2（2）を参照すること。

・　ただし、サービス利用者数の大幅な減少等の影響により、結果として加算以外の部分で賃金が下がった場合には、その事情を別紙様式5「特別な事情に係る届出書」により届け出ることで算定要件を満たすこととする。

**【記入上の注意】**

・ 本「別紙様式６」は、令和５年度に旧３加算を算定した事業者を念頭に、移行後の加算区分の選択を補助する機能を
　盛り込んだ様式です。（「別紙様式２」と比較して、事業所個票を簡易化）
・ 10事業所までしか対応していないため、11事業所以上を一括で申請する場合は、「別紙様式２」をご活用ください。
・ 必須の記入箇所は　薄橙色　　黄色　　ピンク色　のセルです。
・ 　グレー色　のセルの入力は必須ではありませんが、可能な限り入力してください。
・ 先に「別紙様式６－２ 事業所個票１」から「事業所個票10」までを完成させてください。
　（「２」以降は必要に応じて記入）
・ 「別紙様式６－２」の記入内容に応じて、入力が不要な欄が非表示になります。
・ 濃いオレンジ色のセルに「×」が表示された場合、記入内容が要件を満たしていないか、未入力の欄があります。
　修正してください。グレー色のセルの「○」「△」「×」および空欄は、要件には影響しません。
　　○ 要件を満たす　　× 要件を満たさない（または未入力あり）　　○ △ × 　 要件には影響せず
・ 本処遇改善計画書に記載された金額は見込額であり、提出後の運営状況（利用者数等）、
　人員配置状況（職員数等）その他の事由により変動があっても差し支えありません。

例えば、法人で処遇改善加算を配分するために設定した手当（「処遇改善手当」等）の水準を引き上げたとしても、
手当の引上げ幅以上に基本給やその他の手当を引き下げることで、全体として職員の賃金水準を引き下げていた場合、
処遇改善加算の要件を満たしたことにはなりません。

## (3)賃金改善を行う賃金項目及び方法　　　　　　　　　　　　　　　　　　　　○

| ①賃金改善実施期間 | | 令和 | 6 | 年 | 6 | 月 | ～ | 令和 | 7 | 年 | 5 | 月（ | 12 | か月 ） |

| ②賃金改善を行う給与の種類 | ☐ 基本給　　☐ 手当（新設）　　☑ 手当（既存の増額）　　☑ 賞与　　その他（　　　　　） |

**③具体的な取組内容**

（当該事業所における賃金改善の内容の根拠となる規則・規程）

☐ 就業規則　　☑ 賃金規程　　☐ その他　（　　　　　　　　　　　　　）

（賃金改善に関する規定内容）※上記の根拠規程のうち、賃金改善に関する部分を抜き出す等すること。

・福祉・介護職員の基本給の引上げ（引上げ幅は、年齢、資格、経験、技能、勤務成績等を考慮して各人ごとに決定）
　基本給
　　月　給　○○○○～○○○○円の増額
　　時間給　○○○～○○○円の増額
・その他の職員の基本給の引上げ（引上げ幅は、年齢、資格、経験、技能、勤務成績等を考慮して各人ごとに決定）
　基本給
　　月　給　○○○○～○○○○円の増額
　　時間給　○○○～○○○円の増額

※前年度に提出した計画書から変更がある場合には、変更箇所を下線とするなど明確にすること。

（上記取組の開始時期）　平成　30　年　4　月　（ ☑ 実施済　　☐ 予定　　）

| ④ベースアップの実施予定 | ☑ 実施する | 実施しない場合、やむを得ない事情 | （例）<br>・年齢が○歳以下の若手職員についてのみ基本給の引上げを行う。<br>・退職者が少なく、事業所の賃金構成の中で定期昇給の実施（基本給の引上げによる対応）による人件費の増加が大きいことから、定期昇給と一時金の増額により対応する。 |

## 3　福祉・介護職員等処遇改善加算等の要件について

### (1)（参考）月額賃金改善要件Ⅰ（新加算Ⅳの1/2以上の月額賃金改善）【新加算Ⅰ～Ⅳ】
※令和6年度中は適用されないため、記入は任意

| ① | 令和6年度の新加算Ⅳ相当の見込額の1/2 | 2,989,250 | 円 | ← ○ |
| ② | 令和6年度の賃金改善による賃金改善の見込額のうち、月額賃金改善による額　（①の見込額以上となること） | 3,000,000 | 円 | |

【記入上の注意】
・　令和7年度以降に新加算の算定を行う場合は、本要件を必ず満たす必要があることから、上記のグレー色のセルに「×」が付く場合は、令和6年度中（令和7年3月末まで）に、加算を原資とする一時金等の一部を基本給等の引上げに付け替えるなどの必要な対応を行うこと。

### (2)月額賃金改善要件Ⅱ（旧ベア加算相当の2/3以上の新規の月額賃金改善）【新加算Ⅰ～Ⅳ】
※新加算Ⅰ～Ⅳを算定するまで旧ベア加算又は新加算Ⅴ(2)・(4)・(7)・(9)・(13)を算定していなかった事業所のみ

### (3)月額賃金改善要件Ⅲ（旧ベア加算額の2/3以上の新規の月額賃金改善）【旧ベア加算】

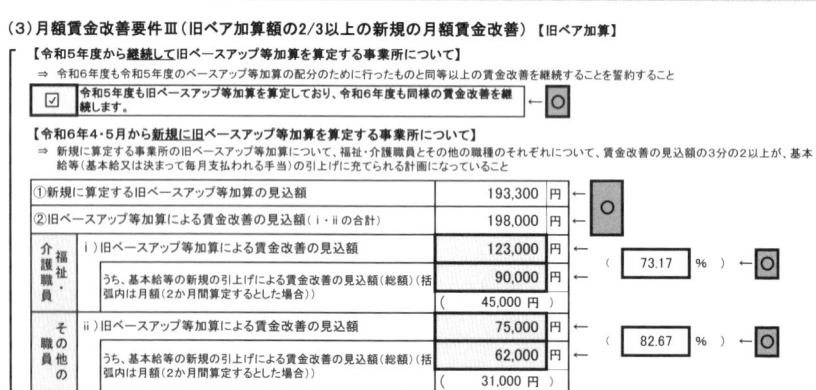

【令和5年度から継続して旧ベースアップ等加算を算定する事業所について】
⇒　令和6年度も令和5年度のベースアップ等加算の配分のために行ったものと同等以上の賃金改善を継続することを誓約すること

☑ 令和5年度も旧ベースアップ等加算を算定しており、令和6年度も同様の賃金改善を継続します。　　　○

【令和6年4・5月から新規に旧ベースアップ等加算を算定する事業所について】
⇒　新規に算定する事業所の旧ベースアップ等加算について、福祉・介護職員とその他の職種のそれぞれについて、賃金改善の見込額の3分の2以上が、基本給等（基本給又は決まって毎月支払われる手当）の引上げに充てられる計画になっていること

| ① 新規に算定する旧ベースアップ等加算の見込額 | 193,300 | 円 | ← ○ |
| ② 旧ベースアップ等加算による賃金改善の見込額（ⅰ・ⅱの合計） | 198,000 | 円 | |
| 福祉・介護職員の | ⅰ）旧ベースアップ等加算による賃金改善の見込額 | 123,000 | 円 | ← |
| | うち、基本給等の新規の引上げによる賃金改善の見込額（総額）（括弧内は月額（2か月間算定するとした場合）） | 90,000 | 円 | |
| | | （ 45,000 円 ） | | |
| その他の職員の | ⅱ）旧ベースアップ等加算による賃金改善の見込額 | 75,000 | 円 | ← |
| | うち、基本給等の新規の引上げによる賃金改善の見込額（総額）（括弧内は月額（2か月間算定するとした場合）） | 62,000 | 円 | |
| | | （ 31,000 円 ） | | |

（ 73.17 ％ ）　← ○

（ 82.67 ％ ）　← ○

## （4）キャリアパス要件 I・II

【新加算 I～IV・V(1)～(6)・V(8)・V(11)、旧処遇 I・II】　　　⇒　キャリアパス要件 I と II の両方を満たすこと。　　　| 該当 |

### キャリアパス要件 I（任用要件・賃金体系の整備等）

| □ 次のイからハまでのすべての基準を満たす。 | ← ✗ |

| イ | 福祉・介護職員の任用における職位、職責又は職務内容等の要件を定めている。 |
| ロ | イに掲げる職位、職責又は職務内容等に応じた賃金体系を定めている。 |
| ハ | イ、ロについて、就業規則等の明確な根拠規定を書面で整備し、全ての福祉・介護職員に周知している。 |

⇒上記が「✗」の場合、令和6年度中の整備を誓約すること。　| ☑ | 令和6年度中（令和7年3月末まで）に福祉・介護職員の任用要件・賃金体系を定めます。 | 〇 |

### キャリアパス要件 II（研修の実施等）

| □ 次のイとロの両方の基準を満たす。 | ← ✗ |

| イ | 福祉・介護職員の職務内容等を踏まえ、福祉・介護職員と意見交換しながら、資質向上の目標及び①・②のうち少なくともいずれかに関する具体的な計画を策定し、研修の実施又は研修の機会を確保している。 | | |
| | イの実現のための具体的な取組内容（該当する項目にチェック（✔）した上で、具体的な内容を記載） | □ | ① | 資質向上のための計画に沿って、研修機会の提供又は技術指導等を実施するとともに、福祉・介護職員の能力評価を行う。 ※当該取組の内容について以下に記載すること<br>（例）<br>・個別の希望に基づく研修計画を作成し、年●回以上 ●●研修をオンラインで受講させる。<br>・月2回ランチミーティングを行い、業務の中での気づきの共有やお互いへのフィードバックを行う。 | ← |
| | | □ | ② | 資格取得のための支援の実施　　※当該取組の内容について以下に記載すること<br>（例）<br>・実務経験が3年以上の介護職員に対し、実務者研修の受講費用として、〇〇万円を支給<br>・介護福祉士国家試験対策として、法人内で資格取得のための研修会を実施 | ← |
| ロ | イについて、全ての福祉・介護職員に周知している。 | | |

⇒上記が「✗」の場合、令和6年度中の実施を誓約すること。　| ☑ | 令和6年度中（令和7年3月末まで）に研修等に係る計画を策定し、研修の実施又は研修機会の確保を行います。 | 〇 |

## （5）キャリアパス要件 III　【新加算 I～III、V(1)・(3)・(8)、旧処遇 I】

### キャリアパス要件 III（昇給の仕組みの整備等）

| ☑ 次のイとロの両方の基準を満たす。 | ← 〇 |

| イ | 福祉・介護職員について、経験若しくは資格等に応じて昇給する仕組み又は一定の基準に基づき定期に昇給を判定する仕組みを設けている。 | | |
| | 具体的な仕組みの内容（該当するものの全てにチェック（✔）すること。） | ☑ | ① | 経験に応じて昇給する仕組み<br>※「勤続年数」や「経験年数」などに応じて昇給する仕組みを指す。 |
| | | □ | ② | 資格等に応じて昇給する仕組み<br>※「介護福祉士」や「実務者研修修了者」などの取得に応じて昇給する仕組みを指す。ただし、介護福祉士資格を有して就業する者についても昇給が図られる仕組みであることを要する。 |
| | | □ | ③ | 一定の基準に基づき定期に昇給を判定する仕組み<br>※「実技試験」や「人事評価」などの結果に基づき昇給する仕組みを指す。ただし、客観的な評価基準や昇給条件が明文化されていることを要する。 |
| ロ | イについて、全ての福祉・介護職員に周知している。 | | |

| □ |

！チェックボックスにチェック（✔）するだけでなく、右側の自由記載欄に具体的な内容を記載してください。また、自由記載欄に記載した場合は、左側のチェックボックスにチェック（✔）を入れてください。

！チェックボックスにチェック（✔）するだけでなく、右側の自由記載欄に具体的な内容を記載してください。また、自由記載欄に記載した場合は、左側のチェックボックスにチェック（✔）を入れてください。

## （6）キャリアパス要件Ⅳ　【新加算Ⅰ・Ⅱ、Ⅴ(1)～(7)・(9)・(10)・(12)、旧特定Ⅰ・Ⅱ】

**キャリアパス要件Ⅳ（改善後の賃金要件）⇒以下の欄が「○」の場合、要件を満たしている。**

| 旧特定加算Ⅰ・Ⅱの要件（4・5月） | 賃金改善額が月額平均8万円以上又は改善後の賃金が年額440万円以上となる者の数 | 0 | ⇦ | × |
| | キャリアパス要件Ⅳを「満たす」とした事業所数（短期入所・予防・総合事業での重複を除く。） | 1 | | |
| 新加算Ⅰ・Ⅱ、Ⅴ(1)～(7)・(9)・(10)・(12)の要件（6月以降） | 賃金改善額が月額平均8万円以上又は改善後の賃金が年額440万円以上となる者の数 | 1 | ⇦ | ○ |
| | キャリアパス要件Ⅳを「満たす」とした事業所数（短期入所・予防・総合事業での重複を除く。） | 1 | | |

**⇒上記のいずれかまたは全てに「×」が付いた場合、この欄に記入すること**　　○

「月額平均8万円の処遇改善又は改善後の賃金が年額440万円以上となる者」を設定できない場合その理由

- [✓] 小規模事業所等で加算額全体が少額であるため。
- [ ] 職員全体の賃金水準が低く、直ちに月額平均8万円まで賃金を引き上げることが困難であるため。
- [ ] 月額平均8万円等の賃金改善を行うに当たり、これまで以上に事業所内の階層や役職にある者に求められる能力や処遇を明確化することが必要であり、規程の整備や研修・実務経験の蓄積などに一定期間を要するため。
- [ ] その他（　　　　　　　　　　　　　　　　　　　　　　　　　　　　　　　　　　　　　　　　　　　　　　　　　　　　　）

## （7）キャリアパス要件Ⅴ　【新加算Ⅰ、Ⅴ(1)・(2)・(5)・(7)・(10)、旧特定Ⅰ】

**キャリアパス要件Ⅴ（配置等要件）⇒以下の欄が「○」の場合、要件を満たしている。**

| 旧特定加算Ⅰの要件（4・5月） | ⇨ | ○ |
| 新加算Ⅰ、Ⅴ(1)・(2)・(5)・(7)・(10)の要件（6月以降） | | ○ |

## （8）職場環境等要件

**【新加算Ⅰ・Ⅱ、Ⅴ(1)～(7)・(9)・(10)・(12)又は旧特定Ⅰ・Ⅱを算定する場合】**　　該当

⇒ 届出に係る計画の期間中に実施する事項について、チェック（✔）すること。複数の取組を行い、「入職促進に向けた取組」、「資質の向上やキャリアアップに向けた支援」、「両立支援・多様な働き方の推進」、「腰痛含む心身の健康管理」、「生産性向上のための業務改善の取組」、「やりがい・働きがいの醸成」の**6区分から任意で3つの区分を選択し、選択した区分でそれぞれ1つ以上の取組を行うこと。**

| 区分 | 内容 | ○ |
|---|---|---|
| 入職促進に向けた取組 | [✓] 法人や事業所の経営理念や支援方針・人材育成方針、その実現のための施策・仕組みなどの明確化 | |
| | [ ] 事業者の共同による採用・人事ローテーション・研修のための制度構築 | |
| | [ ] 他産業からの転職者、主婦層、中高年齢者等、経験者・有資格者等にこだわらない幅広い採用の仕組みの構築 | |
| | [ ] 職業体験の受入れや地域行事等への参加や主催による職業魅力度向上の取組の実施 | |
| 資質の向上やキャリアアップに向けた支援 | [ ] 働きながら介護福祉士取得を目指す者に対する実務者研修受講支援や、より専門性の高い支援技術を取得しようとする者に対する喀痰吸引研修、強度行動障害支援者養成研修、サービス提供責任者研修、中堅職員に対するマネジメント研修の受講支援等 | |
| | [ ] 研修の受講やキャリア段位制度と人事考課との連動 | |
| | [ ] エルダー・メンター（仕事やメンタル面のサポート等をする担当者）制度等導入 | |
| | [ ] 上位者・担当者等によるキャリア面談など、キャリアアップ等に関する定期的な相談の機会の確保 | |
| 両立支援・多様な働き方の推進 | [ ] 子育てや家族等の介護等と仕事の両立を目指す者のための休業制度等の充実、事業所内託児施設の整備 | |
| | [ ] 職員の事情等の状況に応じた勤務シフトや短時間正規職員制度の導入、職員の希望に即した非正規職員から正規職員への転換の制度等の整備 | |
| | [ ] 有給休暇が取得しやすい環境の整備 | |
| | [ ] 業務や福利厚生制度、メンタルヘルス等の職員相談窓口の設置等相談体制の充実 | |
| | [ ] 障害を有する者でも働きやすい職場環境の構築や勤務シフトの配慮 | |
| 腰痛を含む心身の健康管理 | [✓] 福祉・介護職員の身体の負担軽減のための介護技術の修得支援、介護ロボットやリフト等の介護機器等導入及び研修等による腰痛対策の実施 | |
| | [ ] 短時間勤務労働者も受診可能な健康診断・ストレスチェックや、従業員のための休憩室の設置等健康管理対策の実施 | |
| | [ ] 雇用管理改善のための管理者に対する研修等の実施 | |
| | [ ] 事故・トラブルへの対応マニュアル等の作成等の体制の整備 | |
| 生産性向上のための業務改善の取組 | [✓] タブレット端末やインカム等のICT活用や見守り機器等の介護ロボットやセンサー等の導入による業務量の縮減 | |
| | [✓] 高齢者の活躍（居室やフロアの掃除、食事の配膳・下膳などのほか、経理や労務、広報なども含めた介護業務以外の業務の提供）等による役割分担の明確化 | |
| | [ ] 5S活動（業務管理の手法の1つ。整理・整頓・清掃・清潔・躾の頭文字をとったもの）等の実施による職場環境の整備 | |
| | [ ] 業務手順書の作成や、記録・報告様式の工夫等による情報共有や作業負担の軽減 | |
| やりがい・働きがいの醸成 | [ ] ミーティング等による職場内コミュニケーションの円滑化による個々の福祉・介護職員の気づきを踏まえた勤務環境やケア内容の改善 | |
| | [ ] 地域包括ケアの一員としてのモチベーション向上に資する、地域の児童・生徒や住民との交流の実施 | |
| | [ ] 利用者本位の支援方針など障害福祉や法人の理念等を定期的に学ぶ機会の提供 | |
| | [ ] 支援の好事例や、利用者やその家族からの謝意等の情報を共有する機会の提供 | |

**【見える化要件】**　【新加算Ⅰ・Ⅱ、Ⅴ(1)～(7)・(9)・(10)・(12)、旧特定Ⅰ・Ⅱ】

・ 実施する周知方法について、チェック（✔）すること。なお、令和6年度中の見込みでも差し支えない。　　○

| ホームページへの掲載 | [✓] 職場環境等要件の25項目のうち、実施する取組項目の「障害福祉サービス等情報公表システム」での選択 |
| | [ ] 職場環境等要件の25項目のうち、実施する取組項目の自社のホームページへの掲載 |

## 4　要件を満たすことの確認・証明

・　以下の点を確認し、満たしている項目に全てチェック（✔）すること。

| | 確認事項 | 証明する資料の例（指定権者からの求めに応じて提出） | ○ |
|---|---|---|---|
| ✔ | 処遇改善加算等として給付される額は、職員の賃金改善のために全額支出します。また、処遇改善加算等による賃金改善以外の部分で賃金水準を引き下げません。 | 就業規則、給与規程、給与明細等 | |
| ✔ | 令和7年度に繰り越す額（2(1)①ⅰア）がある場合は、全額、令和7年度の更なる賃金改善に充てます。期間中に事業所が休廃止した場合には、一時金等により福祉・介護職員その他の職員の賃金として配分します。 | 就業規則、給与規程、給与明細等 | |
| ✔ | キャリアパス要件Ⅰ～Ⅲのうち、満たす必要のある項目について、証明となる書面を作成し、職員に周知しました。また、計画書の提出時点で書面の準備ができていない場合は、令和6年度中（令和7年3月末まで）に書面を整備します。 | 就業規則、給与規程、資質向上のための計画等 | |
| ✔ | 労働基準法、労働災害補償保険法、最低賃金法、労働安全衛生法、雇用保険法その他の労働に関する法令に違反し、罰金以上の刑に処せられていません。 | ― | |
| ✔ | 労働保険料の納付が適正に行われています。 | 労働保険関係成立届、確定保険料申告書 | |
| ✔ | 本計画書の内容を雇用する全ての職員に対して周知しました。 | 会議録、周知文書 | |

※　各証明資料は、指定権者からの求めがあった場合には、速やかに提出すること。
※　本様式への虚偽記載のほか、旧3加算及び新加算の請求に関して不正があった場合並びに指定権者からの求めに応じて書類の提出を行うことができなかった場合は、障害福祉サービス等報酬の返還や指定取消となる場合がある。

| | ○ |
|---|---|

本処遇改善計画書の記載内容・確認事項の内容に間違いありません。
記載内容を証明する資料を適切に保管することを誓約します。

令和　6　年　○　月　○　日　　法人名　○○ケアサービス
　　　　　　　　　　　　　　　　　代表者　職名　代表取締役　　氏名　厚労　花子

## （確認用）　提出前のチェックリスト

（参考）本様式で一括して提出する事業所の数

・　以下の項目にオレンジ色の「×」がないか、提出前に確認すること。「×」がある場合、当該項目の記載を修正すること。
※　空欄が表示される項目は、記入が不要であるため対応する必要はない。

| 3 |
|---|

| 2　賃金改善計画について | | |
|---|---|---|
| | 令和7年度への繰越し見込額が令和6年度に増加する加算の見込額を超える計画となっている | |
| (1) | 令和7年度に繰り越す額を除いた加算額以上の賃金改善を行う計画となっている | ○ |
| | 令和6年度に増加する加算の見込額を超える賃金改善を行う計画となっている | ○ |
| (2) | 加算以外の部分で賃金水準を引き下げないことを誓約している | ○ |
| (3) | 賃金改善を行う賃金項目及び方法を記載している | ○ |

| 3　福祉・介護職員等処遇改善加算等の要件について | | | |
|---|---|---|---|
| (1) | 月額賃金改善要件Ⅱ | 旧ベースアップ等加算相当の2/3以上の新規の月額賃金改善を行う計画になっていること | |
| (2) | 月額賃金改善要件Ⅲ | 令和5年度から継続して旧ベースアップ等加算を算定する事業所について、令和5年度以前からの賃金改善の取組の継続を誓約していること | ○ |
| | | 令和6年4・5月から新規に旧ベースアップ等加算を算定する事業所について、旧ベア加算額以上の新規の賃金改善を行う計画になっていること | ○ |
| | | 福祉・介護職員について、賃金改善の見込額の2/3以上が、ベースアップ等に充てられる計画になっていること | ○ |
| | | その他の職種について、賃金改善の見込額の2/3以上が、ベースアップ等に充てられる計画になっていること | ○ |
| (3) | キャリアパス要件Ⅰ・Ⅱ | キャリアパス要件Ⅰ（任用要件・賃金体系の整備等）とキャリアパス要件Ⅱ（研修の実施等）の両方を満たすこと。ただし、満たさない場合は、令和6年度中（令和7年3月末まで）に福祉・介護職員の任用要件・賃金体系を定めること及び研修に係る計画を策定し、研修の実施又は研修機会の確保を行うことを誓約すること | |
| | | キャリアパス要件Ⅰ（任用要件・賃金体系の整備等）とキャリアパス要件Ⅱ（研修の実施等）のどちらかを満たすこと。ただし、満たさない場合は、令和6年度中（令和7年3月末まで）に福祉・介護職員の任用要件・賃金体系を定めること又は研修に係る計画を策定し、研修の実施又は研修機会の確保を行うことを誓約すること | |
| (4) | キャリアパス要件Ⅲ | キャリアパス要件Ⅲ（昇給の仕組みの整備等）を満たすこと。ただし、満たさない場合は、令和6年度中（令和7年3月末まで）に昇給の仕組みを整備することを誓約していること | ○ |
| (5) | キャリアパス要件Ⅳ | 賃金改善額が月額平均8万円以上又は改善後の賃金が年額440万円以上となる者の数が事業所あたり1以上となるような計画になっていること。ただし、満たさない場合は、小規模事業所等である等の理由を記載すること | |
| (6) | キャリアパス要件Ⅴ | キャリアパス要件Ⅴ（配置等要件）を満たすこと | ○ |
| (7) | 職場環境等要件 | 新加算等の区分ごとに必要な数以上の職場環境等要件の取組を行っていること | ○ |
| | | 情報公表システム等での見える化要件を満たすこと | ○ |

| 4　要件を満たすことの確認・証明 | |
|---|---|
| ・ | 必要な項目が全て選択されていること | ○ |
| ・ | 誓約・記名が行われていること | ○ |

令和7年度に繰り越す額（2（1）①ⅰア）がない場合は、この欄へのチェック（✓）は不要です。

空欄が表示される項目は、記入が不要のため、
対応する必要はありません。

## ●別紙様式6-2　事業所個票　事業所個票1

| 提出先 | 東京都 |
|---|---|

### （1）基本情報

| 障害福祉サービス等事業所番号 | 指定権者名 | 事業所の所在地 | 事業所名 | サービス名 | 障害福祉サービス等報酬総額［円／月］ | 処遇改善加算等総額［円／月］ | 処遇等除く総額［円／月］ |
|---|---|---|---|---|---|---|---|
| 1334567890 | 東京都 | 千代田区 | 障害福祉事業所名称０１ | 施設入所支援 | 2,250,000 | 400,000 | 1,850,000 |

### （2）新加算への推奨の移行パターン

| R5年度末（R6.3時点）の算定状況 ||||
|---|---|---|---|
| 処遇加算Ⅰ | 特定加算Ⅰ | ベア加算なし | 合計 |
| 8.6% | 2.1% | 0.0% | 10.7% |

⇒（3）のボタンからそれぞれの要件の充足予定を選択してください。

（参考）算定対象月が令和6年4月～令和7年3月まで以外の場合は、以下に算定対象月を入力してください。

令和 6 年 4 月 ～令和 7 年 3 月 （ 12 ヵ月）

**パターンA**

| 新加算Ⅰ 15.9% | 交付金を取得する場合、4月からベア加算の算定が必要。その場合、6月以降は自然と新加算Ⅰに移行可能。 |
|---|---|

**パターンB**

| 新加算Ⅴ（1）13.1% | 4月からベア加算を算定せず、6月から月額賃金改善要件Ⅱも満たさない場合、Ⅴ（1）となる。なお、R7年度以降は月額賃金改善要件Ⅱが必要。 |
|---|---|

### （3）令和6年4月以降の各要件の充足予定

| | | R6.3まで | R6.4～R6.5 | R6.6～R7.3 |
|---|---|---|---|---|
| 月額賃金改善要件Ⅱ（Ⅲ） | 前年度と比較して、旧ベースアップ等加算相当の加算額の3分の2以上の新たな基本給等の改善（月給の引上げ）を行う。 | 満たす／✓満たさない | ●満たす／○満たさない | ●満たす／○満たさない |
| キャリアパス要件Ⅰ（任用要件・賃金体系の整備等） | 福祉・介護職員について、職位、職責又は職務内容等に応じた任用等の要件を定め、それらに応じた賃金体系を整備する。 | ✓ⅠとⅡともに満た／ⅠとⅡのいずれか満たす／ⅠとⅡともに満たさない | ●満たす／○令和6年度中に満たすことを誓約／○満たさない | ●満たす／○令和6年度中に満たすことを誓約／○満たさない |
| キャリアパス要件Ⅱ（研修の実施等） | 福祉・介護職員の資質向上の目標や具体的な計画を策定し、a 研修機会の提供、技術指導等又はb 資格取得の支援（シフト調整、休暇の付与、費用の援助等）を実施する。 | ✓ⅠとⅡともに満た／ⅠとⅡのいずれか満たす／ⅠとⅡともに満たさない | ●満たす／○令和6年度中に満たすことを誓約／○満たさない | ●満たす／○令和6年度中に満たすことを誓約／○満たさない |
| キャリアパス要件Ⅲ（昇給の仕組みの整備等） | 福祉・介護職員について a 経験に応じて昇給する仕組み、b 資格等に応じて昇給する仕組み、c 一定の基準に基づき定期に昇給を判定する仕組み のいずれかを整備する。 | ✓満たす／満たさない | ●満たす／○令和6年度中に満たすことを誓約／○満たさない | ●満たす／○令和6年度中に満たすことを誓約／○満たさない |
| キャリアパス要件Ⅳ（改善後の賃金要件） | 賃金改善後の賃金の見込額が年額440万円以上又は月額8万円以上の賃金改善が1人以上（経験・技能のある福祉・介護職員）。 | ✓満たす／満たさない | ●満たす／⇒要件を満たす職員数 0／○満たさない | ●満たす／⇒要件を満たす職員数 1／○満たさない |
| キャリアパス要件Ⅴ（介護福祉士の配置等） | 対象加算なし（自動的に要件を満たす） | ✓満たす／満たさない | ●満たす／⇒対象加算なし／○満たさない | ●満たす／⇒対象加算なし／○満たさない |
| 職場環境等要件の上位区分 | 6つの区分から任意の3つの区分を選択し、区分ごとにそれぞれ1つ以上の取組を行う。 | ✓満たす／満たさない | ●満たす／○満たさない | ●満たす／○満たさない |

### （4）令和6年4月以降の加算区分（（3）の状況に基づき自動表示）

| | R6.4～R6.5 ||||
|---|---|---|---|---|
| 加算区分 | 処遇加算Ⅰ | 特定加算Ⅰ | ベア加算 | 合計 |
| 加算率 | 8.6% | 2.1% | 2.8% | 13.5% |
| 加算の見込額 | 318,200 円（159,100円／月） | 77,700 円（38,850円／月） | 103,600 円（51,800円／月） | 499,500 円（249,750円／月） |

※ 2か月分の加算額

| R6.6～R7.3 |
|---|
| 新加算Ⅰ |
| 15.9% |
| 2,941,500 円（294,150円／月） |

※ 10か月分の加算額

【記入上の注意】

・ はじめに、「（1）基本情報」の ▢薄橙色 のセルを埋めてください。

・ 「（2）新加算への推奨の移行パターン」では、▢緑色 ▢水色 ▢黄色
  令和5年度末（令和6年3月時点）の処遇改善加算等の算定状況を選択すると、
  事業所の状況に応じて、「パターンA」から「パターンC」までの、新加算への推奨の移行パターンが表示されます。
  印刷範囲外の「要件（早見表）」に、それぞれの加算区分を算定した場合の要件が表示されますので、
  ご参考にしてください。（「〇」は満たす必要がある要件。「△」は2つのうちいずれかを満たせばよいもの。）

・ 次に、「（3）令和6年4月以降の各要件の充足予定」で、令和6年4・5月と令和6年6月以降に、
  それぞれ各要件を「満たす」か「満たさない」かを選択してください。
  キャリアパス要件Ⅳとキャリアパス要件Ⅴを「満たす」とした場合は、▢薄橙色 のセルを埋めてください。

・ （3）で選択した内容に基づき「（4）令和6年4月以降の加算区分」が自動で切り替わり、
  加算の見込額などが別紙様式6-1に転記されます。区分を変更したい場合は、（3）で選択する項目を変えてください。

**コメント**

（2）を入力すると、自動的にパターンが算出され、移行できる新加算区分が表示されます。

**コメント**

ここでは「令和6年4月・5月」に満たしている要件と、「令和6年6月以降」に満たしている要件を記載します。

自治体に提出する体制届出（体制等状況一覧表）の記入や、介護給付費等の請求は、この加算区分で行ってください。加算区分を変更したい場合は、（3）の選択肢を変更してください。

**コメント**

最終的にどの加算に移行されるかがここに表示されます。

# ●別紙様式6-2　事業所個票　事業所個票2

| 提出先 | 東京都 |
|---|---|

## （1）基本情報

| 障害福祉サービス等事業所番号 | 指定権者名 | 事業所の所在地 | 事業所名 | サービス名 | 障害福祉サービス等報酬総額[円／月] | 処遇改善加算等総額[円／月] | 処遇等除く総総額[円／月] |
|---|---|---|---|---|---|---|---|
| 1334567890 | 東京都 | 東京都　千代田区 | 障害福祉事業所名称02 | 生活介護 | 3,850,000 | 800,000 | 3,050,000 |

## （2）新加算への推奨の移行パターン

| R5年度末（R6.3時点）の算定状況 | | | |
|---|---|---|---|
| 処遇加算Ⅲ | 特定加算なし | ベア加算 | 合計 |
| 1.8% | 0.0% | 1.1% | 2.9% |

⇒（3）のボタンからそれぞれの要件の充足予定を選択してください。

（参考）算定対象月が令和6年4月～令和7年3月まで以外の場合は、以下に算定対象月を入力してください。

令和　6　年　4　月　～令和　7　年　3　月　（12　カ月）

**パターンA**

| 新加算Ⅲ |
|---|
| 6.7% |

キャリアパス要件Ⅰ～Ⅲを「R6年度中の対応の誓約」で満たし、4月から旧処遇加算Ⅰを算定。その場合、6月以降は自然と新加算Ⅲに移行可能。さらに、新加算Ⅱへの移行も推奨。

**パターンB**

| 新加算Ⅳ |
|---|
| 5.5% |

キャリアパス要件Ⅰ・Ⅱを「R6年度中の対応の誓約」で満たし、4月から旧処遇加算Ⅱを算定可。その場合、6月以降は自然と新加算Ⅳに移行可能。

**パターンC**

| 新加算Ⅴ（13） |
|---|
| 4.1% |

誓約をしなくても（13）は算定可。ただし、R7年度以降、キャリアパス要件Ⅰ・Ⅱは必須であり、いずれにせよR6年度中の対応は必要なため、より加算率が高い新加算Ⅳを推奨。

## （3）令和6年4月以降の各要件の充足予定

| | | R6.3まで | R6.4～R6.5 | R6.6～R7.3 |
|---|---|---|---|---|
| キャリアパス要件Ⅰ（任用要件・賃金体系の整備等） | 福祉・介護職員について、職位、職責又は職務内容等に応じた任用等の要件を定め、それらに応じた賃金体系を整備する。 | ☐ ⅠとⅡともに満たす ✓ ⅠとⅡのいずれか満たす ☐ ⅠとⅡともに満たさない | ● 満たす ☐ 令和6年度中に満たすことを誓約 ☐ 満たさない | ● 満たす ☐ 令和6年度中に満たすことを誓約 ☐ 満たさない |
| キャリアパス要件Ⅱ（研修の実施等） | 福祉・介護職員の資質向上の目標や具体的な計画を策定し、a 研修機会の提供、技術指導等又は b 資格取得の支援（シフト調整、休暇の付与、費用の援助等）を実施する。 | ☐ ⅠとⅡともに満たす ✓ ⅠとⅡのいずれか満たす ☐ ⅠとⅡともに満たさない | ● 満たす ☐ 令和6年度中に満たすことを誓約 ☐ 満たさない | ● 満たす ☐ 令和6年度中に満たすことを誓約 ☐ 満たさない |
| キャリアパス要件Ⅲ（昇給の仕組みの整備等） | 福祉・介護職員について a 経験に応じて昇給する仕組み、b 資格等に応じて昇給する仕組み、c 一定の基準に基づき定期に昇給を判定する仕組み のいずれかを整備する。 | ☐ 満たす ✓ 満たさない | ● 満たす ☐ 令和6年度中に満たすことを誓約 ☐ 満たさない | ● 満たす ☐ 令和6年度中に満たすことを誓約 ☐ 満たさない |
| キャリアパス要件Ⅳ（改善後の賃金要件） | 賃金改善後の賃金の見込額が年額440万円以上又は月額8万円以上の賃金改善が1人以上（経験・技能のある福祉・介護職員）。 | ☐ 満たす ✓ 満たさない | ☐ 満たす ☐ 要件を満たす職員数　0 ● 満たさない | ☐ 満たす ⇒ 要件を満たす職員数 ● 満たさない |
| キャリアパス要件Ⅴ（介護福祉士の配置等） | 福祉専門職員配置等加算を算定する。 | ☐ 満たす ✓ 満たさない | ☐ 満たす ☐ 対象加算なし ● 満たさない | ☐ 満たす ⇒ 対象加算なし ● 満たさない |
| 職場環境等要件の上位区分 | 6つの区分から任意の3つの区分を選択し、区分ごとにそれぞれ1つ以上の取組を行う。 | ☐ 満たす ✓ 満たさない | ☐ 満たす ● 満たさない | ☐ 満たす ● 満たさない |

## （4）令和6年4月以降の加算区分（（3）の状況に基づき自動表示）

| R6.4～R6.5 | | | | | R6.6～R7.3 |
|---|---|---|---|---|---|
| 加算区分 | 処遇加算Ⅰ | 特定加算なし | ベア加算 | 合計 | 新加算Ⅲ |
| 加算率 | 4.4% | 0.0% | 1.1% | 5.5% | 6.7% |
| 加算の見込額 | 268,400 円（134,200円/月） | 0 円（0円/月） | 67,100 円（33,550円/月） | 335,500 円（167,750円/月） | 2,043,500 円（204,350円/月） |

※　2 か月分の加算額　　　　　　　　　　　　　　　　　　　　　　　　　　　　　　　　　　　　　　　　　　※　10 か月分の加算額

自治体に提出する体制届出（体制等状況一覧表）の記入や、介護給付費等の請求は、この加算区分で行ってください。加算区分を変更したい場合は、（3）の選択肢を変更してください。

## ●別紙様式6-2　事業所個票　事業所個票3

| | 提出先 | 東京都 |
|---|---|---|

### （1）基本情報

| 障害福祉サービス等事業所番号 | 指定権者名 | 事業所の所在地 | | 事業所名 | サービス名 | 障害福祉サービス等報酬総額[円/月] | 処遇加算等総額[円/月] | 処遇等除く総額[円/月] |
|---|---|---|---|---|---|---|---|---|
| 1334567892 | 東京都 | 東京都 | 中央区 | 障害福祉事業所名称O3 | 就労継続支援A型 | 4,250,000 | 800,000 | 3,450,000 |

### （2）新加算への推奨の移行パターン

| R5年度末（R6.3時点）の算定状況 | | | |
|---|---|---|---|
| 処遇加算Ⅲ | 特定加算なし | ベア加算なし | 合計 |
| 2.3% | 0.0% | 0.0% | 2.3% |

⇒（3）のボタンからそれぞれの要件の充足予定を選択してください。

（参考）算定対象月が令和6年4月～令和7年3月まで以外の場合は、算定対象月を入力してください。

令和 6 年 4 月 ～令和 7 年 3 月 （ 12 ヵ月 ）

**パターンA**

| 新加算Ⅳ | キャリアパス要件Ⅰ・Ⅱを「R6年度中の対応の誓約」で満たし、4月から旧処遇加算Ⅱを算定可。加えて、交付金取得のため4月からベア加算を算定することで、6月以降、新加算Ⅳに移行可能。 |
|---|---|
| 6.3% | |

**パターンB**

| 新加算Ⅴ（11） | キャリアパス要件Ⅰ・Ⅱを「R6年度中の対応の誓約」で満たし、4月から旧処遇加算Ⅱを算定可。その上で、4月からベア加算を算定せず、6月も月額賃金改善要件Ⅱも満たさない場合、Ⅴ（11）となる。 |
|---|---|
| 5.0% | |

**パターンC**

| 新加算Ⅴ（14） | 誓約をしなくてもⅤ（14）は算定可。ただし、R7年度以降、キャリアパス要件Ⅰ・Ⅱは必須であり、いずれにせよR6年度中の対応は必要なため、より加算率が高い新加算Ⅳ又はⅤ（11）を推奨。 |
|---|---|
| 3.2% | |

### （3）令和6年4月以降の各要件の充足予定

| | | R6.3まで | R6.4～R6.5 | R6.6～R7.3 |
|---|---|---|---|---|
| 月額賃金改善要件Ⅱ（Ⅲ） | 前年度と比較して、旧ベースアップ等加算相当の加算額の3分の2以上の新たな基本給等の改善（月給の引上げ）を行う。 | ○満たす ✓満たさない | ◉満たす ○満たさない | ◉満たす ○満たさない |
| キャリアパス要件Ⅰ（任用要件・賃金体系の整備等） | 福祉・介護職員について、職位、職責又は職務内容等に応じた任用等の要件を定め、それらに応じた賃金体系を整備する。 | ○ⅠとⅡともに満たす ✓ⅠとⅡのいずれか満たす ○ⅠとⅡともに満たさない | ◉満たす ○令和6年度中に満たすことを誓約 ○満たさない | ◉満たす ○令和6年度中に満たすことを誓約 ○満たさない |
| キャリアパス要件Ⅱ（研修の実施等） | 福祉・介護職員の資質向上の目標や具体的な計画を策定し、a 研修機会の提供、技術指導等又はb 資格取得の支援（シフト調整、休暇の付与、費用の援助等）を実施する。 | ○ⅠとⅡともに満たす ✓ⅠとⅡのいずれか満たす ○ⅠとⅡともに満たさない | ◉満たす ○令和6年度中に満たすことを誓約 ○満たさない | ◉満たす ○令和6年度中に満たすことを誓約 ○満たさない |
| キャリアパス要件Ⅲ（昇給の仕組みの整備等） | 福祉・介護職員について a 経験に応じて昇給する仕組み、b 資格等に応じて昇給する仕組み、c 一定の基準に基づき定期に昇給を判定する仕組み のいずれかを整備する。 | ○満たす ✓満たさない | ○満たす ◉令和6年度中に満たすことを誓約 ○満たさない | ○満たす ◉令和6年度中に満たすことを誓約 ○満たさない |
| キャリアパス要件Ⅳ（改善後の賃金要件） | 賃金改善後の賃金の見込みが年額440万円以上又は月額8万円以上の賃金改善が1人以上（経験・技能のある福祉・介護職員）。 | ○満たす ✓満たさない | ○満たす ⇒要件を満たす職員数 ◉満たさない | ○満たす ⇒要件を満たす職員数 ◉満たさない |
| キャリアパス要件Ⅴ（介護福祉士の配置等） | 福祉専門職員配置等加算を算定する。 | ○満たす ✓満たさない | ○満たす ⇒ ◉満たさない | ○満たす ⇒ ◉満たさない |
| 職場環境等要件の上位区分 | 6つの区分から任意の3つの区分を選択し、区分ごとにそれぞれ1つ以上の取組を行う。 | ○満たす ✓満たさない | ○満たす ◉満たさない | ◉満たす ○満たさない |

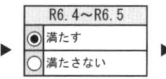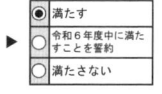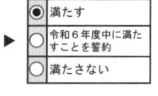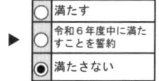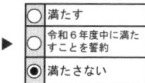

### （4）令和6年4月以降の加算区分（（3）の状況に基づき自動表示）

| | R6.4～R6.5 | | | | R6.6～R7.3 | |
|---|---|---|---|---|---|---|
| 加算区分 | 処遇加算Ⅱ | 特定加算なし | ベア加算 | 合計 | 新加算Ⅳ | 自治体に提出する体制届出（体制等状況一覧表）の記入や、介護給付費の請求は、この加算区分で行ってください。加算区分を変更したい場合は、（3）の選択肢を変更してください。 |
| 加算率 | 4.1% | 0.0% | 1.3% | 5.4% | 6.3% | |
| 加算の見込額 | 282,900円（141,450円/月） | 0円（0円/月） | 89,700円（44,850円/月） | 372,600円（186,300円/月） | 2,173,500円（217,350円/月） | |

※ 2か月分の加算額　　　　　　　　　　　　　　　　　　　　　　　　　　※ 10か月分の加算額

# ●別紙様式7−1 （加算未算定事業所） 福祉・介護職員等処遇改善加算等 処遇改善計画書（令和6年度）

※令和6年4月または5月から新たに処遇改善加算を算定し、かつ令和6年6月以降は新加算ⅢまたはⅣを算定する場合に使用。

| | 提出先 | 東京都 |
|---|---|---|

## 1．基本情報

| 障害福祉サービス等事業所番号 | 指定権者名 | 事業所の所在地 | | 一月あたり障害福祉サービス等報酬総額[円] | サービス名 |
|---|---|---|---|---|---|
| 1334567890 | 東京都 | 東京都 | 中央区 | 2,250,000 | 生活介護 |

| 事業所名 | R6.4〜R6.5の処遇加算等の区分（R6.6以降の区分から逆算して自動で入力） | | | | | R6.6以降の新加算の区分（どちらか選択） | | |
|---|---|---|---|---|---|---|---|---|
| ○○ケアセンター | 区分 | 処遇加算Ⅰ | 特定加算なし | ベア加算 | 合計 | ◉ Ⅲ | ○ Ⅳ | |
| | 加算率 | 4.4% | 0.0% | 1.1% | 5.5% | 6.7% | | |

## 2．賃金改善の要件

| 加算の見込額（年額） | 1,705,500 | 円 … ① | |
|---|---|---|---|
| 賃金改善の見込額（年額） | 1,800,000 | 円 … ② | ②は①以上であること |
| ①のうち新加算Ⅳの1/2相当の見込額 | 618,750 | 円 … ③ | |
| ②のうち月額での賃金改善の見込額 | 655,000 | 円 … ④ | ④は③以上であること |

## 3．その他の要件について

・ 以下のそれぞれの項目について、いずれかを選択してください。

(1) 任用要件の整備（福祉・介護職員の任用における職位、職責又は職務内容等の要件）
[ ○既に定めている
◉令和6年度中に定める予定（⇒参考2をご活用ください。）

(2) 賃金体系の整備（(1)の職位、職責又は職務内容等に応じた賃金体系）
[ ○既に定めている
◉令和6年度中に定める予定（⇒参考2をご活用ください。）

(3) 研修計画の策定ならびに研修の実施または研修機会の確保（計画を策定した上で、以下のいずれかを実施）
・ 研修機会の提供又は技術指導等を実施するとともに、福祉・介護職員の能力評価を行う
・ 資格取得のための支援を実施する
[ ◉既に行っている
○令和6年度中に行う予定（⇒参考2をご活用ください。）

(4) 昇級の仕組みの整備（経験・資格等に応じた昇給又は定期昇給の仕組み）【新加算Ⅲのみ】
[ ○既に行っている
◉令和6年度中に行う予定（⇒参考2をご活用ください。）

・ 参考1の職場環境等の改善の取組のうち、いずれか1つ以上にチェック（✓）を入れてください。

## 4．確認事項

以下の内容について内容を確認し、すべてにチェック（✓）を入れてください。

| ☑ | 処遇改善加算等として給付される額は、職員の賃金改善のために全額支出します。また、処遇改善加算等による賃金改善以外の部分で賃金水準を引き下げません。 |
|---|---|
| ☑ | 労働基準法、労働災害補償保険法、最低賃金法、労働安全衛生法、雇用保険法その他の労働に関する法令に違反し、罰金以上の刑に処せられていません。 |
| ☑ | 労働保険料の納付が適正に行われています。 |
| ☑ | 本計画書の内容を雇用する全ての職員に対して周知しました。 |

| 上記の記載内容・確認事項の内容に間違いありません。記載内容を証明する資料を適切に保管することを誓約します。 |
|---|
| 令和 6 年 ○ 月 ○ 日 法人名 ○○ケアサービス 代表者 職名 代表取締役 氏名 厚労 花子 |

**【記入上の注意】**

・記入箇所は 薄橙色 のセルだけです。

・ 薄橙色 のセルは入力が必須です。空欄が残っているとエラーになります。

・濃いオレンジ色のセルに「×」が表示された場合、記入内容が要件を満たしていないか、
未入力の欄があります。修正してください。

O 要件を満たす ✕ 要件を満たさない（または未入力あり）

---

→自治体に提出する「体制届出」に、左記の処遇加算・特定加算・ベア加算・新加算の算定状況を記載してください。本別紙様式7では、令和6年度中の区分の変更など、細かい設定に対応できません。本様式で不十分な場合は、一般事業者向けの様式（別紙様式2など）をご活用ください。

書類の提出先を記入してください。

必ずプルダウンで選択してください。

令和6年6月以降の新加算の区分（Ⅲ・Ⅳ）に応じて自動で入力されます。

令和6年6月以降に算定したい新加算Ⅲ・Ⅳの区分を選択してください。
新加算Ⅲ・Ⅳ以外の区分の算定や、
令和6年度中の区分変更（10月に新加算ⅢからⅣに移行など）を行いたい場合は、
別紙様式2の詳細版の様式をご活用ください。

賃金改善はベースアップ（基本給又は決まって毎月支払われる手当の一律の引上げ）により行うことを基本としてください。ただし、ベースアップのみで行えない場合には、その他の手当、一時金等を組み合わせて実施しても差し支えありません。

②の賃金改善のうち、月給の改善（基本給又は決まって毎月支払われる手当の引上げ）により行う部分の額を記載してください。なお、ベア加算の加算額の2/3相当は、月給の改善に充てる必要がありますので、全額が賞与（一時金）等で配分されることがないようにしてください。

## 事業者・書類作成者の基本情報

| 法人名 | フリガナ<br>名称 | マルマルケアサービス | 法人<br>住所 | 〒 100 － 1234 | | | ◯ |
|---|---|---|---|---|---|---|---|
| | | ◯◯ケアサービス | | 東京都千代田区霞が関1-2-2 ◯◯ビル18F | | | |

| 法人<br>代表者 | 職名 | 代表取締役 | 書類<br>作成者 | フリガナ | コウロウ　タロウ | 電話番号 | 03-XXXX-XXXX |
|---|---|---|---|---|---|---|---|
| | 氏名 | 厚労　花子 | | 氏名 | 厚労　太郎 | E-mail | aaa@aaa.aa.jp |

## 参考1　職場環境等の改善の取組
（以下に掲げる25の取組のうち、全体で1つ以上の取組にチェック（✓）を入れてください。）

| 区分 | 内容 | ◯ |
|---|---|---|
| 入職促進に向けた取組 | ✓ 法人や事業所の経営理念や支援方針・人材育成方針、その実現のための施策・仕組みなどの明確化 | |
| | □ 事業者の共同による採用・人事ローテーション・研修のための制度構築 | |
| | □ 他産業からの転職者、主婦層、中高年齢者等、経験者・有資格者等にこだわらない幅広い採用の仕組みの構築 | |
| | □ 職業体験の受入れや地域行事への参加や主催等による職業魅力向上の取組の実施 | |
| 資質の向上やキャリアアップに向けた支援 | □ 働きながら介護福祉士の取得を目指す者に対する実務者研修受講支援や、より専門性の高い支援技術を取得しようとする者に対する喀痰吸引研修、強度行動障害支援者養成研修、サービス提供責任者研修、中堅職員に対するマネジメント研修の受講支援等 | |
| | □ 研修の受講やキャリア段位制度と人事考課との連動 | |
| | □ エルダー・メンター（仕事やメンタル面のサポート等をする担当者）制度等導入 | |
| | □ 上位者・担当者等によるキャリア面談など、キャリアアップ等に関する定期的な相談の機会の確保 | |
| 両立支援・多様な働き方の推進 | □ 子育てや家族等の介護等と仕事の両立を目指す者のための休業制度等の充実、事業所内託児施設の整備 | |
| | □ 職員の事情等に応じた勤務シフトや短時間正規職員制度の導入、職員の希望に即した非正規職員から正規職員への転換の制度等の整備 | |
| | □ 有給休暇が取得しやすい環境の整備 | |
| | □ 業務や福利厚生制度、メンタルヘルス等の職員相談窓口の設置等相談体制の充実 | |
| | □ 障害を有する者でも働きやすい職場環境の構築や勤務シフトの配慮 | |
| 腰痛を含む心身の健康管理 | □ 福祉・介護職員の身体の負担軽減のための介護技術の修得支援や、介護ロボットやリフト等の介護機器等導入及び研修等による腰痛対策の実施 | |
| | □ 短時間勤務労働者等も受診可能な健康診断・ストレスチェックや、従業員のための休憩室の設置等健康管理対策の実施 | |
| | ✓ 雇用管理改善のための管理者に対する研修等の実施 | |
| | □ 事故・トラブルへの対応マニュアル等の作成等の体制の整備 | |
| 生産性向上のための業務改善の取組 | ✓ タブレット端末やインカム等のICT活用や見守り機器等の介護ロボットやセンサー等の導入による業務量の縮減 | |
| | ✓ 高齢者の活躍（居室やフロア等の掃除、食事の配膳・下膳などのほか、経理や労務、広報なども含めた介護業務以外の業務の提供）等による役割分担の明確化 | |
| | □ 5S活動（業務管理の手法の1つ。整理・整頓・清掃・清潔・躾の頭文字をとったもの）等の実践による職場環境の整備 | |
| | □ 業務手順書の作成や、記録・報告様式等の工夫等による情報共有や作業負担の軽減 | |
| やりがい・働きがいの醸成 | □ ミーティング等による職場内コミュニケーションの円滑化による個々の福祉・介護職員の気づきを踏まえた勤務環境や支援内容の改善 | |
| | □ 地域包括ケアの一員としてのモチベーション向上に資する、地域の児童・生徒や住民との交流の実施 | |
| | □ 利用者本位の支援方針など障害福祉や法人の理念を定期的に学ぶ機会の提供 | |
| | □ 支援の好事例や、利用者やその家族からの謝意等の情報を共有する機会の提供 | |

（参考）令和6年度の新加算等の算定対象月が令和6年4月～令和7年3月
まで以外の場合は、以下に算定対象月を入力してください。

令和 6 年 4 月 ～令和 7 年 3 月 （ 12 ヵ月 ）

（参考）加算の見込額（内訳）

| R6.4～R6.5の処遇加算等の区分 | | | | | R6.6以降の新加算の区分 |
|---|---|---|---|---|---|
| 区分 | 処遇加算Ⅰ | 特定加算なし | ベア加算 | 合計 | 新加算Ⅲ |
| 加算率 | 4.4% | 0.0% | 1.1% | 5.5% | 6.7% |
| 加算見込額 | 198,000 円<br>(99,000円/月) | 0 円<br>(0円/月) | 0 円<br>(0円/月) | 198,000 円<br>(99,000円/月) | 1,507,500 円<br>(150,750円/月) |

令和7年度以降、満たすべき取組の項目や必要な取組の数が変わります（令和6年度中は準備期間）。
詳細は厚生労働省ホームページをご確認ください。

令和6年4月・5月の2か月間の加算額の合計（見込額）を自動で入力

令和6年6月から令和7年3月までの10か月間の加算額の合計（見込額）を自動で入力

## ●別紙様式7-2 （加算未算定事業所） 福祉・介護職員等処遇改善加算等 実績報告書（令和6年度）

| | 提出先 | 東京都 |
|---|---|---|

### 1．基本情報

| 障害福祉サービス等事業所番号 | 指定権者名 | 事業所の所在地 | サービス名 | 事業所名 |
|---|---|---|---|---|
| 1334567890 | 東京都 | 東京都　中央区 | 生活介護 | ○○ケアセンター |

| | R6.4～R6.5 | | | | R6.6以降 |
|---|---|---|---|---|---|
| | 処遇加算等の区分・加算の合計額 | | | | 新加算の区分・加算の合計額 |
| 区分 | 処遇加算Ⅰ | 特定加算なし | ベア加算 | 合計 | 新加算Ⅲ |
| 総加算額[円] | 562,310 | 0 | 102,506 | 664,816 | 3,524,210 |

### 2．賃金改善の要件

（1）加算額以上の賃金改善について（全体）

| 令和6年度の加算額（年額） | 4,189,026 | 円 | … ① | |
|---|---|---|---|---|
| 令和6年度の賃金改善額（年額） | 5,000,000 | 円 | … ② | ②は①以上であること |

◎

（2）加算以外の部分で賃金水準を下げないことについて

| ① | 令和6年度の加算の影響を除いた賃金額 | 319,012,760 | 円 |
|---|---|---|---|
| | （ア）令和6年度の賃金の総額 | 324,012,760 | 円 |
| | （イ）令和6年度の賃金改善額（再掲） | 5,000,000 | 円 |
| ② | 令和5年度の加算及び独自の賃金改善の影響を除いた賃金額（①の額は②の額を下回らないこと） | 310,254,010 | 円 |
| | （ア）令和5年度の賃金の総額 | 323,895,307 | 円 |
| | （イ）令和6年2・3月分の処遇改善支援補助金の総額 | 112,647 | 円 |
| | （ウ）令和5年度の各障害福祉サービス事業者等の独自の賃金改善額 | 13,528,650 | 円 |

### 3．その他の要件について

・ 以下のそれぞれの項目について、チェック（✓）を入れてください。
計画書の時点で実施済みとしたものは表示されません。

（1）任用要件の整備（福祉・介護職員の任用における職位、職責又は職務内容等の要件）
☑ 令和6年度中に行った

（2）賃金体系の整備（（1）の職位、職責又は職務内容等に応じた賃金体系）
☐ 令和6年度中に行った

☐

（4）昇級の仕組みの整備（経験・資格等に応じた昇給又は定期昇給の仕組み）【新加算Ⅲのみ】
☑ 令和6年度中に行った

・ 参考1の職場環境等の改善の取組のうち、いずれか1つ以上にチェック（✓）を入れてください。

> **上記の記載内容・確認事項の内容に間違いありません。**
> **記載内容を証明する資料を適切に保管することを誓約します。**
>
> 令和　7　年　○　月　○　日　　法人名　　　　　　　○○ケアサービス
> 　　　　　　　　　　　　　　　代表者　職名　代表取締役　氏名　厚労　花子

【記入上の注意】

・記入箇所は　 薄橙色 　のセルだけです。

・ 薄橙色 　のセルは入力が必須です。空欄が残っているとエラーになります。

・濃いオレンジ色のセルに「×」が表示された場合、記入内容が要件を満たしていないか、
　未入力の欄があります。修正してください。

　　 O 　要件を満たす　 × 　要件を満たさない（または未入力あり）

この欄をクリックして、令和6年4月・5月に算定した加算区分を選択してください。特定加算・ベア加算についても同様です。

加算の総額は、国民健康保険連合会から送付される「福祉・介護職員処遇改善加算等総額のお知らせ」に基づいて記入してください。特定加算・ベア加算についても同様です。

職員構成が変わった等の事由により、例えば、本年度に入職（退職）した職員と同等の賃金水準の職員が前年度から
在籍していた（いなかった）ものと仮定して計算するなどの方法により、今年度との比較に適した値に修正することが可能。

交付金を取得していない場合は「0」と記入すること。
交付金を取得している場合は国民健康保険団体連合会から送付される「福祉・介護職員処遇改善臨時特例交付金 支払通知書」
及び「福祉・介護職員処遇改善臨時特例交付金 支払内訳書」に基づいて記入すること。

処遇改善加算等に拠らない独自の賃金改善として行っていた取組があれば、この欄にその総額を記入することができる。

## 事業者・書類作成者の基本情報

| 法人名 | フリガナ | マルマルケアサービス | 法人 | 〒 100 － 1234 | | |
|---|---|---|---|---|---|---|
| | 名称 | 〇〇ケアサービス | 住所 | 東京都千代田区霞が関1-2-2 〇〇ビル18F | | |

| 法人代表者 | 職名 | 代表取締役 | 書類作成者 | フリガナ | コウロウ　タロウ | 電話番号 | 03-XXXX-XXXX |
|---|---|---|---|---|---|---|---|
| | 氏名 | 厚労　花子 | | 氏名 | 厚労　太郎 | E-mail | aaa@aaa.aa.jp |

## 参考1　職場環境等の改善の取組

（以下に掲げる25の取組のうち、全体で1つ以上の取組にチェック（✓）を入れてください。）

| 区分 | 内容 | 〇 |
|---|---|---|
| 入職促進に向けた取組 | ✓ 法人や事業所の経営理念や支援方針・人材育成方針、その実現のための施策・仕組みなどの明確化 | |
| | ☐ 事業者の共同による採用・人事ローテーション・研修のための制度構築 | |
| | ☐ 他産業からの転職者、主婦層、中高年齢者等、経験者・有資格者等にこだわらない幅広い採用の仕組みの構築 | |
| | ☐ 職業体験の受入れや地域行事への参加や主催等による職業魅力向上の取組の実施 | |
| 資質の向上やキャリアアップに向けた支援 | ☐ 働きながら介護福祉士等の取得を目指す者に対する実務者研修受講支援や、より専門性の高い支援技術を取得しようとする者に対する喀痰吸引研修、強度行動障害支援者養成研修、サービス提供責任者研修、中堅職員に対するマネジメント研修の受講支援等 | |
| | ☐ 研修の受講やキャリア段位制度と人事考課との連動 | |
| | ☐ エルダー・メンター（仕事やメンタル面のサポート等をする担当者）制度等導入 | |
| | ☐ 上位者・担当者等によるキャリア面談など、キャリアアップに関する定期的な相談の機会の確保 | |
| 両立支援・多様な働き方の推進 | ☐ 子育てや家族等の介護等と仕事の両立を目指す者のための休業制度等の充実、事業所内託児施設の整備 | |
| | ☐ 職員の事情等の状況に応じた勤務シフトや短時間正規職員制度の導入、職員の希望に即した非正規職員から正規職員への転換の制度等の整備 | |
| | ☐ 有給休暇が取得しやすい環境の整備 | |
| | ☐ 業務や福利厚生制度、メンタルヘルス等の職員相談窓口の設置等相談体制の充実 | |
| | ☐ 障害を有する者でも働きやすい職場環境の構築や勤務シフトの配慮 | |
| 腰痛を含む心身の健康管理 | ☐ 福祉・介護職員の身体的な負担軽減のための介護技術の修得支援、介護ロボットやリフト等の介護機器等導入及び研修等による腰痛対策の実施 | |
| | ☐ 短時間勤務労働者等も受診可能な健康診断・ストレスチェックや、従業員のための休憩室の設置等健康管理対策の実施 | |
| | ✓ 雇用管理改善のための管理者に対する研修等の実施 | |
| | ☐ 事故・トラブルへの対応マニュアル等の作成等の体制の整備 | |
| 生産性向上のための業務改善の取組 | ✓ タブレット端末やインカム等のICT活用や見守り機器等の介護ロボットやセンサー等の導入による業務量の縮減 | |
| | ☐ 高齢者の活躍（居室やフロア等の掃除、食事の配膳・下膳などのほか、経理や労務、広報なども含めた介護業務以外の業務の提供）等による役割分担の明確化 | |
| | ☐ 5S活動（業務管理の手法の1つ。整理・整頓・清掃・清潔・躾の頭文字をとったもの）等の実践による職場環境の整備 | |
| | ☐ 業務手順書の作成や、記録・報告様式の工夫等による情報共有や作業負担の軽減 | |
| やりがい・働きがいの醸成 | ☐ ミーティング等による職場内コミュニケーションの円滑化による個々の福祉・介護職員の気づきを踏まえた勤務環境や支援内容の改善 | |
| | ☐ 地域包括ケアの一員としてのモチベーション向上に資する、地域の児童・生徒や住民との交流の実施 | |
| | ☐ 利用者本位の支援方針など障害福祉や法人の理念等を定期的に学ぶ機会の提供 | |
| | ☐ 支援の好事例や、利用者やその家族からの謝意等の情報を共有する機会の提供 | |

## 障害福祉サービス等処遇改善実践報告書
# ●実践報告書（新加算及び旧3加算）作成用 基本情報入力シート

**実績報告書（新加算及び旧3加算）作成用 基本情報入力シート**　　　　R6実績報告書

●はじめに本シート（基本情報入力シート）の黄色セルに入力することで、加算の対象事業所等に関する基本的な情報が、各様式に自動的に転記されます。
【注意】本シートは様式作成用のため、本実績報告書の提出を紙で行う場合、本シートの提出は不要です。ただし、自治体に電子媒体で提出する場合は、本シートを削除せずそのまま提出してください。

●「別紙様式3-1」を完成させるには、「基本情報入力シート」「別紙様式3-2」「別紙様式3-3」から転記される情報が必要です。まずはこれらのシートを完成させてください。

●「別紙様式3-1」に記載する各加算による賃金改善の所要額について、具体的な算出方法は問いませんが、各職員に対し、各加算を原資として行った賃金改善額を積み上げる（足し上げる）などの適切な方法により算出してください。また、「賃金額」を記入する欄には、基本給、手当、賞与等（退職手当を除く。）を含む金額を記入してください。

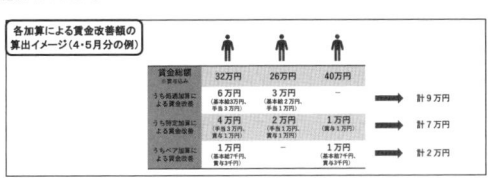

> **コメント**
>
> 令和6年度の処遇改善加算実績報告書は4月・5月の一本化前の計画と、6月以降の一本化後の実績を合わせて記載する書式となっています。
> よって、令和7年度以降はまた書式の変更等が予想されますので、ご留意ください。

**1 提出先に関する情報**
　新加算及び旧3加算の届出に係る提出先（指定権者）の名称を入力してください。
　加算提出先　〇〇市

**2 基本情報**
　下表に必要事項を入力してください。記入内容が別紙様式に反映されます。

| 法人名 | フリガナ | 〇〇ケアサービス | | | |
| | 名称 | 〇〇ケアサービス | | | |
| 法人住所 | 〒 | 100 － 1234 | | | |
| | 住所1（番地・住居番号まで） | 東京都千代田区霞が関1-2-2 | | | |
| | 住所2（建物名等） | 〇〇ビル18F | | | |
| 法人代表者 | 職名 | 代表取締役 | | | |
| | 氏名 | 厚労 花子 | | | |
| 書類作成担当者 | フリガナ | コウロウ タロウ | | | |
| | 氏名 | 厚労 太郎 | | | |
| 連絡先 | 電話番号 | 03-3571-XXXX | | | |
| | E-mail | aaa@aaa.aa.jp | | | |

**3 加算対象事業所に関する情報**
　下表に必要事項を入力してください。記入内容が別紙様式3-2及び3-3に反映されます。

| 通し番号 | 障害保健福祉サービス等事業所番号 | 指定権者名 | 事業所の所在地 | | 事業所名 | サービス名 |
| | | | 都道府県 | 市区町村 | | |
|---|---|---|---|---|---|---|
| 1 | 1314567891 | 東京都 | 東京都 | 千代田区 | 障害福祉事業所名称01 | 居宅介護 |
| 2 | 1314567892 | 東京都 | 東京都 | 豊島区 | 障害福祉事業所名称02 | 居宅介護 |
| 3 | 1314567893 | 東京都 | 東京都 | 世田谷区 | 障害福祉事業所名称03 | 生活介護 |
| 4 | 1314567894 | さいたま市 | 埼玉県 | さいたま市 | 障害福祉事業所名称04 | 就労継続支援B型 |
| 5 | 1314567895 | 千葉市 | 千葉県 | 千葉市 | 障害福祉事業所名称05 | 施設入所支援 |
| 6 | 1314567895 | 千葉市 | 千葉県 | 千葉市 | 障害福祉事業所名称05 | 施設入所支援 |
| 7 | 1314567895 | 千葉市 | 千葉県 | 千葉市 | 障害福祉事業所名称05 | 障害者支援施設:生活介護 |
| 8 | | | | | | |
| 9 | | | | | | |
| 10 | | | | | | |
| 11 | | | | | | |
| 12 | | | | | | |

（厚生労働省ホームページ「福祉・介護職員の処遇改善」より）https://www.mhlw.go.jp/stf/
seisakunitsuite/bunya/hukushi_kaigo/shougaishahukushi/minaoshi/index_00007.html

# ●別紙様式3−1　福祉・介護職員等処遇改善加算等 実践報告書（令和6年度）

別紙様式3−1

| | 提出先 | ○○市 |
|---|---|---|

福祉・介護職員等処遇改善加算等 実績報告書（令和6年度）

## 1 基本情報

| フリガナ | ○○ケアサービス | | |
|---|---|---|---|
| 法人名 | ○○ケアサービス | | |
| 法人所在地 | 〒 100−1234　東京都千代田区霞が関1-2-2　○○ビル18F | | |
| フリガナ | コウロウ タロウ | | |
| 書類作成担当者 | 厚労 太郎 | | |
| 連絡先 | 電話番号 | 03-3571-XXXX | E-mail | aaa@aaa.aa.jp |

## 2 実績報告について

### （1）加算額以上の賃金改善について（全体）

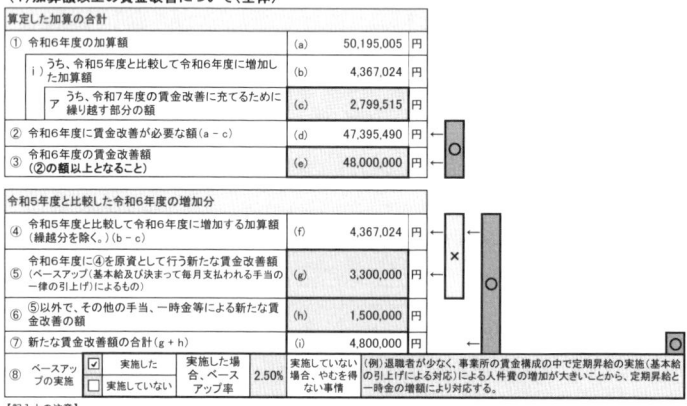

**算定した加算の合計**

| ① 令和6年度の加算額 | | (a) | 50,195,005 | 円 |
|---|---|---|---|---|
| | ⅰ）うち、令和5年度と比較して令和6年度に増加した加算額 | (b) | 4,367,024 | 円 |
| | ア うち、令和7年度の賃金改善に充てるために繰り越す部分の額 | (c) | 2,799,515 | 円 |
| ② 令和6年度に賃金改善が必要な額（a−c） | | (d) | 47,395,490 | 円 |
| ③ 令和6年度の賃金改善額（②の額以上となること） | | (e) | 48,000,000 | 円 |

**令和5年度と比較した令和6年度の増加分**

| ④ 令和5年度と比較して令和6年度に増加した加算額（繰越分を除く。）（b−c） | (f) | 4,367,024 | 円 |
|---|---|---|---|
| ⑤ 令和6年度に④を原資として行う新たな賃金改善額（ベースアップ（基本給又は決まって毎月支払われる手当の一律の引上げ）によるもの） | (g) | 3,300,000 | 円 |
| ⑥ ⑤以外で、その他の手当、一時金等による新たな賃金改善の額 | (h) | 1,500,000 | 円 |
| ⑦ 新たな賃金改善額の合計（g＋h） | (i) | 4,800,000 | 円 |

| ⑧ ベースアップの実施 | ☑実施した　□実施していない | 実施した場合、ベースアップ率 | 2.50% | 実施していない場合、やむを得ない事情 | （例）退職者が少なく、事業所の賃金構成の中で定期昇給の実施（基本給の引上げによる対応）による人件費の増加が大きいことから、定期昇給と一時金の増額により対応する。 |
|---|---|---|---|---|---|

【記入上の注意】

・ (e)・(g)・(h)には、新加算等の算定により実施する福祉・介護職員の賃金改善の額を計算し、記入すること。その際、加算による賃金改善を行った場合の法定福利費等の事業主負担の増加分を含めることができる。

・ (g)は (f) の額以上となること。ただし、ベースアップのみにより行うことができない場合には、その他の手当、一時金を組み合わせて実施しても差し支えない。したがって、(i) の値＝g＋h の合計）が (f) 以上であれば差し支えない。

### （2）加算以外の部分で賃金水準を下げないことについて

| ① 令和6年度の加算の影響を除いた賃金額 | (j) | 296,012,760 | 円 |
|---|---|---|---|
| （ア）令和6年度の賃金の総額 | (k) | 344,012,760 | 円 |
| （イ）令和6年度の賃金改善額（再掲） | (l) | 48,000,000 | 円 |
| ② 令和5年度の加算及び独自の賃金改善の影響を除いた賃金額（①の額は②の額を下回らないこと） | (m) | 294,889,129 | 円 |
| （ア）令和5年度の賃金の総額 | (n) | 321,895,307 | 円 |
| （イ）令和5年度の旧処遇改善加算の総額 | (o) | 15,672,680 | 円 |
| （ウ）令和5年度の旧特定加算の総額 | (p) | 8,379,554 | 円 |
| （エ）令和5年度の旧ベースアップ等加算の総額 | (q) | 2,312,647 | 円 |
| （オ）令和6年2・3月分の処遇改善臨時特例交付金の総額 | (r) | 112,647 | 円 |
| （カ）令和5年度の各障害福祉サービス事業者等の独自の賃金改善額 | (s) | 528,650 | 円 |

【記入上の注意】

・ (n)には、職員構成が変わった等の事由により、例えば、本年度に入職（退職）した職員と同等の賃金水準の職員が前年度から在籍していた（いなかった）ものと仮定して計算するなどの方法により、今年度との比較に修正することが可能である。

・ (o)～(q)は、国民健康保険団体連合会から送付される「福祉・介護職員処遇改善加算等総額のお知らせ」に基づいて記入すること。(r)は、国民健康保険団体連合会から送付される「福祉・介護職員処遇改善臨時特例交付金 支払通知書」及び「福祉・介護職員処遇改善臨時特例交付金 支払内訳書」に基づいて記載すること。

・ ②(s)の独自の賃金改善額とは、令和5年度における独自の賃金改善分（初めて処遇改善加算を取得した年度以降に新たに行ったものに限る。旧3加算そのものの配分を除く。）をいうものであり、新加算等の加算額を超えて賃金改善を行った場合にはその金額も含む。②(s)に計上する金額がある場合には、必ず「2（3）令和6年度の独自の賃金改善（処遇改善加算等の配分以外の独自の賃金額）」欄に支給額、方法等の具体的な賃金改善の内容を記載すること。

**コメント**

令和6年度の賃金総額（処遇改善加算等を除外する）と、令和5年度の賃金総額（処遇改善加算等を除外する）を比較し、処遇改善加算等を算定していない場合でも賃金水準を下げていないかどうかを確認します。

なお、職員構成が変わった等の事由により、例えば、本年度に入職（退職）した職員と同等の賃金水準の職員が前年度から在籍していた（いなかった）ものと仮定して計算するなどの方法により、今年度との比較に適した値に修正することが可能です。

**(3)令和5年度の独自の賃金改善（処遇改善加算等の配分以外の独自の賃金額）**

- 2(2)②(カ)の「令和5年度の各介護サービス事業者等の独自の賃金改善額」に計上する場合は記載すること。

| 独自の賃金改善の具体的な取組内容 | （例）<br>・令和5年度の旧3加算及び補助金を上回るために行った賃金改善（余剰分）　○○○円<br>・加算等を原資としない△△手当の創設・維持に要する費用　○○○円 |
|---|---|
| 独自の賃金改善額の算定根拠 | （例）<br>・基本給の処遇改善加算等を原資とする部分と処遇改善手当の総額（○○○円）から2(2)②イ～オの総額（○○○円）を除して、○○○円<br>・加算等を原資としない△△手当は、対象者○人×○円×12か月＝○○○円 |

## 3　福祉・介護職員等処遇改善加算の要件について

**(1)月額賃金改善要件Ⅱ（旧ベア加算相当の2/3以上の新規の月額賃金改善）【新加算Ⅰ～Ⅳ】**
※新加算Ⅰ～Ⅳを算定するまで旧ベア加算又は新加算Ⅴ(2)・(4)・(7)・(9)・(13)を算定していなかった事業所のみ

| ①新加算への移行に伴い、新たに増加する旧ベースアップ等加算相当の額 | 4,928,000 | 円 |
|---|---|---|
| ②新たに増加する旧ベースアップ等加算相当を原資として実施する新たな賃金改善額（①の額以上となること） | 5,600,500 | 円 |
| うち、ベースアップ等（基本給又は毎月決まって支払われる手当の引上げ）による賃金改善の額（総額） | 3,866,200 | 円 |

（　78.45　）　%　〇

**(2)月額賃金改善要件Ⅲ　【旧ベア加算】※4・5月分のみ**

**【令和5年度にベースアップ等加算を算定していた場合】**
⇒ 令和6年度も令和5年度のベースアップ等加算の配分のために行ったのと同等以上の賃金改善を行ったことを誓約すること

☑　令和5年度もベア加算を算定しており、令和6年度も同様の賃金改善を継続しました。　←〇

**【令和6年4月・5月に新規にベースアップ等加算を算定する場合】**
⇒ 福祉・介護職員とその他の職種のそれぞれについて、賃金改善の見込額の3分の2以上を、ベースアップ等（基本給又は決まって毎月支払われる手当の引上げ）に充てられる計画になっていること

| ①新規に算定した旧ベースアップ等加算の額 | | 150,000 | 円 |
|---|---|---|---|
| ②旧ベースアップ等加算による賃金改善の額（ i・ⅱの合計） | | 812,000 | 円 |
| 介護職員 | ⅰ）旧ベースアップ等加算による賃金改善の見込額 | 456,000 | 円 |
| | うち、ベースアップ等（基本給又は毎月決まって支払われる手当の引上げ）による賃金改善額 | 362,000 | 円 |
| その他の職種 | ⅱ）旧ベースアップ等加算による賃金改善の見込額 | 356,000 | 円 |
| | うち、ベースアップ等（基本給又は毎月決まって支払われる手当の引上げ）による賃金改善額 | 262,000 | 円 |

（　79.39　）　%　←〇
（　73.60　）　%　←〇

**(3)キャリアパス要件Ⅰ・Ⅱ**　☐　計画書で記載した内容から変更がない場合は左欄にチェック（✓）すること。

【新加算Ⅰ～Ⅳ・Ⅴ(1)～(6)・Ⅴ(8)・Ⅴ(11)、旧処遇Ⅰ・Ⅱ】　⇒ キャリアパス要件ⅠとⅡの両方を満たすこと。　該当

**キャリアパス要件Ⅰ（任用要件・賃金体系の整備等）**
☑　次のイからハまでのすべての基準を満たす。　←〇
- イ　福祉・介護職員の任用における職位、職責又は職務内容等の要件を定めている。
- ロ　イに掲げる職位、職責又は職務内容等に応じた賃金体系を定めている。
- ハ　イ、ロについて、就業規則等の明確な根拠規定を書面で整備し、全ての福祉・介護職員に周知している。

**キャリアパス要件Ⅱ（研修の実施等）**
☑　次のイとロの両方の基準を満たす。　←〇

| イ | 福祉・介護職員の職務内容等を踏まえ、福祉・介護職員と意見交換しながら、資質向上の目標及び①・②のうち少なくともいずれかに関する具体的な計画を策定し、研修の実施又は研修の機会を確保している。 | | |
|---|---|---|---|
| イの実現のための具体的な取組内容（該当する項目にチェック（✓）した上で、具体的な内容を記載） | ① | 資質向上のための計画に沿って、研修機会の提供又は技術指導等を実施するとともに、福祉・介護職員の能力評価を行う。　※当該取組の内容について以下に記載すること<br>（例）<br>・個別の希望に基づく研修計画を作成し、年●回以上●●研修をオンラインで受講させる。<br>・月2回ランチミーティングを行い、支援の向上に資する業務の中での気づきの共有やお互いへのフィードバックを行う。 | |
| | ② | 資格取得のための支援の実施　※当該取組の内容について以下に記載すること<br>（例）<br>・実務経験が3年以上の介護職員に対し、実務者研修の受講費用として、○○万円を支給<br>・介護福祉士国家試験対策として、法人内で資格取得のための研修会を実施 | |
| ロ | イについて、全ての福祉・介護職員に周知している。 | | |

**コメント**

処遇改善加算等を原資としない独自の賃金改善の取組みを行った場合、ここに記載します。

**コメント**

令和6年5月までにベースアップ等支援加算を算定せず令和6年6月から新処遇改善加算を算定した場合、ベースアップ等支援加算相当額の3分の2以上を「月額賃金改善要件Ⅰ（新加算Ⅳ相当額の2分の1以上をベースアップに充てる）」とは別に実施する必要があります。

計画書でキャリアパス要件Ⅰ・Ⅱを満たすとしていた事業所は、この欄にチェック（✓）し、以下は記載不要。計画書の時点で令和6年度中の対応を誓約していた事業所は、以下に具体的な取組内容の記載が必要

## (4)キャリアパス要件Ⅲ

☐ 計画書で記載した内容から変更がない場合は左欄にチェック(✓)すること。 ◀

【新加算Ⅰ～Ⅲ、Ⅴ(1)・(3)・(8)、旧処遇Ⅰ】

**キャリアパス要件Ⅲ（昇給の仕組みの整備等）**

☑ 次のイとロの両方の基準を満たす。　←○

| イ | 福祉・介護職員について、経験若しくは資格等に応じて昇給する仕組み又は一定の基準に基づき定期に昇給を判定する仕組みを設けている。 | | |
| --- | --- | --- | --- |
| | 具体的な仕組みの内容(該当するもの全てにチェック(✔)すること。) | ☐ ① | 経験に応じて昇給する仕組み<br>※「勤続年数」や「経験年数」などに応じて昇給する仕組みを指す。 |
| | | ☑ ② | 資格等に応じて昇給する仕組み<br>※「介護福祉士」や「実務者研修修了者」などの取得に応じて昇給する仕組みを指す。ただし、介護福祉士資格を有して就業する者についても昇給が図られる仕組みであることを要する。 |
| | | ☐ ③ | 一定の基準に基づき定期に昇給を判定する仕組み<br>※「実技試験」や「人事評価」などの結果に基づき昇給する仕組みを指す。ただし、客観的な評価基準や昇給条件が明文化されていることを要する。 |
| ロ | イについて、全ての福祉・介護職員に周知している。 | | |

## (5)キャリアパス要件Ⅳ（改善後の賃金要件）

【新加算Ⅰ・Ⅱ、Ⅴ(1)～(7)・(9)・(10)・(12)、旧特定Ⅰ・Ⅱ】

**キャリアパス要件Ⅳ　次のイとロ両方の基準を満たす。**

| | | |
| --- | --- | --- |
| 旧特定加算Ⅰ・Ⅱの要件（4・5月） | ⇒ ✕ | (別紙様式3-2「キャリアパス要件Ⅳについて」の欄から転記) |
| 新加算Ⅰ・Ⅱ、Ⅴ(1)～(7)・(9)の要件（6月以降）<br>(「令和6年度の算定予定①」の期間について) | ⇒ ○ | (別紙様式3-3「キャリアパス要件Ⅳについて」の欄から転記) |
| 新加算Ⅰ・Ⅱの要件（6月以降）<br>(「令和6年度の算定予定②(期中移行)」の期間について) | ⇒ ○ | (別紙様式3-3「キャリアパス要件Ⅳについて」の欄から転記) |

**⇒上記のいずれかまたは全てに「✕」が付いた場合、この欄に記入すること**　○

「月額平均8万円の処遇改善又は改善後の賃金が年額440万円以上となる者」を設定できない場合その理由

☐ 小規模事業所等で加算額全体が少額であるため。

☑ 職員全体の賃金水準が低く、直ちに月額平均8万円等まで賃金を引き上げることが困難であるため。 ◀

☐ 月額平均8万円等の賃金改善を行うに当たり、これまで以上に事業所内の階層や役職にある者に求められる能力や処遇を明確化することが必要であり、規程の整備や研修・実務経験の蓄積などに一定期間を要するため。

☐ その他(　　　　　　　　　　　　　　　　　　　　　　　　　　　　　　　　　　)

計画書でキャリアパス要件Ⅲを満たすとしていた事業所は、この欄に
チェック（✓）し、以下は記載不要。計画書の時点で令和6年度中の対
応を誓約していた事業所は、以下に具体的な取組内容の記載が必要

コメント

キャリアパス要件Ⅳを満たしていない場合でも、このチェックボックス
に該当理由をチェックすることで要件が免除となります。

## （6）職場環境等要件

【新加算Ⅰ・Ⅱ、Ⅴ(1)〜(7)・(9)・(10)・(12)又は旧特定Ⅰ・Ⅱを算定する】　　　　　　　　　　　　　　　　　**該当**

⇒ 届出に係る計画の期間中に実施した事項について、チェック（✔）すること。複数の取組を行い、「入職促進に向けた取組」、「資質の向上やキャリアアップに向けた支援」、「両立支援・多様な働き方の推進」、「腰痛を含む心身の健康管理」、「生産性向上のための業務改善の取組」、「やりがい・働きがいの醸成」の**6区分から任意で3つの区分を選択し、選択した区分でそれぞれ1つ以上の取組を行うこと。**

| | | ○ |
|---|---|---|
| 入職促進に向けた取組 | ☐ 法人や事業所の経営理念や支援方針・人材育成方針、その実現のための施策・仕組みなどの明確化 | |
| | ☐ 事業者の共同による採用・人事ローテーション・研修のための制度構築 | |
| | ☐ 他産業からの転職者、主婦層、中高年齢者等、経験者・有資格者等にこだわらない幅広い採用の仕組みの構築 | |
| | ☑ 職業体験の受入れや地域行事への参加や主催等による職場魅力向上の取組の実施 | |
| 資質の向上やキャリアアップに向けた支援 | ☐ 働きながら介護福祉士の取得を目指す者に対する実務者研修受講支援や、より専門性の高い支援技術を取得しようとする者に対する喀痰吸引研修、強度行動障害支援養成研修、サービス提供責任者研修、中堅職員に対するマネジメント研修の受講支援等 | |
| | ☐ 研修の受講やキャリア段位制度と人事考課との連動 | |
| | ☐ エルダー・メンター（仕事やメンタル面のサポート等をする担当者）制度等導入 | |
| | ☐ 上位者・担当者等によるキャリア面談など、キャリアアップ等に関する定期的な相談の機会の確保 | |
| 両立支援・多様な働き方の推進 | ☐ 子育てや家族等の介護等と仕事の両立を目指す者のための休業制度等の充実、事業所内託児施設の整備 | |
| | ☐ 職員の事情等の状況に応じた勤務シフトや短時間正規職員制度の導入、職員の希望に即した非正規職員から正規職員への転換の制度等の整備 | |
| | ☐ 有給休暇が取得しやすい環境の整備 | |
| | ☐ 業務や福利厚生制度、メンタルヘルス等の職員相談窓口の設置等相談体制の充実 | |
| | ☐ 障害を有する者でも働きやすい職場環境の構築や勤務シフトの配慮 | |
| 腰痛を含む心身の健康管理 | ☐ 福祉・介護職員の身体の負担軽減のための介護技術の修得支援、介護ロボットやリフト等の介護機器等導入及び研修等による腰痛対策の実施 | |
| | ☐ 短時間勤務労働者等も受診可能な健康診断・ストレスチェックや、従業員のための休憩室の設置等健康管理対策の実施 | |
| | ☑ 雇用管理改善のための管理者に対する研修等の実施 | |
| | ☐ 事故・トラブルへの対応マニュアルの作成等の体制の整備 | |
| 生産性向上のための業務改善の取組 | ☑ タブレット端末やインカム等のICT活用や見守り機器等の介護ロボットやセンサー等の導入による業務量の縮減 | |
| | ☑ 高齢者の活躍（居室やフロア等の掃除、食事の配膳・下膳などのほか、経理や労務、広報なども含めた介護業務以外の業務の提供）等による役割分担の明確化 | |
| | ☐ 5S活動（業務管理の手法の1つ。整理・整頓・清掃・清潔・躾の頭文字をとったもの）等の実践による職場環境の整備 | |
| | ☐ 業務手順書の作成や、記録・報告様式の工夫等による情報共有や作業負担の軽減 | |
| やりがい・働きがいの醸成 | ☐ ミーティング等による職場内コミュニケーションの円滑化による個々の福祉・介護職員の気づきを踏まえた勤務環境や支援内容の改善 | |
| | ☐ 地域包括ケアの一員としてのモチベーション向上に資する、地域の児童・生徒や住民との交流の実施 | |
| | ☐ 利用者本位の支援方針など介護保険や法人の理念等を定期的に学ぶ機会の提供 | |
| | ☐ 支援の好事例や、利用者やその家族からの謝意等の情報を共有する機会の提供 | |

## （7）その他（指定権者に対する特段の連絡事項等がある場合等については、以下の欄に記載すること。）

<br><br><br>

※ 給与明細や勤務記録等、実績報告の根拠となる資料は、指定権者からの求めがあった場合に速やかに提出できるよう、適切に保管しておくこと。
※ 本様式への虚偽記載のほか、旧3加算及び新加算の請求に関して不正があった場合並びに指定権者からの求めに応じて書類の提出を行うことができなかった場合は、障害福祉サービス等報酬の返還や指定取消となる場合がある。

○

> **本実績報告書の記載内容・確認事項の内容に間違いありません。**
> **記載内容を証明する資料を適切に保管することを誓約します。**
> **また、令和7年度に繰り越す額（2(1)①ⅰア）がある場合は、全額を令和7年度の更なる賃金改善に充て、万一期間中に事業所が休廃止した際には、一時金等により福祉・介護職員その他の職員の賃金として配分します。**
>
> 令和　**7**　年　**○**　月　**○**　日　　　法人名　**○○ケアサービス**
> 　　　　　　　　　　　代表者　職名　**代表取締役**　　　氏名　**厚労　花子**

**コメント**

令和6年度においては、新加算Ⅰ・Ⅱを算定するためには6つの区分の
うち任意の3つの区分を選択し、選択した区分でそれぞれ1つ以上（合計
3つ以上）の取組みを行う必要があります。
なお、令和7年度からは大幅に取組み内容が増えるため、注意が必要です。

**（確認用）　提出前のチェックリスト**

・　以下の項目に「×」がないか、提出前に確認すること。「×」がある場合、当該項目の記載を修正すること。

※　空欄が表示される項目は、記入が不要であるため対応する必要はない。

| 2　実績報告について | | |
|---|---|---|
| (1) | 加算額以上の賃金改善を行っている | ○ |
| | 令和5年度と比較した令和6年度の増加分以上の新たな賃金改善を行っている | ○ |
| (2) | 加算以外の部分で賃金水準を下げないことを誓約している | ○ |

| 3　介護職員等処遇改善加算の要件について | | |
|---|---|---|
| (1) 月額賃金改善要件Ⅱ | 旧ベースアップ等加算相当の2/3以上の新規の月額賃金改善を行っていること | ○ |
| (2) 月額賃金改善要件Ⅲ | 令和5年度から継続して旧ベースアップ等加算を算定する事業所について、令和5年度以前からの賃金改善の取組の継続を誓約していること | ○ |
| | 令和6年4・5月から新規にベースアップ等加算を算定する事業所について、旧ベースアップ等加算額以上の新規の賃金改善を行っていること | ○ |
| | 福祉・介護職員について、賃金改善額の2/3以上が、ベースアップ等に充てられていること | ○ |
| | その他の職種について、賃金改善額の2/3以上が、ベースアップ等に充てられていること | ○ |
| (3) キャリアパス要件Ⅰ・Ⅱ | キャリアパス要件Ⅰ（任用要件・賃金体系の整備等）とキャリアパス要件Ⅱ（研修の実施等）の両方を満たすこと | |
| | キャリアパス要件Ⅰ（任用要件・賃金体系の整備等）とキャリアパス要件Ⅱ（研修の実施等）のどちらかを満たすこと | |
| (4) キャリアパス要件Ⅲ | キャリアパス要件Ⅲ（昇給の仕組みの整備等）を満たすこと。 | ○ |
| (5) キャリアパス要件Ⅳ | 賃金改善額が月額平均8万円以上又は改善後の賃金が年額440万円以上となる者の数が事業所あたり1以上となっていること。ただし、満たさない場合は、小規模事業所等である等の理由を記載すること | ○ |
| (6) 職場環境等要件 | 新加算等の区分ごとに必要な数以上の職場環境等要件の取組を行っていること | ○ |

**コメント**

記載した内容のうち要件を満たしていない項目がある場合、「✗」がつきますので、もし✗がついてしまった場合は再度該当項目に戻り、要件を確認してみてください。

# ●別紙様式3−2　個票（令和6年4・5月分）

別紙様式3−2 個票（令和6年4・5月分）

| 法人名 | ○○ケアサービス |
|---|---|

| 旧処遇改善加算の加算額[円] | 4,395,000 | 円 |
|---|---|---|
| 旧特定加算の加算額[円] | 1,160,005 | 円 |
| 旧ベースアップ等加算の加算額[円] | 270,000 | 円 |
| うち、新規に算定する旧ベースアップ等加算の加算額[円]（別紙様式3-1 3②に転記） | 150,000 | 円 |
| 令和6年度に増加した加算額[円]（旧3加算の上位区分への移行によるもの） | 861,234 | 円 |

【記入上の注意】
・本表に記載する事業所は、計画書の「別紙様式2−2」に記載した事業所と一致しなければならない。
・事業所ごとの加算の総額は、国民健康保険団体連合会から通知される「福祉・介護職員等処遇改善加算等総額のお知らせ」に基づいて記入すること。

| | 障害福祉サービス等事業所番号 | 指定権者 | 事業所の所在地 都道府県 | 事業所の所在地 市区町村 | 事業所名 | サービス名 | （参考）令和5年度 旧処遇改善加算 | （参考）令和5年度 旧特定加算 | （参考）令和5年度 旧ベースアップ等加算 |
|---|---|---|---|---|---|---|---|---|---|
| 1 | 1314567891 | 東京都 | 東京都 | 千代田区 | 障害福祉事業所名称01 | 居宅介護 | 処遇加算Ⅱ | 特定加算Ⅱ | ベア加算なし |
| 2 | 1314567892 | 東京都 | 東京都 | 豊島区 | 障害福祉事業所名称02 | 居宅介護 | 処遇加算Ⅱ | 特定加算Ⅱ | ベア加算なし |
| 3 | 1314567893 | 東京都 | 東京都 | 世田谷区 | 障害福祉事業所名称03 | 生活介護 | 処遇加算Ⅱ | 特定加算なし | ベア加算 |
| 4 | 1314567894 | さいたま市 | 埼玉県 | さいたま市 | 障害福祉事業所名称04 | 就労継続支援B型 | 処遇加算Ⅱ | 特定加算なし | ベア加算なし |
| 5 | 1314567895 | 千葉市 | 千葉県 | 千葉市 | 障害福祉事業所名称05 | 施設入所支援 | 処遇加算Ⅱ | | |
| 6 | 1314567895 | 千葉市 | 千葉県 | 千葉市 | 障害福祉事業所名称05 | 施設入所支援 | 処遇加算Ⅲ | 特定加算Ⅰ | ベア加算なし |
| 7 | 1314567895 | 千葉市 | 千葉県 | 千葉市 | 障害福祉事業所名称05 | 障害者支援施設：生活介護 | 処遇加算Ⅲ | 特定加算なし | ベア加算 |
| 8 | | | | | | | | | |
| 9 | | | | | | | | | |
| 10 | | | | | | | | | |
| 11 | | | | | | | | | |
| 12 | | | | | | | | | |
| 13 | | | | | | | | | |
| 14 | | | | | | | | | |
| 15 | | | | | | | | | |
| 16 | | | | | | | | | |
| 17 | | | | | | | | | |

| 提出先 | 〇〇市 |
|---|---|

キャリアパス要件Ⅳについて

| 旧特定加算<br>（令和6年4・<br>5月） | 賃金改善額が月額平均8万円以上又は改善後<br>の賃金が年額440万円以上となる者の数 | 2 | × | ⇒この欄が「×」の場合、別紙様式3-1 3(5)に特別<br>な事情を記入 |
|---|---|---|---|---|
| | 旧特定加算Ⅰ・Ⅱの算定を届け出た事業所数 | 3 | | |

| 令和6年度（令和6年4・5月分） | | | | | | | | | |
|---|---|---|---|---|---|---|---|---|---|
| 旧処遇改善加算 | | | 旧特定加算 | | | | 旧ベースアップ等加算 | | |
| 算定した<br>加算区分 | 令和6年4・<br>5月の加算<br>の総額[円] | 令和6年度<br>に増加した<br>加算額<br>（令和5年度<br>の区分と比<br>較） | 算定した<br>加算区分 | 令和6年4・<br>5月の加算<br>の総額[円] | キャリアパ<br>ス要件Ⅳ<br><br>改善後の賃<br>金要件（月<br>額平均8万円以<br>上又は年額<br>440万円以<br>上）[円] | 令和6年度<br>に増加した<br>加算額<br>（令和5年度<br>の区分と比<br>較） | 算定した<br>加算区分 | 令和6年4・5<br>月の加算の<br>総額[円] | 令和6年度<br>に増加した<br>加算額<br>（令和5年度<br>の区分と比<br>較） | 月額賃<br>金要件<br>Ⅲ |
| 処遇加算Ⅰ | 577,000 | 155,832 | 特定加算Ⅰ | 130,000 | 1 | 27,857 | ベア加算 | 100,000 | 100,000 | 〇 |
| 処遇加算Ⅰ | 260,000 | 70,219 | 特定加算Ⅱ | 80,000 | 1 | 0 | ベア加算 | 50,000 | 50,000 | 〇 |
| 処遇加算Ⅱ | 280,000 | 0 | 特定加算なし | | | | ベア加算 | 70,000 | 0 | |
| 処遇加算Ⅲ | 158,000 | 0 | 特定加算なし | | | | ベア加算なし | | | |
| 処遇加算Ⅱ | 1,240,000 | 0 | | | | | | | | |
| 処遇加算Ⅰ | 1,710,000 | 457,326 | 特定加算Ⅰ | 950,000 | 0 | | ベア加算なし | | | |
| 処遇加算Ⅲ | 170,000 | 0 | 特定加算なし | | | | ベア加算 | 50,000 | 0 | |
| | | | | | | | | | | |
| | | | | | | | | | | |
| | | | | | | | | | | |
| | | | | | | | | | | |
| | | | | | | | | | | |
| | | | | | | | | | | |
| | | | | | | | | | | |
| | | | | | | | | | | |

・当該事業所に従事する経験・技能のある介護職員のう
ち月額8万円以上の賃金改善を行った又は改善後の
賃金が年額440万円以上となった者の実人数を記載し
てください。
・要件を満たす職員が複数の事業所に兼務している場合
には、いずれか1か所で1人と計上して下さい。（同一
職員の重複計上は不可）。

# ●別紙様式3-3　個票（令和6年6月以降分）

別紙様式3－3 個票（令和6年6月以降分）

| 法人名 | ○○ケアサービス |
| --- | --- |

| 新加算の加算額[円] | 44,370,000 | 円 |
| --- | --- | --- |
| うち、新規に増加する旧ベースアップ等加算相当の加算額[円]（別紙様式3-1 3(1)に転記） | 4,928,000 | 円 |
| 令和6年度に増加した加算額[円]（令和6年度改定での加算率の引上げ及び新加算への移行によるもの） | 3,505,790 | 円 |

【記入上の注意】
・本表に記載する事業所は、計画書の「別紙様式2－3」及び「別紙様式2－4」に記載した事業所と一致しなければならない。
・事業所ごとの加算の総額は、国民健康保険団体連合会から通知される「福祉・介護職員等処遇改善加算等総額のお知らせ」に基づいて記入すること。

| | 障害福祉サービス等事業所番号 | 指定権者 | 事業所の所在地 | | 事業所名 | サービス名 |
| --- | --- | --- | --- | --- | --- | --- |
| | | | 都道府県 | 市区町村 | | |
| 1 | 1314567891 | 東京都 | 東京都 | 千代田区 | 障害福祉事業所名称01 | 居宅介護 |
| 2 | 1314567892 | 東京都 | 東京都 | 豊島区 | 障害福祉事業所名称02 | 居宅介護 |
| 3 | 1314567893 | 東京都 | 東京都 | 世田谷区 | 障害福祉事業所名称03 | 生活介護 |
| 4 | 1314567894 | さいたま市 | 埼玉県 | さいたま市 | 障害福祉事業所名称04 | 就労継続支援B型 |
| 5 | 1314567895 | 千葉市 | 千葉県 | 千葉市 | 障害福祉事業所名称05 | 施設入所支援 |
| 6 | 1314567895 | 千葉市 | 千葉県 | 千葉市 | 障害福祉事業所名称05 | 施設入所支援 |
| 7 | 1314567895 | 千葉市 | 千葉県 | 千葉市 | 障害福祉事業所名称05 | 障害者支援施設：生活介護 |
| 8 | | | | | | |
| 9 | | | | | | |
| 10 | | | | | | |
| 11 | | | | | | |
| 12 | | | | | | |
| 13 | | | | | | |
| 14 | | | | | | |
| 15 | | | | | | |
| 16 | | | | | | |

| 提出先 | 〇〇市 |
|---|---|

キャリアパス要件Ⅳについて

| 新加算（令和6年度の算定期間①） | 賃金改善額が月額平均8万円以上又は改善後の賃金が年額440万円以上となる者の数 | 3 | 〇 |
|---|---|---|---|
| | 新加算Ⅰ・Ⅱ・Ⅴ(1)～(7)・(9)・(10)・(12)の算定を届け出た事業所数（短期入所・予防・総合事業での重複除く） | 3 | |
| 新加算（令和6年度の算定期間②（区分変更後）） | 賃金改善額が月額平均8万円以上又は改善後の賃金が年額440万円以上となる者の数 | 0 | 〇 |
| | 新加算Ⅰ・Ⅱの算定を届け出た事業所数 | 0 | |

| 福祉・介護職員等処遇改善加算 | | | | | | | | | | |
|---|---|---|---|---|---|---|---|---|---|---|
| 令和6年度の算定期間① | | | | | 令和6年度の算定期間②（令和6年度内の区分変更後） | | | | | 令和6年度に増加した加算額 |
| 加算の総額[円] | 新規に増加する旧ベースアップ等加算相当の新加算の見込額[円] | 月額賃金要件Ⅱ | キャリアパス要件Ⅳ 改善後の賃金要件（月額8万円以上又は年額440万円以上）を満たす職員数を記載[人] | 令和6年度に増加した加算額 （令和5年度の加算率と比較） | 令和6年度内の区分変更後に算定した加算区分 | 加算の総額[円] | 新規に増加する旧ベースアップ等加算相当の新加算の見込額[円] | 月額賃金要件Ⅱ | キャリアパス要件Ⅳ 改善後の賃金要件（月額8万円以上又は年額440万円以上）を満たす職員数を記載[人] | 令和6年度に増加した加算額 （令和5年度の加算率と比較） |
| 5,100,000 | | | 1 | 826,200 | ― | | | | | |
| 2,320,000 | | | 1 | 341,040 | ― | | | | | |
| 2,200,000 | | | | 26,400 | ― | | | | | |
| 850,000 | | | | 7,650 | 新加算Ⅳ | 2,400,000 | | | | 96,000 |
| | | | | | ― | | | | | |
| 28,000,000 | 4,928,000 | 〇 | 1 | 2,100,000 | ― | | | | | |
| 3,500,000 | | | | 108,500 | ― | | | | | |
| | | | | | | | | | | |
| | | | | | | | | | | |
| | | | | | | | | | | |
| | | | | | | | | | | |
| | | | | | | | | | | |
| | | | | | | | | | | |
| | | | | | | | | | | |
| | | | | | | | | | | |

・当該事業所に従事する経験・技能ある介護職員のうち月額8万円以上の賃金改善を行った又は改善後の賃金が年額440万円以上となった者の実人数を記載してください。
・要件を満たす職員が複数の事業所に兼務している場合には、いずれか1か所で1人と計上して下さい。（同一職員の重複計上は不可）。

令和6年度中に新加算の加算区分を変更していない場合は、「―」を選択してください。

## 2 処遇改善加算に関する通達の内容

　処遇改善加算等については、厚生労働省から発出された、当該加算の手続きの内容や考え方が示された通達である「福祉・介護職員等処遇改善加算等に関する基本的考え方並びに事務処理手順及び様式例の提示について（障障発0326第4号　こ支障第86号　令和6年3月26日）」にまとめられています。

　その内容を抜粋したものを以下に記載し、必要に応じて解説を加えていますので、こちらを参照にして加算の概要をつかんでいきましょう。

### 1．基本的考え方

　令和6年度障害福祉サービス等報酬改定においては、①事業者の賃金改善や申請に係る事務負担を軽減する観点、②利用者にとって分かりやすい制度とし、利用者負担の理解を得やすくする観点、③事業所全体として、柔軟な事業運営を可能とする観点から、処遇改善に係る加算の一本化を行うこととした。

　具体的には、福祉・介護職員処遇改善加算（以下「旧処遇改善加算」という。）、福祉・介護職員等特定処遇改善加算（以下「旧特定加算」という。）及び福祉・介護職員等ベースアップ等支援加算（以下「旧ベースアップ等加算」という。以下「旧処遇改善加算」、「旧特定加算」、「旧ベースアップ等加算」を合わせて「旧3加算」という。）の各区分の要件及び加算率を組み合わせる形で、令和6年6月から「福祉・介護職員等処遇改善加算」（以下「新加算」という。）への一本化を行う。

　その上で、令和6年度障害福祉サービス等報酬改定において、介護並びの処遇改善を行うべく、新加算の加算率の引き上げを行うとともに、障害福祉の現場で働く方々にとって、令和6年度に2.5％、令和7

年度に2.0％のベースアップへとつながるよう、配分方法の工夫を行う。

　また、事業者の負担軽減及び一本化の施策効果を早期に波及させる観点から、令和6年4月及び5月の間に限り、旧3加算の要件の一部を新加算と同程度に緩和することとし、令和6年4月及び5月分の旧3加算と令和6年度の新加算の処遇改善計画書及び実績報告書をそれぞれ一体の様式として提示することとした。

　併せて、新加算の施行に当たっては、賃金規程の見直し等の事業者の事務負担に考慮し、令和6年度中は経過措置期間を設けることとする。

　具体的には、3（1）①に規定する月額賃金要件Ⅰと3（1）⑧に規定する職場環境等要件の見直しについては、令和6年度中は適用を猶予する。また、3（1）③から⑤までに定めるキャリアパス要件Ⅰからキャリアパス要件Ⅲまでについても、令和6年度中に賃金体系等を整備することを誓約した場合に限り、令和6年度当初から要件を満たしたこととして差し支えないこととする。

　さらに、一本化施行前の令和6年5月31日時点で旧3加算の全部又は一部を算定している場合には、旧3加算の算定状況に応じた経過措置区分として、令和6年度末までの間、それぞれ新加算Ⅴ（1）〜（14）を算定できることとする。

**解説1**
　令和6年6月における処遇改善加算の一本化の経緯と、それに伴ってさらなる加算率の引上げおよびベースアップ等を行うこと、令和6年度処遇改善加算計画書においては「令和6年4月〜5月」までの一本化前の計画と、「令和6年6月以降」の一本化後の計画を1つの様式にて作成できるようにすること、そして、ただちに新処遇改善加算の要件を満たすことが難しい事業者のために処遇改善加算Ⅴを令和6年度中のみ設けること、がまとめられています。

## 2．令和6年4月以降の新加算等の仕組みと賃金改善の実施等

### （1）新加算等の単位数

　令和6年4月及び5月については、旧3加算の単位数として、サービス別の基本サービス費に各種加算減算（旧3加算を除く。）を加えた1月当たりの総単位数に、算定する加算の種類及び加算区分ごとに、別紙1表1-1に掲げるサービス別の加算率を乗じた単位数を算定する。令和6年6月以降は、新加算の単位数として、サービス別の基本サービス費に各種加算減算（新加算を除く。）を加えた1月当たりの総単位数に、加算区分ごとに、別紙1表1-2に掲げるサービス別の加算率を乗じた単位数を算定する。

　また、別紙1表1-3の通り、地域相談支援、計画相談支援、障害児相談支援については、新加算及び旧3加算（以下「新加算等」という。）の算定対象外とする。

### （2）賃金改善の実施に係る基本的な考え方

　障害福祉サービス事業者、障害者支援施設、障害児通所支援事業者又は障害児入所施設（以下「障害福祉サービス事業者等」という。）は、新加算等の算定額に相当する福祉・介護職員その他の職員の賃金（基本給、手当、賞与等（退職手当を除く。以下同じ。）を含む。）の改善（当該賃金改善に伴う法定福利費等の事業主負担の増加分を含むことができる。以下「賃金改善」という。）を実施しなければならない。

　その際、賃金改善は、基本給、手当、賞与等のうち対象とする項目を特定した上で行うものとする。この場合、本通知5（2）の届出を行う場合を除き、特定した項目を含め、賃金水準（賃金の高さの水準をいう。以下同じ。）を低下させてはならない。また、安定的な処遇改善が重要であることから、基本給による賃金改善が望ましい。

　また、令和6年度に、令和5年度と比較して増加した加算額（旧3加算の上位区分への移行並びに新規算定によるもの（令和6年4月及び5月分）又は令和6年度障害福祉サービス等報酬改定における加算

率の引上げ分及び新加算ⅠからⅣへの移行によるもの（令和6年6月以降分）。令和7年度への繰越分を除く。以下同じ。）について、障害福祉サービス事業者等は、独自の賃金改善を含む過去の賃金改善の実績に関わらず、新たに増加した新加算等の算定額に相当する福祉・介護職員その他の職員の賃金改善を新規に実施しなければならない。その際、新規に実施する賃金改善は、ベースアップ（賃金表の改訂により基本給又は決まって毎月支払われる手当の額を変更し、賃金水準を一律に引き上げることをいう。以下同じ。）により行うことを基本とする。ただし、ベースアップのみにより当該賃金改善を行うことができない場合（例えば、令和6年度障害福祉サービス等報酬改定を踏まえ、賃金体系等を整備途上である場合）には、必要に応じて、その他の手当、一時金等を組み合わせて実施しても差し支えない。

　なお、令和6年2月からの福祉・介護職員処遇改善臨時特例交付金を取得し、令和6年5月分以前の賃金からベースアップ又は決まって毎月支払われる手当の引上げを行っている場合には、当該賃金改善を令和6年6月以降に実施すべき新規の賃金改善の一部に含めても差し支えない。

　新加算等を用いて行う賃金改善における職種間の賃金配分については、福祉・介護職員<sup>(※)</sup>への配分を基本とし、特に経験・技能のある障害福祉人材（介護福祉士等であって、経験・技能を有する障害福祉人材と認められる者をいう。具体的には、福祉・介護職員のうち介護福祉士、社会福祉士、精神保健福祉士又は保育士のいずれかの資格を有する者、心理指導担当職員（公認心理師を含む。）、サービス管理責任者、児童発達支援管理責任者、サービス提供責任者、その他研修等により専門的な技能を有すると認められる職員（別紙1表5の例示を参考）のいずれかに該当する者であるとともに、所属する法人等における勤続年数10年以上の職員を基本としつつ、他の法人における経験や、当該職員の業務や技能等を踏まえ、各事業者の裁量で設定することとする。以下同じ。）に重点的に配分することとするが、障害福祉

サービス事業者等の判断により、福祉・介護職員以外の職種への配分も含め、事業所内で柔軟な配分を認めることとする。ただし、例えば、一部の職員に加算を原資とする賃金改善を集中させることや、同一法人内の一部の事業所のみに賃金改善を集中させることなど、職務の内容や勤務の実態に見合わない著しく偏った配分は行わないこと。

　なお、令和6年4月及び5月に旧処遇改善加算及び旧特定加算を算定する場合にも、「障害者の日常生活及び社会生活を総合的に支援するための法律に基づく指定障害福祉サービス等及び基準該当障害福祉サービスに要する費用の額の算定に関する基準等の一部を改正する告示」（令和6年こども家庭庁・厚生労働省告示第3号）第8条による改正後の「こども家庭庁長官及び厚生労働大臣が定める基準並びに厚生労働大臣が定める基準」（平成18年厚生労働省告示第543号。以下「令和6年4月大臣基準告示」という。）第2号イ（1）及び第3号イ（1）等の規定に基づき　、福祉・介護職員以外への柔軟な配分を認める。

　（※）福祉・介護職員は、次のいずれかの職種とする。

　　　ホームヘルパー、生活支援員、児童指導員、保育士、世話人、職業指導員、地域移行支援員、就労支援員、就労定着支援員、就労選択支援員、地域生活支援員、訪問支援員、夜間支援従事者、共生型障害福祉サービス等事業所及び特定基準該当障害福祉サービス等事業所に従事する介護職

　　　各障害福祉サービス等の人員基準において置くべきこととされている従業者の職種に限らず、上記の対象職種に該当する従業者は対象となること。

　　　上記の他、各障害福祉サービス等の人員基準において置くべきこととされていないが、福祉・介護職員と同様に、利用者への直接的な支援を行うこととされ、その配置を報酬上の加算として評価されている以下の職員については対象に含めて差し支えないこととする。

①　就労継続支援A型の「賃金向上達成指導員」（賃金向上達成指導員配置加算）
②　就労継続支援B型の「目標工賃達成指導員」（目標工賃達成指導員配置加算）
③　児童発達支援及び放課後等デイサービスの「指導員等」（児童指導員等加配加算におけるその他の従業者）

**注意**　「独自の賃金改善」とは？

「独自の賃金改善」というくだりですが、こちらは例えば、賃金改善をするうえで法人独自の、「通常の手当以上に支払う手当」などが考えられます（元々あった手当から増額した場合は、その差額であり、加算による増額は含まない）。

処遇改善加算等においては、当該加算として受給した額より1円でも多い額の賃金改善をする必要がありますが、要はこの「1円でも多い額（＝事業所の持ち出し）」の部分が「独自の賃金改善額」ということです。

**解説2**　①処遇改善加算等の賃金改善方法としては、基本給のほか、手当、賞与（一時金）等による配分が可能です。ただ、基本給による賃金改善が安定性という観点から望ましいものとされています。基本給や手当に配分額を組み込んだ場合、毎月の支出となるため処遇改善加算を自動的に充当できるようになり、また従業員も毎月安定して一定額を受給できるというメリットがある反面、その年度の処遇改善加算額が想定よりも多かった場合、または少なかった場合の調整が難しいというデメリットがあります。対して、賞与（一時金）に配分額を組み込んだ場合は、処遇改善加算額の配分の調整がギリギリまで行いやすくなるというメリットがある反面、従業員が安定して処遇改善加算の配分を受けられない（例えば、処遇改善加算を年度末に賞与で支給するとした場合、年度途中で退職した職員が配分を受けられなくなってしまう）というデメリットがあります。

また、令和6年度に、令和5年度と比較して増加した加算額については、独自の賃金改善を含む過去の賃金改善の実績にかかわらず、「新たに増加した新加算の算定額に相当する賃金改善」を新規に実施しなければならない、とされており、その際の新規に実施する賃金改善は「ベースアップにより行うことを基本」とするとしています。ただ、ベースアップのみにより当該賃金改善を行うことが難しい場合は、必要に応じて一時金等を組み合わせて実施しても差し支えないということになっています。

②賃金水準については、「処遇改善加算等の金額を上乗せした後の従業員の賃金＋事業所における独自の賃金改善額（処遇改善加算等に上乗せし

て、事業所が持ち出しで支払う賃金額)」と、「処遇改善加算等を算定していなかったと仮定した場合の従業員の賃金」とを比較することで、賃金改善額を算出します。

　③令和6年6月からの一本化に伴って、配分の柔軟な対応が処遇改善加算全体に対して認められるようになりました。「福祉・介護職員への配分を基本とし、特に経験・技能のある職員に重点的に配分することとするが、事業所内で柔軟な配分を認める。」という内容となっています。

### (3) 令和7年度の更なるベースアップにつなげるための工夫

　障害福祉の現場で働く方々にとって、令和6年度に2.5%、令和7年度に2.0%のベースアップへとつながるよう、障害福祉サービス事業者等の判断により、令和6年度に令和5年度と比較して増加した加算額の一部を令和7年度に繰り越した上で令和7年度分の賃金改善に充てることを認めることとし、令和6年度分の加算の算定額の全額を令和6年度分の賃金改善に充てることは求めない。

　その際、令和7年度の賃金改善の原資として繰り越す額（以下「繰越額」という。）の上限は、令和6年度に、仮に令和5年度末（令和6年3月）時点で算定していた旧3加算を継続して算定する場合に見込まれる加算額と、令和6年度の新加算等の加算額（処遇改善計画書においては加算の見込額をいう。）を比較して増加した額とする。

　繰越額については、全額を令和7年度の更なる賃金改善に充てることについて、別紙様式2-1及び別紙様式3-1において誓約した上で、令和7年度の処遇改善計画書・実績報告書において、当該繰越額を用いた賃金改善の計画・報告の提出を求めることとする。ただし、令和7年度の賃金改善実施期間の終わりまでに事業所等が休止又は廃止となった場合には、その時点で、当該繰越分の残額を、一時金等により、全額、職員に配分しなければならないこととする。

**解説3** これまでの処遇改善加算は、その年度に受給した金額を、その年度内に全額（以上）配分することが原則でした。しかし、令和6年度と令和7年度においては、「令和6年度に令和5年度と比較して増加した加算額の一部を令和7年度に繰り越した上で令和7年度分の賃金改善に充てることを認める」とされ、「令和6年度に令和5年度と比較して増加した加算額」に限り、令和6年度だけではなく令和7年度にも繰り越して賃金改善に充てることができるようになっています。

## 3. 新加算等の要件

### (1) 福祉・介護職員等処遇改善加算（新加算）の要件

新加算Ⅰの算定に当たっては、2に規定する賃金改善の実施に加え、以下の①から⑧までに掲げる要件を全て満たすこと。ただし、新加算Ⅱについては⑦の要件、新加算Ⅲについては⑥及び⑦の要件、新加算Ⅳについては⑤から⑦までの要件を満たさなくても算定することができる。また、いずれかの加算区分においても、①の要件については、令和6年度中は適用を猶予し、②の要件は、新加算ⅠからⅣまでのいずれかの算定以前に旧ベースアップ等加算又は新加算Ⅴ（2）、（4）、（7）、（9）若しくは（13）を算定していた事業所については適用しない。⑧の要件についても、令和7年度から見直しを適用することとし、令和6年度中は旧3加算の要件の内容を継続する。

さらに、令和6年5月31日時点で別紙1表2-3に掲げる各加算を算定していた障害福祉サービス事業所等については、令和6年度中に限り、それぞれ別紙1表2-2に掲げる要件を満たすことで、新加算の経過措置区分として、新加算Ⅴ（1）から（14）までのうち該当する加算区分を算定することができる。したがって、新加算Ⅴを算定していた事業所が新加算Ⅴの別の区分への区分変更を行うことや、令和6年6月以降の新設事業所が新加算Ⅴの各区分を算定することはできない。ただし、令和6年6月以降、サービス類型の変更等に伴い、事業

所番号が変更になった場合には、職員構成等の事業所等の体制が従前から継続されている場合に限り、変更後の事業所等においても、変更前の事業所等の旧3加算の算定状況に応じて新加算Ⅴ（1）から（14）までのうち該当する区分を算定できることとする。

① 　月額賃金改善要件Ⅰ（月給による賃金改善）

新加算Ⅳの加算額の2分の1以上を基本給又は決まって毎月支払われる　手当（以下「基本給等」という。）の改善に充てること。また、事業所等　が新加算ⅠからⅢまでのいずれかを算定する場合にあっては、仮に新加算　Ⅳを算定する場合に見込まれる加算額の2分の1以上を基本給等の改善に　充てること。

なお、加算を未算定の事業所が新規に新加算ⅠからⅣまでのいずれかを算定し始める場合を除き、本要件を満たすために、賃金総額を新たに増加させる必要はない。したがって、基本給等以外の手当又は一時金により行っている賃金改善の一部を減額し、その分を基本給等に付け替えることで、本要件を満たすこととして差し支えない。また、既に本要件を満たしている事業所等においては、新規の取組を行う必要はない。ただし、この要件を満たすために、新規の基本給等の引上げを行う場合、当該基本給等の引上げはベースアップ（賃金表の改訂により基本給等の水準を一律に引き上げること）により行うことを基本とする。

月額賃金改善要件Ⅰについては、令和6年度中は適用を猶予する。そのため、令和6年度の新加算の算定に当たり、本要件を満たす必要はないが、令和7年度以降の新加算の算定に向け、計画的に準備を行う観点から、令和6年度の処遇改善計画書においても任意の記載項目として月額での賃金改善額の記載を求めることとする。

② 　月額賃金改善要件Ⅱ（旧ベースアップ等加算相当の賃金改善）

令和6年5月31日時点で現に旧処遇改善加算を算定しており、かつ、旧ベースアップ等加算を算定していない事業所が、令和8年3月31日までの間において、新規に新加算ⅠからⅣまでのいずれかを算定

する場合には、初めて新加算ⅠからⅣまでのいずれかを算定し、旧ベースアップ等加算相当の加算額が新たに増加する事業年度において、当該事業所が仮に旧ベースアップ等加算を算定する場合に見込まれる加算額の3分の2以上の基本給等の引上げを新規に実施しなければならない。その際、当該基本給等の引上げは、ベースアップにより行うことを基本とする。また、令和6年5月以前に旧3加算を算定していなかった事業所及び令和6年6月以降に開設された事業所が、新加算ⅠからⅣまでのいずれかを新規に算定する場合には、月額賃金改善要件Ⅱの適用を受けない。

　本要件の適用を受ける事業所は、初めて新加算ⅠからⅣまでのいずれかを算定した年度の実績報告書において、当該賃金改善の実施について報告しなければならない。したがって、例えば、令和6年5月31日時点で現に旧処遇改善加算を算定しており、かつ、旧ベースアップ等加算を算定していない事業所であって、令和6年6月から新加算Ⅰを算定した事業所は、令和6年6月から旧ベースアップ等加算相当の加算額の3分の2以上の基本給等の引上げを新規に実施し、令和6年度の実績報告書で報告しなければならない。

　また、同様の事業所が、令和6年6月から新加算Ⅴ（1）（旧ベースアップ等加算相当の加算率を含まない）を算定し、令和7年4月から新加算Ⅰを算定する場合は、令和7年4月から旧ベースアップ等加算相当の加算額の3分の2以上の基本給等の引上げを新規に実施し、令和7年度の実績報告書で報告しなければならない。

　なお、実績報告書においては、事業者等の事務負担を軽減する観点から、月額賃金改善要件Ⅱの判定に用いる旧ベースアップ等加算に相当する加算額は、新加算ⅠからⅣまでのそれぞれの加算額に、別紙1表3に掲げる新加算ⅠからⅣまでの加算率と旧ベースアップ等加算の加算率の比（小数第4位以下を切捨て）を乗じて算出した額とする。

③　キャリアパス要件Ⅰ（任用要件・賃金体系の整備等）

　次の一から三までを全て満たすこと。

一　福祉・介護職員の任用の際における職位、職責、職務内容等に応じた任用等の要件（福祉・介護職員の賃金に関するものを含む。）を定めていること。

二　一に掲げる職位、職責、職務内容等に応じた賃金体系（一時金等の臨時的に支払われるものを除く。）について定めていること。

三　一及び二の内容について就業規則等の明確な根拠規程を書面で整備し、全ての福祉・介護職員に周知していること。

　　ただし、常時雇用する者の数が10人未満の事業所等など、労働法規上の就業規則の作成義務がない事業所等においては、就業規則の代わりに内規等の整備・周知により上記三の要件を満たすこととしても差し支えない。また、令和6年度に限り、処遇改善計画書において令和7年3月末までに上記一及び二の定めの整備を行うことを誓約すれば、令和6年度当初からキャリアパス要件Ⅰを満たすものとして取り扱っても差し支えない。ただし、必ず令和7年3月末までに当該定めの整備を行い、実績報告書においてその旨を報告すること。

④　**キャリアパス要件Ⅱ（研修の実施等）**

　　次の一及び二を満たすこと。

一　福祉・介護職員の職務内容等を踏まえ、福祉・介護職員と意見を交換しながら、資質向上の目標及びa又はbに掲げる事項に関する具体的な計画を策定し、当該計画に係る研修の実施又は研修の機会を確保していること。

　　a　資質向上のための計画に沿って、研修機会の提供又は技術指導等を実施（OJT、OFF-JT等）するとともに、福祉・介護職員の能力評価を行うこと。

　　b　資格取得のための支援（研修受講のための勤務シフトの調整、休暇の付与、費用（交通費、受講料等）の援助等）を実施すること。

二　一について、全ての福祉・介護職員に周知していること。

　　また、令和6年度に限り、処遇改善計画書において令和7年3月末

までに上記一の計画を策定し、研修の実施又は研修機会の確保を行うことを誓約すれば、令和6年度当初からキャリアパス要件Ⅱを満たすものとして取り扱っても差し支えない。ただし、必ず令和7年3月末までに当該計画の策定等を行い、実績報告書においてその旨を報告すること。

⑤　キャリアパス要件Ⅲ（昇給の仕組みの整備等）

次の一及び二を満たすこと。

一　福祉・介護職員について、経験若しくは資格等に応じて昇給する仕組み又は一定の基準に基づき定期に昇給を判定する仕組みを設けていること。具体的には、次のaからcまでのいずれかに該当する仕組みであること。

　a　経験に応じて昇給する仕組み

　　「勤続年数」や「経験年数」などに応じて昇給する仕組みであること。

　b　資格等に応じて昇給する仕組み

　　介護福祉士等の資格の取得や実務者研修等の修了状況に応じて昇給する仕組みであること。ただし、別法人等で介護福祉士資格を取得した上で当該事業者や法人で就業する者についても昇給が図られる仕組みであることを要する。

　c　一定の基準に基づき定期に昇給を判定する仕組み

　　「実技試験」や「人事評価」などの結果に基づき昇給する仕組みであること。ただし、客観的な評価基準や昇給条件が明文化されていることを要する。

二　一の内容について、就業規則等の明確な根拠規程を書面で整備し、全ての福祉・介護職員に周知していること。

　　ただし、常時雇用する者の数が10人未満の事業所等など、労働法規上の就業規則の作成義務がない事業所等においては、就業規則の代わりに内規等の整備・周知により上記二の要件を満たすこととしても差し支えない。また、令和6年度に限り、処遇改善計画書において令和

7年3月末までに上記一の仕組みの整備を行うことを誓約すれば、令和6年度当初からキャリアパス要件Ⅲを満たすものとして取り扱っても差し支えない。ただし、必ず令和7年3月末までに当該仕組みの整備を行い、実績報告書においてその旨を報告すること。

⑥　**キャリアパス要件Ⅳ（改善後の年額賃金要件）**

　経験・技能のある障害福祉人材のうち1人以上は、賃金改善後の賃金の見込額（新加算等を算定し実施される賃金改善の見込額を含む。）が年額440万円以上であること（新加算等による賃金改善以前の賃金が年額440万円以上である者を除く。）。ただし、以下の場合など、例外的に当該賃金改善が困難な場合であって、合理的な説明がある場合はこの限りではない。

・小規模事業所等で加算額全体が少額である場合

・職員全体の賃金水準が低い事業所などで、直ちに一人の賃金を引き上げることが困難な場合

　さらに、令和6年度中は、賃金改善後の賃金の見込額が年額440万円以上の職員の代わりに、新加算の加算額のうち旧特定加算に相当する部分による賃金改善額が月額平均8万円（賃金改善実施期間における平均とする。）以上の職員を置くことにより、上記の要件を満たすこととしても差し支えない。

⑦　**キャリアパス要件Ⅴ（配置等要件）**

　福祉専門職員配置等加算（居宅介護、重度訪問介護、同行援護、行動援護にあたっては特定事業所加算）の届出を行っていること。

　※重度障害者等包括支援、施設入所支援、短期入所、就労定着支援、居宅訪問型児童発達支援、保育所等訪問支援にあっては配置等要件に関する加算が無いため、配置等要件は不要とする。

⑧　**職場環境等要件**

（令和7年度以降の要件）

　令和7年度以降に新加算ⅠからⅣまでのいずれかを算定する場合は、別紙1表4-1に掲げる処遇改善の取組を実施すること。

　その際、新加算Ⅰ又はⅡを算定する場合は、別紙１表４-１の「入職促進に向けた取組」、「資質の向上やキャリアアップに向けた支援」、「両立支援・多様な働き方の推進」、「腰痛を含む心身の健康管理」、及び「やりがい・働きがいの醸成」の区分ごとに２以上の取組を実施し、新加算Ⅲ又はⅣを算定する場合は、上記の区分ごとに１以上を実施すること。また、新加算Ⅰ又はⅡを算定する場合は、同表中「生産性向上（業務改善及び働く環境改善）のための取組」のうち３以上の取組（うち⑱は必須）を実施し、新加算Ⅲ又はⅣを算定する場合は「生産性向上（業務改善及び働く環境改善）のための取組」のうち２つ以上の取組を実施すること。

　ただし、１法人あたり１の施設又は事業所のみを運営するような法人等の小規模事業者は、㉔の取組を実施していれば、「生産性向上（業務改善及び働く環境改善）のための取組」の要件を満たすものとする。

　また、新加算Ⅰ又はⅡを算定する場合は、職場環境等の改善に係る取組について、ホームページへの掲載等により公表すること。具体的には、原則、障害福祉サービス等情報公表制度を活用し、新加算の算定状況を報告するとともに、職場環境等要件を満たすために実施した取組項目及びその具体的な取組内容を記載すること。

（令和６年度の経過措置）

　上記の職場環境等要件の見直しについては、令和６年度中は適用を猶予する。したがって、令和６年度中の職場環境等要件としては、別紙１表４-２に掲げる職場環境等の改善に係る取組を実施し、その内容（別紙１表４-２参照）を全ての福祉・介護職員に周知すること。

　その際、新加算Ⅰ又はⅡを算定する場合は、別紙１表４-２の「入職促進に向けた取組」、「資質の向上やキャリアアップに向けた支援」、「両立支援・多様な働き方の推進」、「腰痛を含む心身の健康管理」、「生産性の向上のための業務改善の取組」及び「やりがい・働きがいの醸成」の６つの区分から３つの区分を選択し、それぞれで１以上の取組を実施し、新加算Ⅲ又はⅣを算定する場合は、別紙１表４-２の取組の

うち１以上を実施すること。

　また、新加算Ⅰ又はⅡを算定する場合は、職場環境等の改善に係る取組について、ホームページへの掲載等により公表すること。具体的には、原則、障害福祉サービス等情報公表制度を活用し、職場環境等要件を満たすために実施した取組項目を選択すること。

**解説4**

　　　第5章で解説した新処遇改善加算の要件となります。
　このうちの「賃金改善要件Ⅱ」について補足します。
　「令和6年5月31日時点で現に旧処遇改善加算を算定しており、かつ、旧ベースアップ等加算を算定していない事業所」が、令和8年3月31日までの間に新規に新加算ⅠからⅣまでのいずれかを算定する場合には、「事業所が仮に旧ベースアップ等加算を算定する場合に見込まれる加算額の3分の2以上の基本給等の引上げを新規に実施しなければならない」となっています。これは、「令和6年5月までにベースアップ等支援加算を算定してベースアップを行っていた事業所」と「令和6年5月までにベースアップ等支援加算を算定せず、ベースアップを行っていなかった事業所」とのバランスをとるために設けられた要件です。
　なお、令和6年6月以降に新規で処遇改善加算を算定する場合には、この要件は当てはまりません。

## （2）福祉・介護職員処遇改善加算（旧処遇改善加算）の要件

　令和6年4月及び5月に旧処遇改善加算ⅠからⅢまでのいずれかを算定する場合の要件は、上記（1）に掲げる新加算の要件中、旧処遇改善加算の区分ごとに、それぞれ別紙1表2-1に掲げる要件とする。

## （3）福祉・介護職員等特定処遇改善加算（旧特定加算）の要件

　令和6年4月及び5月に旧特定加算Ⅰ又はⅡを算定する場合の要件は、旧処遇改善加算ⅠからⅢまでのいずれかを算定していることに加えて、上記（1）に掲げる新加算の要件中、旧特定加算の区分ごとに、それぞれ別紙1表2-1に掲げる要件とする。

## （4）福祉・介護職員等ベースアップ等支援加算（旧ベースアップ等加算）の要件

　令和6年4月及び5月に旧ベースアップ等加算を算定する場合の要件は、旧処遇改善加算ⅠからⅢまでのいずれかを算定していることに加えて、別紙1表2-1に掲げる要件とする。具体的には、月額賃金改善要件Ⅲとして、次の要件を適用するものとする。

・月額賃金改善要件Ⅲ

　令和6年4月及び5月に旧ベースアップ等加算を算定する事業所は、当該事業所のサービス別に別紙1表1-1に掲げる旧ベースアップ等加算の加算率を乗じて算出した額の3分の2以上の基本給等の引上げを実施しなければならない。

　ただし、令和6年3月31日時点で旧ベースアップ等加算を算定している場合は、令和6年4月及び5月も同様の賃金改善を継続することを誓約することで、本要件に係る具体的な賃金改善額等の記載は不要とする。

## 4．新加算等の算定に係る事務処理手順

　令和6年度に新加算等を算定しようとする障害福祉サービス事業者等は、それぞれの期日までに以下の届出を行うこと。

## （1）体制等状況一覧表等の届出（体制届出）

　新加算等の算定に当たっては、障害福祉サービス事業所・施設等ごとに、介護給付費等の算定に係る体制等状況一覧表等の必要書類一式の提出（以下「体制届出」という。）を行うこと。

　その際、算定を開始する月の前月15日までに、当該障害福祉サービス事業所等の所在する都道府県知事等（当該障害福祉サービス事業所等の指定等権者が都道府県知事である場合は都道府県知事とし、当該障害福祉サービス事業所等の指定等権者が市町村長（特別区長を含む。以下同じ。）である場合は市町村長とする。以下同じ。）に提出するも

のとする。

　ただし、下記（2）のとおり、処遇改善計画書の届出期日が令和6年4月15日であることを踏まえ、都道府県知事等は旧3加算に係る体制届出の期日を令和6年4月15日としても差し支えない。

　併せて、令和6年6月以降の新加算の算定に係る体制届出については、他の加算と同様に、令和6年5月15日を届出期日とするが、各障害福祉サービス事業者等が旧3加算に係る届出と同時に新加算の届出も行うことができるよう、都道府県知事等は、必要な対応を行うこと。ただし、下記（2）のとおり、新加算の算定に係る処遇改善計画書の変更が令和6年6月15日まで受け付けられることを踏まえ、令和6年6月15日までの間は、新加算に係る体制届出の変更を受け付ける等、柔軟な取扱いとすること。

> **解説5**
>
> 　通常の事務処理手順として、事業者は新たに処遇改善加算を算定したり、処遇改善加算の区分を変更したりする際、処遇改善加算計画書とは別に「介護給付費算定に係る体制等届出書」を提出しなければなりません。この期日は通常は前月の15日まで（例：7月1日に算定したい場合は6月15日まで）なのですが、令和6年度の一本化への移行に伴い、この期限についての特例が明記されている内容となっています。

## （2）処遇改善計画書等の作成・提出

　新加算等の算定に当たっては、「障害者の日常生活及び社会生活を総合的に支援するための法律に基づく指定障害福祉サービス等及び基準該当障害福祉サービスに要する費用の額の算定に関する基準等の一部を改正する告示」第9条による改正後の「こども家庭庁長官及び厚生労働大臣が定める基準並びに厚生労働大臣が定める基準」（以下「大臣基準告示」という。）第4号イ（2）並びに令和6年4月大臣基準告示第2号イ（2）、第3号イ（2）及び第3号の2ロ等に規定する福祉・介護職員等処遇改善計画書、福祉・介護職員処遇改善計画書、福祉・介護職員等特定処遇改善加算計画書及び福祉・介護職員等ベース

アップ等支援計画書を、別紙様式2-1、別紙様式2-2、別紙様式2-3及び別紙様式2-4に定める様式により作成し、当該事業年度において初めて新加算等を算定する月の前々月の末日までに、新加算等を算定する障害福祉サービス事業所等の所在する都道府県知事等に対して提出し、根拠資料と併せて2年間保存することとする。ただし、確認の事務に要する時間が十分確保できる場合等において、都道府県知事等は処遇改善計画書の提出期限を延長しても差し支えない。

　ただし、令和6年4月及び5月の旧3加算の算定並びに令和6年6月以降の新加算の算定に係る処遇改善計画書の提出期日は、令和6年4月15日とする。なお、令和6年6月に算定する新加算に係る処遇改善計画書について、都道府県知事等は、令和6年6月15日まで、障害福祉サービス事業者等が行った変更を受け付けること。令和6年7月分以降の変更については、5（1）に規定する取扱いとすること。

> **解説6**　解説1で触れたように、令和6年度処遇改善加算計画書においては「令和6年4月～5月」までの一本化前の計画と、「令和6年6月以降」の一本化後の計画を1つの様式にて作成できるようになっています。また、提出期限についても特例が設けられています。

## （3）実績報告書等の作成・提出

　新加算等を算定した障害福祉サービス事業者等は、大臣基準告示第2号イ（4）並びに令和6年4月大臣基準告示第2号イ（4）、第3号イ（4）及び第3号の2ニ等に規定する実績の報告を、別紙様式3-1、3-2及び3-3に定める様式により作成の上、各事業年度における最終の加算の支払があった月の翌々月の末日までに、都道府県知事等に対して提出し、根拠資料と併せて2年間保存することとする。

　このため、令和6年度の実績報告書の提出期日は、令和7年3月分の加算の支払が令和7年5月であることから、通常の場合、令和7年7月31日となる。

> **解説7**
> 　処遇改善加算等については「事業年度における最終の加算の支払いがあった月の翌々月の末日まで（つまり毎年7月末まで）」に、その年度において実施した処遇改善の内容を「障害福祉サービス等処遇改善実績報告書」として提出する必要があります。これは一本化前も後も同様です。
> 　なお、計画書に記載した内容通りの改善内容でなければならないわけではなく、例えば、計画書の賃金改善内容とまったく違う賃金改善を実施したとしても実績報告書は受領されます。
> 　ただし、処遇改善加算等として受給した金額は必ず福祉・介護職員への賃金改善として「使い切る」必要があり、この点においては変更が認められませんので注意が必要です。

## （4）複数の障害福祉サービス事業所等を有する障害福祉サービス事業者等の特例

　複数の障害福祉サービス事業所等を有する障害福祉サービス事業者等については、別紙様式2及び3の処遇改善計画書等について、事業者（法人）単位で一括して作成して差し支えない。

　その際、処遇改善計画書等は、各障害福祉サービス事業所等の指定権者である都道府県知事等に対して、それぞれ上記（1）から（3）までに記載の期日までに、届出を行うこと。なお、各障害福祉サービス事業所等の指定権者に提出する処遇改善計画書等の記載事項は、「提出先」の項目以外は同一の内容で差し支えない。

> **解説8**
> 　処遇改善加算計画書については、「事業所ごと」に計画を作成することもできますし、すべての事業所をまとめて「法人一括で」計画を作成することも可能です。
> 　事業所ごとに作成した場合は、当該事業所において受給した加算額をそのまま当該事業所の職員に配分しますが、法人一括の場合は計画書に記載したすべての事業所において受給した加算額の合計を、各事業所に振り分けることが可能です。

## （5）処遇改善計画書・実績報告書等の様式の特例

　障害福祉サービス事業者等の事務負担に配慮し、同一法人内の事業所数が10以下の障害福祉サービス事業者等については、別紙様式6により、大臣基準告示第2号イ（4）並びに令和6年4月大臣基準告示第2号イ（2）、第3号イ（4）及び第3号の2ニ等に規定する処遇改善計画書の作成及び提出を行うことができることとする。また、事務負担への配慮が特に必要な、令和6年3月時点で加算を未算定の事業所が、令和6年6月以降、新規に新加算Ⅲ又はⅣを算定する場合には、新加算Ⅲ又はⅣに対応する令和6年4月及び5月の旧3加算の区分の算定と併せて、別紙様式7-1により処遇改善計画書の作成及び提出を行うことができることとし、別紙様式7-2により、大臣基準告示第2号イ（4）並びに令和6年4月大臣基準告示第2号イ（4）、第3号イ（4）及び第3号の2ニ等に規定する実績の報告を行うことができることとする。

　なお、処遇改善計画書を別紙様式6により作成した場合にあっては、実績報告書については、通常の場合と同様に、別紙様式3により作成及び提出を行うこと。

> **解説9**　第5章で触れた通り、令和6年度における処遇改善加算計画書は、厚生労働省において「別紙様式2」「別紙様式6」「別紙様式7」の3つの様式が示されており、事業所数の規模等によって使用する様式が異なるので、注意が必要です。
>
> 　別紙様式2……事業所数が11以上の場合に使用
>
> 　別紙様式6……事業所数が10以下の場合に使用（※）
>
> 　別紙様式7……令和6年4月または5月から新たに処遇改善加算を算定し、かつ令和6年6月以降は新加算ⅢまたはⅣを算定する場合に使用（※）
>
> 　※別紙様式6または7の要件に該当する場合であっても、別紙様式2を使用して提出することは問題ありません。

## 5．都道府県知事等への変更等の届出

### （1）変更の届出

　障害福祉サービス事業者等は、新加算を算定する際に提出した処遇改善計画書の内容に変更（次の①から⑤までのいずれかに該当する場合に限る。）があった場合には、次の①から⑤までに定める事項を記載した別紙様式4の変更に係る届出書（以下「変更届出書」という。）を届け出ること。

　また、⑥に係る変更のみである場合には、実績報告書を提出する際に、⑥に定める事項を記載した変更届出書をあわせて届け出ること。

　なお、届出の期日については、算定を開始する月の前月15日までに、当該障害福祉サービス事業所等の所在する都道府県知事等に提出するものとする。

①　会社法（平成17年法律第86号）の規定による吸収合併、新設合併等により、計画書の作成単位が変更となる場合は、変更届出書及び別紙様式2-1を提出すること。

②　複数の障害福祉サービス事業所等について一括して申請を行う事業者において、当該申請に関係する障害福祉サービス事業所等に増減（新規指定、廃止等の事由による。）があった場合は、変更届出書及び以下に定める書類を提出すること。

・旧処遇改善加算については、別紙様式2-1の2（1）及び別紙様式2-2

・旧特定加算については、別紙様式2-1の2（1）及び3（6）並びに別紙様式2-2

・旧ベースアップ等加算については、別紙様式2-1の2（1）及び3（3）並びに別紙様式2-2

・新加算については、別紙様式2-1の2（1）、3（2）及び3（6）並びに別紙様式2-3及び2-4

③　キャリアパス要件ⅠからⅢまでに関する適合状況に変更（算定す

る旧処遇改善加算及び新加算の区分に変更が生じる場合に限る。）があった場合は、キャリアパス要件の変更に係る部分の内容を変更届出書に記載し、別紙様式2-1の2（1）及び3（4）から（7）まで並びに別紙様式2-2、2-3及び2-4を提出すること。

④　キャリアパス要件V（配置等要件）に関する適合状況に変更があり、算定する加算の区分に変更が生じる場合は、配置等要件の変更の内容を変更届出書に記載し、別紙様式2-1の3（7）並びに別紙様式2-2、2-3及び2-4を提出すること。

また、喀痰吸引を必要とする利用者の割合についての要件等を満たせないことにより、特定事業所加算を算定できない状況が常態化し、3か月以上継続した場合も、同様に変更の届出を行うこと。

⑤　また、算定する新加算等の区分の変更を行う場合及び新加算等を新規に算定する場合には、変更届出書及び以下の様式を記載すること。

・旧処遇改善加算、旧特定加算及び旧ベースアップ等加算については、別紙様式2-1及び2-2

・新加算については、別紙様式2-1、2-3及び2-4

⑥　就業規則を改訂（福祉・介護職員の処遇に関する内容に限る。）した場合は、当該改訂の概要を変更届出書に記載すること。

**解説10**

処遇改善加算計画書については、例えば、会社の合併、事業所の新設・廃止、キャリアパス要件の区分の変更などが年度途中に生じた場合、速やかに届出を行う必要があります。特に事業所の新設の場合、この変更届を提出しておかなければ当該事業所において加算の算定ができないこともありますので、注意してください。

## （2）特別事情届出書

事業の継続を図るために、職員の賃金水準（加算による賃金改善分を除く。以下この5において同じ。）を引き下げた上で賃金改善を行う場合には、以下の①から④までの事項を記載した別紙様式5の特別な

事情に係る届出書（以下「特別事情届出書」という。）を届け出ること。なお、年度を超えて福祉・介護職員の賃金を引き下げることとなった場合は、次年度の新加算を算定するために必要な届出を行う際に、特別事情届出書を再度提出する必要がある。

① 新加算等を算定している障害福祉サービス事業所等の法人の収支（障害福祉サービス事業による収支に限る。）について、サービス利用者数の大幅な減少等により経営が悪化し、一定期間にわたって収支が赤字である、資金繰りに支障が生じる等の状況にあることを示す内容

② 福祉・介護職員（その他の職種を賃金改善の対象としている障害福祉サービス事業所等については、その他の職種の職員を含む。以下この5において同じ。）の賃金水準の引き下げの内容

③ 当該法人の経営及び福祉・介護職員の賃金水準の改善の見込み

④ 福祉・介護職員の賃金水準を引き下げることについて適切に労使の合意を得ていること等の必要な手続きに関して、労使の合意の時期及び方法等

**解説11**
　処遇改善加算については、原則として、当該加算導入前における賃金水準を下げたうえでの賃金改善（例：時給1,000円の福祉・介護職員を、処遇改善加算算定に伴って時給900円に引き下げ、そのうえで100円の賃金改善をしたとするなど）を行うことは認められていません。ただし、上記のようにやむを得ない事由がある場合には、特例的に届出を行うことによって、このような措置が認められる仕組みとなっています。

## 6. 届出内容を証明する資料の保管及び提示

　新加算等を算定しようとする障害福祉サービス事業者等は、処遇改善計画書の提出に当たり、処遇改善計画書のチェックリストを確認するとともに、記載内容の根拠となる資料及び以下の書類を適切に保管し、都道府県知事等から求めがあった場合には速やかに提示しなけれ

ばならない。

イ　労働基準法（昭和22年法律第49号）第89条に規定する就業規則等
　（賃金・退職手当・臨時の賃金等に関する規程、別紙様式2-1の3
　（4）のうちキャリアパス要件Ⅰに係る任用要件及び賃金体系に関す
　る規程、別紙様式2-1の3（5）のうちキャリアパス要件Ⅲに係る
　昇給の仕組みに関する規程を就業規則と別に作成している場合に
　は、それらの規程を含む。以下同じ。）

ロ　労働保険に加入していることが確認できる書類（労働保険関係成
　立届、労働保険概算・確定保険料申告書等）

**解説12**

　処遇改善加算計画書の提出にあたっては、以前は計画書の添付書
類として「就業規則（従業員数が10人未満で就業規則を作成していない場
合は雇用契約書や処遇改善の内容を記した覚書など）」や「労働保険料を
納入していることがわかる書面（労働保険関係成立届、労働保険概算・確
定保険料申告書等の写しや労働保険料の領収書など）」が必要でした。

　しかし、現在では事業者が当該書類を適切に保管していることを前提
として、こうした添付書類の提出が省略されています。ただし、別途都道
府県等からの求めがあった場合には速やかに当該書類を提出しなければ
なりません。

## 7．新加算等の停止

　都道府県知事等は、新加算等を取得する障害福祉サービス事業者等
が（1）又は（2）に該当する場合は、既に支給された新加算等の一
部若しくは全部を不正受給として返還させること又は新加算等を取り
消すことができる。

　なお、複数の障害福祉サービス事業所等を有する障害福祉サービス
事業者等（法人である場合に限る。）であって一括して処遇改善計画書
を作成している場合、当該障害福祉サービス事業所等の指定権者間に
おいて協議し、必要に応じて監査等を連携して実施すること。指定権

者間の協議に当たっては、都道府県が調整をすることが望ましい。

（１）　新加算等の算定額に相当する賃金改善が行われていない、賃金水準の引下げを行いながら５（２）の特別事情届出書の届出が行われていない等、大臣基準告示等及び本通知に記載の算定要件を満たさない場合

（２）　虚偽又は不正の手段により加算を受けた場合

**解説13**
　虚偽や不正な手段による処遇改善加算等の届出等を行った場合には、当該加算の全部または一部を返還させられることとなります。実績報告書の不整合や虚偽の報告を行うことがないよう、日頃から加算の受給額や配分額について適切に管理しておくことが求められます。

## ８．新加算等の算定要件の周知・確認等について

　都道府県等は、新加算等を算定している障害福祉サービス事業所等が新加算等の算定要件を満たすことについて確認するとともに、適切な運用に努められたい。また、新加算等を算定する障害福祉サービス事業者等は、以下の点に努められたい。

（１）　賃金改善方法の周知について

　新加算等を算定する障害福祉サービス事業者等は、当該事業所における賃金改善を行う方法等について処遇改善計画書を用いて職員に周知するとともに、就業規則等の内容についても福祉・介護職員等に周知すること。

　福祉・介護職員等から新加算等に係る賃金改善に関する照会があった場合は、当該職員についての賃金改善の内容について、書面を用いるなど分かりやすく回答すること。

（２）　労働法規の順守について

　新加算等の目的や、令和６年４月大臣基準告示第２号イ（５）及び大臣基準告示第２号イ（５）等を踏まえ、労働基準法等を遵守するこ

と。

> **解説14** 　処遇改善計画書については都道府県等に届出を行うほか、職員にも周知を行う必要があります。周知にあたっては、「事業所内における掲示」「メール送信」「文書配付」「回覧」のいずれかの方法で実施しなければなりません。
>
> 　また、新加算等を算定する事業所は、「労働基準法等を遵守」することが、令和6年度においても、付け加えられています。

## 9．その他

### （1）障害福祉分野の文書に係る負担軽減に関する取組について

　新加算等の様式の取扱いについては以下の通りとすること。

① 　別紙様式は、原則として、都道府県等において変更を加えないこと。

② 　処遇改善計画書及び実績報告書の内容を証明する資料は、障害福祉サービス事業者等が適切に保管していることを確認し、都道府県等からの求めがあった場合には速やかに提出することを要件として、届出時に全ての障害福祉サービス事業者等から一律に添付を求めてはならないこと。

③ 　別紙様式について押印は要しないこと。

　なお、更なる負担軽減を図る観点から、令和5年度分からは、これまで以上の様式の簡素化を行っている。

**解説15**　これまでは、処遇改善計画書については都道府県等によって様式がバラバラであり、添付書類についても提出義務があったり、なかったりとまちまちで、統一性が図られていませんでした。複数の都道府県に事業所のある法人にとっては特に事務手続が非常に煩雑なものとなっていました。

しかし、現在では事務負担の軽減の観点から「様式の統一」と「添付書類の省略」、そして「計画書等への押印の省略」が通達内に明示され、事業所における事務負担が大幅に軽減されました。令和6年度からは事業所規模による様式の使い分けの実施などにより、さらに事務負担の軽減がなされることとなりました。

## （2）新加算等の取得促進について

障害福祉サービス事業者等における新加算等の新規取得や、より上位の区分の取得に向けた支援を行う「処遇改善加算等取得促進事業」を適宜活用されたい。また、国が当該事業を行うに当たっては、ご協力をお願いしたい。

## （3）令和5年度の旧3加算に係る届出について

本通知は令和6年度の旧3加算及び新加算に係る届出に適用することとし、令和5年度の旧3加算の届出は、「福祉・介護職員処遇改善加算等に関する基本的考え方並びに事務処理手順及び様式例の提示について」（令和5年3月10日障障発0310第2号厚生労働省社会・援護局障害保健福祉部障害福祉課長通知）に基づき行うものとする。

以上

# 第7章

# 職責制度と賃金制度

　ここまでの章を見ると、事業所、特に比較的小規模な事業所の方々にとって、処遇改善加算を算定することは煩雑・面倒で逆に事業所のコストが増加するように思われるかもしれません。

　しかし、処遇改善加算の仕組みを上手く活用すれば従業員のモチベーションを大きく高めることが可能です。処遇改善加算の要件は、職員の人事考課制度を定めるうえで非常に理にかなっています。

　また、賃金制度を整えるにはどうしても一定の人件費への投資を行う必要がありますが、例えば給与の階層化を行うために処遇改善加算の配分額を利用するなど、処遇改善加算を賃金制度構築の原資とすることも可能です。さらに、処遇改善加算以外にも、人事考課制度・賃金制度構築に利用できる厚生労働省の助成金が存在します。

　「そろそろ従業員も増えてきたし、賃金体系をきっちり定めないといけないな」「人事考課制度はすでにあるけれど、この機会に見直しをしたいな」とお考えの事業所は、ぜひこの処遇改善加算や助成金を利用して制度の構築または見直しを行ってみてください。

## 1 人事考課制度、賃金制度の設計にあたっての留意点

　ここでは処遇改善加算から少し離れ、そもそも人事考課制度、賃金制度とは何か、導入する意義とメリット、そして制度設計にあたって気を付ける点について解説します。

### （1）人事考課制度とは何か？

　事業所が持続・成長し続けていくためには、そこで働いているすべての従業員について適材適所の配置を行うとともに、適正な処遇を行わなければならず、また、従業員のより一層の能力開発を行わなければなりません。

　「人事考課」とは、上記の適材適所の配置、処遇、能力開発のための情報を収集・分析し、さらに評価・フィードバックするための仕組みのことをいいます。

　人事考課で分析し、評価する対象は、従業員の「仕事における価値」となり、つまりは組織においてその従業員が取り組む仕事の「貢献度」を分析・評価するということです。

### （2）賃金制度とは何か？

　人事制度は人事考課制度、人材育成、人材の活用、そして「人材の処遇」を有効に組み合わせて運用することによって効果を発揮します。この「人材の処遇」にあたるのが賃金制度です。

　従業員の生活の基盤を支えるのは賃金であり、いかに人事考課制度を充実させても、それを給与に反映させることができなければ、従業員の生活を豊かにすることはできません。そのため、賃金制度の設計・見直しについても、従業員の定着促進には欠かせない要素となり

ます。

　賃金制度とは、賃金を「何を基準（目的）にして」支払うのかという「賃金項目」と、その項目ごとの「賃金額」を決めることです。賃金項目には例として次のようなものがあり、事業所の実情に応じて必要な要素を取り入れていくこととなります。

> ○賃金項目の例
> 基本給（例）：職務給、職能給、歩合給　など
> 諸手当（例）：役職手当、資格手当、営業手当、家族手当、子女教育手当、
> 　　　　　　　通勤手当　など

## （3）人事考課制度、賃金制度を導入するメリット

　人事考課制度、賃金制度を導入するには多大な労力がかかりますが、うまく導入・運用できれば、それに見合うだけの大きなメリットがあります。

### ○　組織文化の抜本的な変革ができる

　障害福祉サービスは平成18年から開始されたサービスであり、それまでにも措置制度の時代から障害福祉の事業所はあったものの、制度化されて間もない分野です。そのため、他の業界ではある程度確立されている人事考課制度や賃金制度が未だ十分に浸透しているとはいえず、経営者の感覚で従業員の人事や給与を決定しているということも珍しくはありません。

　人事考課制度・賃金制度のない事業所においては、評価基準が曖昧であり、そのため、「一生懸命にやる人」「手を抜いて仕事をする人」「頑張っても成果をあげられなかった人」「やる気がなくてもたまたま成果がでた人」が混在していたとしても、それを明確な基準で評価し、処遇を決定することが困難です。

　人事考課制度等を導入することによって、その曖昧な評価基準が明確なものとなり、上司は自信をもって部下を教育することが可能とな

り、部下は自らの仕事に自信をもって取り組み、また必要な能力を開発するための機会を得ることが可能となります。

人事考課は、従業員が自ら考え、動くという「従業員主導の事業所経営」を行うための重要な仕組みとなるのです。

## ○　従業員の能力開発を促進できる

従業員のスキルアップのために内部研修・外部研修を導入している障害福祉サービス事業所は多く存在しますが、研修のみではどうしても従業員個々の個性や能力に応じた能力開発は難しく、一律のいわば最大公約数的な能力開発を行うのが精一杯です。

人事考課制度においては、事業所における「あるべき人物像」をもとにした基準をもとに、評価の基準が明確、明快、明白となるため、従業員に足りない能力、充足している能力を本人自身がフィードバックによって明確に知ることができます。

また、上司も部下の教育を行うにあたり、どの点に留意して能力開発を行わなければならないかが明確となるため、必然的に事業所全体の能力開発を体系的に行うことが可能となるのです。

## ○　組織への貢献度に応じた処遇ができる

事業所において、「やってもやらなくても同じ」という考えが従業員の間に蔓延していたのでは、従業員の質の向上はおろか、惰性による仕事を助長することにもなりかねません。ことに障害福祉サービス事業所では、利用者への対応やケアといった、自分の行った業務の成果を自身では測定しにくいため、こうした傾向はより顕著に出ることがあります。

人事考課制度等を導入することで、組織の貢献度に応じて給与や賞与を配分することが可能となり、あるべき公正な評価・処遇を実現することができます。

## ○　管理者層のマネジメント能力の強化ができる

「ほかの人の仕事ぶりを評価する」ということは従業員にとって大きなプレッシャーとなります。特に「福祉」という業界では、人への判

断や差別を悪とする（平等に接しようとする）傾向にあるため、こうした評価を嫌う従業員も多く存在します。しかし、それは自分以外の従業員の仕事ぶりを日頃から客観的に見るための訓練にもなり、事業所の従業員としての大きな成長の機会ともなります。

　人事考課制度等の導入によって、管理者層の従業員をはじめ、すべての従業員に対して「人事考課」という機会を通じて、リーダーシップや部下の育成能力、そしてマネジメント能力の向上を図ることが可能となります。

## ○　上下間のコミュニケーション強化が図れる

　人事考課制度のない障害福祉サービス事業所においては、どうしても「管理者や経営者が従業員を一方的に評価する」という方式になりがちです。

　しかし、人事考課制度においては、「評価」を「裁断」ではなく、「能力開発の一環」として位置付けているため、上司からの評価は「フィードバック」という形で従業員ないし部下に還元されるほか、そのフィードバックの機会そのものが上司と部下の意思疎通、つまりコミュニケーションの機会となります。それにより、わざわざ会議やミーティングの機会を設けることなく、人事考課制度を通じて上司・部下の間の意志疎通を行うことが可能となります。

## ○　事業所の活性化が図れる

　事業所を取り巻く経済環境は常に変化し続けています。障害福祉サービスは少なくとも３年に１度は見直しが図られるため、その都度政府の方針転換や法改正が行われます。これからもその流れは加速こそすれ、緩やかになることはないでしょう。このようななかにおいて、事業所は常に環境に適応できるような「柔軟さ」を維持し続ける必要があります。そのためには、従業員１人ひとりの能力を把握し、育成し、適材適所に配置していくことで事業所の活性化を図っていくことが必須となります。

　人事考課制度等を導入することで、従業員１人ひとりの隠された能

力を発掘し、それを職務に発揮させることが可能となります。

## （4）人事考課制度、賃金制度の設計にあたっての留意点

　人事考課制度、賃金制度は、具体的制度設計について詳細に解説しようとすると、それだけで数冊の本になるほどのものです。また、人事考課制度、賃金制度については様々な専門家の方が書かれた書籍が多数出版されていますし、制度についての詳細を解説することは本書の主旨ではないため、制度設計についての解説は割愛します。

　ただ、制度設計にあたっては留意しなければならない重要なポイントがいくつか存在しますので、以下で解説していきます。

### ●人事制度設計上の留意点

① 第1の目的は能力開発とし、第2の目的は給与面等の処遇に置くこと
② 人事考課制度は、あくまでも制度全体の一部分としてとらえること
③ 基準の具体化を行うこと
④ 結果、能力、過程のすべてを重視した制度とすること
⑤ 人事考課結果はできる限り数値化すること
⑥ 考課結果を必ず開示すること
⑦ 考課者研修や実践訓練等、考課する側の教育をしっかりと行うこと
⑧ 従業員の理解を十分に得ること
⑨ 職員へのフィードバックを行うこと

### ① 第1の目的は能力開発とし、第2の目的は給与面等の処遇に置くこと

　人事考課の第1の目的は評価ではなく、「能力開発」です。

　いかなる事業所であっても、その根幹となるのは「人材」です。その人材は適切なフィードバックを受け、能力開発の方向性を指し示されることではじめて、さらなるスキルアップを図ることができます。このために人事考課が必要であるということにまず留意すべきです。

　ただ、やはり「頑張っても頑張らなくても同じ」というように思われては従業員の動機付けにはなりません。評価した内容をきちんと「給与面での処遇」に反映させてこそ、従業員のモチベーションも向上するため、給与面等の処遇への反映（賃金制度）も重要です。

## ②　人事考課制度は、あくまでも制度全体の一部分としてとらえること

　人事考課はそれ単体では機能することはありません。等級制度や人事異動など、他の人事制度等と相まってはじめて有効に機能するものであり、これらと人事考課制度を切り離すことなく、「制度全体として」機能させるという意識が重要です。

## ③　評価基準の具体化を行うこと

　前述の通り、人事考課はそれ単体では機能しません。評価の基準が曖昧なものであれば、必然的に人事考課も曖昧なものとなり、ひいては制度全体が曖昧なものとなってしまいます。そのため、評価基準、つまり「事業所で求める人物像」は職位ごとにできる限り具体化し、誰の目にも明快なように作成しておく必要があります。

　言い換えれば、明確な「人物像」のイメージなくして有効な人事考課はないということです。

## ④　結果、能力、過程のすべてを重視した制度とすること

　人事考課制度において重視すべきは、従業員の出した「結果」です。しかし、結果ばかりを重視しすぎても、「結果よければすべてよし」という結果偏重の歪んだ風土を生んでしまいます。そのため、「能力」や「過程」も同様に重視し、この3つを密接に関連付けたうえで人事考課制度を構築していく必要があります。

## ⑤　人事考課結果はできる限り数値化すること

　「人を評価する」ということは、ともすれば定性的な（つまり数字で表せない部分に着目する）ものになりがちです。

　「A・B・C・D・E」というようなアルファベットによる評価指標を設ける組織も多いですが、各項目の評価はこれでいいにせよ、仕事ぶ

り全体を総合的に評価するには限界があります。そのため、人事考課の結果はできる限り「数値」として表し、定量的・総合的に評価を行うということが重要となってきます。

## ⑥　考課結果を必ず開示すること

人事考課の結果を従業員に開示しなければ、従業員側からすれば密室裁定のような印象を受け、その評価結果に対する不信感をぬぐうことはできません。そのため、考課結果は必ず従業員に開示することが必要となります。

従業員に考課結果を公開することは、考課者によってはかなり抵抗があり、「自分が行った評価に文句を言われるのでは……」と不安に思われるかもしれません。しかし、考課結果を知ることができなければ、それをもとにした本人へのフィードバックや能力開発も行うことができず、せっかくの人事考課制度が意味のないものになってしまいます。

従業員を信頼し、自分の行った評価に自信をもってフィードバックすることが重要です。

## ⑦　考課者研修や実践訓練等、考課する側の教育をしっかりと行うこと

人事考課制度は当然ながら、「人が人を評価する」ものです。そのため、ともすれば上司が部下を「絶対者」として評価したり、仕事に関係のない個人的な側面を評価したりすることもままありますが、これでは正しい人事考課は望むべくもありません。そのため、人事考課を行う側、つまり「考課者」が誤った評価をすることがないように、訓練や教育を十分に行うことが必要です。

## ⑧　従業員の理解を十分に得ること

管理者だけが制度を把握していても意味がありません。従業員が人事考課制度の意味を知り、結果を自身の能力開発等に活かしてこそ、初めて制度が意味のあるものとなります。

よって、人事考課の仕組みや意義を従業員がしっかり理解することができるよう、その機会を十分に与えることが重要となります。

### ⑨ 職員へのフィードバックを行うこと

何度も繰り返すようですが、人事考課の第1の目的は「能力開発」であり、能力開発には考課結果の従業員へのフィードバックが必須です。

有意義なフィードバックとするため、考課を行ったらそれで終わりではなく、例えば上司との面接や部下指導など、きちんとその結果を「仕事や能力開発へ活かしていく」ことが必要です。

## ●賃金体系設計上の留意点

### ① 基本給について

基本給は、大きく分けて「職能給」としての部分と「職務給」としての部分に分かれます（営業成績等によって給与を決定する「歩合給」というものもありますが、性質上、障害福祉サービス事業所には採用されにくいので割愛します）。

「職能給」とは、その従業員の「職務遂行能力」に着目し、事業所の中でより高い等級、より高い役職に上がっていくことを前提としています。これは、能力によって考課を決定する「職能資格等級制度」において非常に有効であり、多くの企業が採用している人事制度です。ただし、適切な運用のためにはきちんと人事考課制度によって個々人の能力を評価する必要があり、たんに在籍年数が増えれば給与が上がる、という年功的なものにならないことに注意して運用することが重要です。

これに対して「職務給」とは、その従業員が担当する「仕事（職務・職責・役割）」を基準にして決定します。

> 担当する職務の例（就労継続支援事業所の場合）
> ・工賃の管理や目標設定を担当している。
> ・作業班の班長として工程管理を担当している。
> ・事業所内の設備の改善とメンテナンスを担当している。
> ・事業所の人材の訓練・育成計画の作成と推進を担当している。

　職務給は、具体的にどのような仕事・職務・役割を担っているかによって、その難易度を評価して給与を決定する賃金体系です。担当する職務によって賃金を決定するため、職務の変更による賃金の見直しや人事異動が行いやすく、柔軟な組織にすることができるのが特徴です。

　職務給は、事業所によっては職能給と明確に区分しやすくするため、基本給ではなく、「手当（例：役職手当、営業手当など）」として導入していることもあります。

　例えば下記のような形で、上記の職能給、職務給をうまく組み合わせることで運用していくことが重要です。

---

○基本給＝職能給＋職務給
　職能給→人事考課制度によって昇給
　　（例：人事考課で60点以上→5,000円、80点以上→8,000円昇給）
　職務給→配置する役職によって支給
　　（例：職業指導員→2,000円、目標工賃達成指導員→5,000円）

---

## ②　手当について

　手当とは、基本給とは別に、従業員の職務や個人の状況によって支給される賃金体系です。

　手当には、大きく分けて2種類あります。

---

a. 従業員の役職や職務によって支給される手当（職務給と類似）
　　例：営業手当、役職手当、運転手当など
b. 従業員の個人の状況によって支給される手当
　　例：扶養手当、住宅手当、通勤手当など

---

　なお、処遇改善加算を「手当」として支給するケースも多くありますが、これは「直接処遇職員」という役職に支給される、という意味ではaの分類に該当するかと思います。

　手当は闇雲に多く設定しようとすると、従業員ごとの手当支給の可

否の判断が煩雑になってくるほか、事業所の財政の圧迫にもつながりかねません。

　また、基本給が「従業員の能力や職務」を主眼としているのに対し、手当は従業員の「状況」を主眼としています。言い換えれば、「私達の事業所はこうした状況の従業員（営業ができる人、運転（送迎）ができる人、家族がいる人、持ち家がある人）を大事にしていますよ」という、従業員へのメッセージともなります。よって、人事考課制度で設定した「あるべき人物像」を基にし、手当の種類・金額を吟味して決定することが大切です。

> 本書の巻末に人事考課制度の1つである「職能資格制度」の規程例や、人事考課として評価を行うための評価シートの例を載せましたので、ご参照ください（新処遇改善加算を算定するための要件も満たしたうえで作成しています）。

## 2 処遇改善加算を真に有用なものにするために

　処遇改善加算は前述の通り、今やほとんどの障害福祉サービス事業所が算定しています。厚生労働省が行った令和4年度障害福祉サービス等従事者処遇状況等調査」の結果によると、障害福祉サービス事業所（入所施設等の施設サービスも含む）の処遇改善加算の取得（届出）率は全体79.3％。そのうち、「処遇改善加算Ⅰ」を算定している事業所は、全体で実に67.3％と、半数以上の事業所が処遇改善加算Ⅰを算定しているという結果でした。特定処遇改善加算についても全体で72.3％ベースアップ等支援加算については実に86.8％の事業所が算定しており、いずれも高い水準の算定率となっています。

　しかし、処遇改善加算の趣旨は「より多くの加算を事業所がもらう

こと」ではなく、「福祉・介護職員の給与を少しでも向上させる（あるいはそのための仕組みをつくる）こと」です。

「福祉・介護人材の処遇改善助成金事業」の開始からはや10年以上が経過しましたが、福祉・介護職員の賃金水準は未だ低い水準にあります。平成28年12月から平成29年4月までにきょうされんが実施した「障害者支援事業所職員労働実態調査報告」によれば、障害者支援事業所で勤務する従業員の給与水準の比率は「年収300万円未満」が60.3%と多数を占め、「300万円から500万円未満」は33.4%、「年収500万円以上」の従業員はわずか6.3%となっています。

「続けたくても給与が低いので生活ができない」「将来設計の見通しがたたない」として、他の業界に転職する障害福祉サービス従事者も多いと見込まれており、賃金水準の改善ときちんとした将来設計ができるキャリアパス制度の整備は今後も障害福祉サービス業界を取り巻く大きな課題となっていくでしょう。

よって、せっかく定めた人事考課制度、賃金制度、昇給制度が従業員の離職防止やモチベーションの向上のために適切に機能するように、算定後も気を配っていく必要があります。

将来的にはおそらく実績報告書の確認や実地指導における処遇改善加算のチェックの強化がされるものと思われますので、今のうちに従業員に定めた制度についての周知と共有を徹底し、処遇改善加算の要件を満たし続ける体制を整えていくことが必要です。

第 *8* 章

# 人材獲得のための 戦略とマネジメント

　障害福祉サービス事業において、人材はサービスの要となる重要な要素です。

　より良い人材の獲得は、そのまま事業の拡大とサービスの質の向上につながり、その逆もまた然りとなります。また、そうして得た優秀な人材をどのように組織し、どのように機能させるかという「マネジメント」の考え方を取り入れることも、これからの福祉事業の経営には非常に重要になってくるものと見込まれます。

　本章では、障害福祉サービスにおける人材獲得のための手法、そして障害福祉サービス事業所の安定的かつ継続的な経営を行うためのマネジメントの方法について解説していきます。

## 1 人材獲得のための戦略

　障害福祉サービス事業所において、「いい人材が集まらない」「募集してもなかなか人が来ない」「せっかく採用してもすぐに辞めてしまう」という声をよく耳にします。良い人材の獲得と定着は、障害福祉サービス業界に限らず、福祉業界全体にとって非常に深刻な問題です。

　近年、福祉業界においては求人広告を出したとしても、ハローワークなどの無料広告はもちろん、有料広告であっても有資格者や経験者からの応募がほとんどなく、やむなく人材紹介会社を経由して高額な紹介手数料を支払ったり、人材派遣を利用したりしてどうにか人材を確保しているというのが現状です。

　しかし、これからの障害福祉サービス事業所においては「従業員にとっていかに魅力ある職場にできるか」という視点で考えていかなければ、良い人材は集まりません。つまり、「人をどこから集めてくるか」ではなく、「どうしたら（自発的に）人が集まってくるか」を考えていく必要があります。ここでは、そのための1つの考え方について紹介していきます。

## 「人を集める」事業所ではなく、「人が集まる」事業所になるステップ

### フェーズ①→認知・啓発

まずは自分の事業所を「知って」もらう必要がある。

### フェーズ②→理念・ビジョンの明確化

「ここで働きたい！」という強力で一貫性のある
理念とビジョンを打ち出す必要がある。

### フェーズ③→人事考課・キャリアパス制度の構築

できる限り公平で、働きがいがあり、豊富な経験が積め、
自分の将来がイメージできる制度をつくる必要がある。

## （1）人材が事業所を選ぶ過程、人材のニーズ

　人材が事業所を選ぶ際、当然のことながら闇雲に選んでいるわけではありません（仮に「手当たり次第に受けている！」という方がいたとしたら、採用には慎重になったほうがよいでしょう）。

　では、どのような基準で選んでいるのでしょうか。一言でいえば、「自分の持っているニーズ」によってつくられた「自分の中の選択肢」から選んでいます。

　人材が自らの選択肢をつくるまでには、いくつかの過程があります。まずはすべての事業所の中から「認知」し、そこから自分のニーズと照らし合わせて「考慮」し、考慮した中から候補として「選択肢」になり、この段階になって初めて応募へと至ります。これはマーケティングの分野における「セット」を形成するという考え方です。これは大きく分けて「全体セット」「認知されたセット」「考慮されたセッ

ト」「選択肢セット」に分けられます。

> ①　全体セット
> →人材が選択するしないにかかわらず、存在する選択肢すべてのこと。
> ②　認知されたセット
> →上記①のうち、人材が「認知した（存在を知った）」選択肢のこと。
> ③　考慮されたセット
> →上記②のうち、人材が自分のニーズに照らして厳選した選択肢のこと。
> ④　選択肢セット
> →上記③のうち、人材が実際に応募した選択肢のこと。

　意識するかしないかにかかわらず、人材は上記のように少なくとも4つの段階を得て、応募する事業所の「取捨選択」を行っているのです。

　例えば、Aさんという方が転職活動をしているとします。Aさんは仕事を通じて社会貢献をしたいと考え、これまで経験はないものの、どこかの障害福祉サービス事業所で働くことを検討しています。また、職場は「なるべく自宅から近いところがいい」と考えていて、さらに、社会福祉士の資格を持っていないので、「資格がなくても雇用可能」な事業所や「資格取得のための福利厚生のある」事業所で働きたいと考えています。

　Aさんは、「障害福祉サービスって、どんなものがあるのか？」と考え、まずは求人サイトや転職サイト、求人誌を見ることにしました。

　その後、数ある求人の中から「自分の自宅から近い」事業所をピックアップし、その中からさらに求人内容や会社ホームページを見て、「資格未所持でもOKなところ」「資格取得のための応援制度のあるところ」を厳選し、最終的にC事業所、D事業所の2つに応募することになりました。

　面接後、C事業所、D事業所のどちらからも内定をもらえましたが、面接官の話から、D事業所のほうが研修制度や資格取得支援制度が充実し、未経験者でもキャリアアップを目指しながら働くことができる

と考え、C事業所に決めました。

**6-2：人材が事業所を選ぶまでの過程**

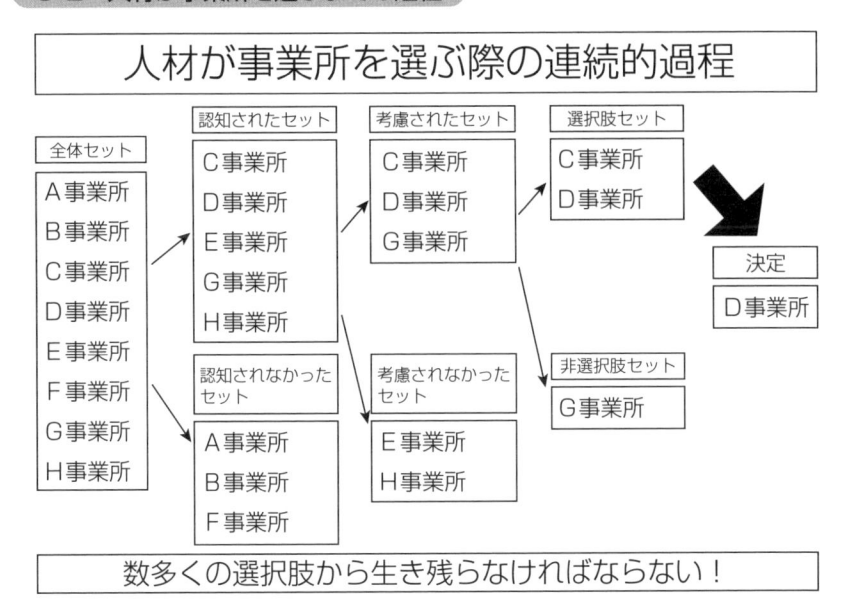

このように、人材はまず「自分のニーズ」を持ち、それを叶えられる可能性のある事業所を多くの「選択肢」の中から検討しています。この選択肢から選ばれる事業所になることが、人材の募集・採用を成功させるポイントとなります。

では、選ばれる事業所となるためには具体的にどのような施策を行えばよいのでしょうか。

次にステップごとにその方法や考え方を解説します。

## （2）ステップ1・事業所を「知ってもらう」

人材を募集する際、まずは「自身の事業所がある」ということ、つ

まり「存在」を知ってもらわなければなりません（認知）。その存在を知ってもらわなければ、そもそも選択肢の中にすら入れないからです。よって、まずは事業所を広く知ってもらうための「啓発」が必要になります。

障害福祉サービス事業所であれば都道府県のホームページ等に掲載されている「指定事業所一覧」等に載っていますが、いかんせん数が膨大なので啓発のためのツールとしてはあまり意味がありません。

事業所の啓発手段として有効なのは、ホームページやブログの開設、地域での広報活動（例えば広報誌の発行、説明会の開催、インターンの募集など）、そして求人誌や求人サイトへの掲載等が挙げられます。

最近では求人誌等の内容だけではなく、ホームページやブログで実際の事業所の経営方針や職場の様子も確認してから応募する人材が増えてきていますので、求人誌だけ、ホームページだけ、と特定のツールに偏ることなく、総合的に事業所を知ってもらえるよう体制を整えていくことが重要です。

## （3）ステップ2・事業所の「思いを伝える」

人材に事業所を認知してもらうことができたら、次は「応募したい」と思ってもらわなければなりません。そのためには、まず事業所のことをよく知ってもらうことが必要です。

事業所の基本情報（所在地や事業内容）はもちろんですが、それだけでは不十分です。「応募したい！」と思わせるには、経営理念や目指しているビジョン、あるいは事業所で行っている挑戦的な取組みなど、応募しようとしている人の心の琴線に触れ、「感情」を動かすようなエモーショナルなメッセージを、求人情報やホームページ等に載せていくことが重要になってきます。

また、事業所がどのような人材を求めているのか、という「求める

人物像」も忘れてはなりません。事業所側で「こういう人材がほしい」と選択肢を狭めてしまうことは、人によっては抵抗があるかもしれませんが、これにはマーケティングにおける「ターゲティング」と同様の効果が期待できます。

　事業所として「求める人物像」を記載しておけば、それに合致しない人、あるいは方向性が違う人はそもそも応募には至りませんので、余計な面接の手間や採用後のミスマッチを回避することができますし、逆に「求める人物像」に近い人材であれば「この事業所は自分を必要としている」と考え、求心力を高める結果にもつながります。

## （4）ステップ3・「働きたい」と思ってもらう

　人材が応募したいと思う事業所の中から自社に決めてもらうためには、「応募したい」だけではなく、「この事業所で働きたい！」と思ってもらうことが必要です。

　言い換えれば、その事業所で採用され、経験やキャリアを積んでいった後のイメージをきちんと持つことができ、事業所で働くことに希望と期待を持ってもらうことができるかどうかです。これは採用後の定着率を高めるためにも非常に大切です。

　そのためには、例えば人事考課制度や評価制度、そして資格取得支援などのキャリアアップ制度の整備や拡充、しっかりとした研修体制の構築、さらには福祉厚生の充実など、現に働いている方々にもメリットがあるような職場環境・制度づくりをしていく必要があります。

**6-3：選ばれる事業所になるためのステップのまとめ**

① 「認知されたセット」になるための方策

「知ってもらう」  ホームページやブログの設置・運営
地域での広報活動（広報誌、説明会、インターン）
求人誌、ハローワークでのPR

② 「考慮されたセット」になるための方策

「思いを伝える」  理念、ビジョンの明確化
事業所としての挑戦や取組みの紹介

③ 「選択肢セット」になるための方策

「働きたい」と
思ってもらう  人事考課・評価制度、キャリアパスの構築
研修体制の構築
福祉厚生の充実

　どの施策も内部における日頃からの努力が必要であり、効果が出るまでには相当の期間が必要でしょう。しかし、これらを地道に行っていけば確実に人材にとって魅力的な職場環境をつくることができ、また事業所にとっての人材採用・定着のための貴重な財産となります。

## 2 人材マネジメントについて

### （1）環境の変化に適応し、「生き残る事業所」になるためには

　障害福祉サービス事業所は平成18年の障害者自立支援法の施行以来、頻繁な法改正によってサービス体系の見直しをその都度迫られてきました。今後も処遇改善加算の改正や新たな加算、サービス類型の創設・廃止などがなされることが予想されます。

　そのため、障害福祉サービス事業所においてはその取り巻く環境の変化に対応するだけの柔軟な「組織力」が必要となってきますが、従

来のような「経営者が事業の全権を握り、事業の方針をすべて決定する」という、いわゆる「経営者主導」のマネジメントでは限界があります。その理由は下記の通りです。

> ①　法改正による環境の変化や利用者とその保護者の多様なニーズに応えるためには、多様な価値観を組織の中に包含させる必要があり、経営者だけの価値観で対応をするには自ずと限界が生じる
> ②　急激な環境の変化をもはや経営者1人だけでは把握しきれないため、変化に気付いた時には事業所の経営が手遅れとなってしまうことがある
> ③　変化に気付いたとしても、（それが大きな事業所や組織であるほど）変化への対応を行動に移すまでには時間を要し、頻繁に行われる法改正や環境変化への対応に間に合わない可能性が高い

　障害福祉サービス事業所は、従来の「経営者主導」のマネジメントから、「従業員主導」のマネジメントへと組織体制を変化させる必要があります。

　「従業員主導」のマネジメントとは、経営者のみが考えるのではなく、「事業所の従業員1人ひとり」が自ら考え、判断し、行動することができる組織形態のことです。

　こうした事業所となることができれば、千変万化する環境変化に事業所の末端までもがアンテナを張って柔軟かつ的確に適応することが可能になります。また、経営者の負担も大きく軽減され、本来の役割である重要な経営判断や経営方針の策定等、マネジメント層にしかできない職務に集中することができます。

　従業員が積極的かつ意欲的に事業所において協働する姿勢をつくることこそ、これからの障害福祉サービス事業所には重要となっていくでしょう。

　そのための具体的なマネジメントについて、解説していきます。

## （2）組織が有効に機能するためのマネジメント

### ①　組織の定義

「組織」とは、「人の集合体」を指します。しかし、人が集まったところで、何らかの「目的」がなければ、それはたんなる烏合の衆となってしまいます。その意味で、組織とは「ある目的を達成するために集合した人の集まり」であると解釈することができます。組織といっても、100人、1,000人集まる必要はなく、2人以上集まって活動を行えば、それはもう立派な組織であるといえます（ちなみに、その組織に法的な人格を持たせ「ヒト」として扱うようにしたのが「法人格」。つまり株式会社であり、有限会社であり、NPO法人です）。

障害福祉サービス事業所もこの「組織」であり、利用者の福祉の増進や就労の促進、生活の質の向上などといった「目的」を達成するために人が集まって活動しています。

### ②　組織が有効に機能するためには

組織として有効に機能するための条件として、「目的」「協働」そして「権限と責任」の3つの要素が挙げられます。

### ○　目　的

前述の通り、人がただ集まっただけでは満員電車と何も変わりません。組織には、その構成員全員が共有する「目的」が必要であり、この「目的」があって初めて組織は個々人の力を束ね、大きくすることが可能となります。

この目的は「理念」「ビジョン」「方針」「計画」などと言い換えることができ、組織の根幹をなす重要な要素です。

### ○　協　働

協働とは「協力して働く」の意味であり、組織の構成員が力を合わせて働くという意味です。この協働を行うためには、「役割分担と遂行」「相互援助」の2つが必要です。

## 【役割分担と遂行】

　役割分担とは、組織の構成員がその役割を分担し、かつ、自分が受け持っている役割を自分自身で遂行することです。必要のない作業に多くの人が従事したり、逆に必要な作業に人手が足りないという事態に陥らないようにするため、この役割の明確な分担と責任を持った遂行が必要となってきます。

　障害福祉サービス事業所においては法律や基準によって管理者、サービス管理責任者などの職責が定められていますが、場合によっては事業所独自の職責（副サービス管理責任者、主任職業指導員など）を設けることも必要であり、法律上の職責を基本としつつ、その事業所独自の役割分担の形をつくっていくことが重要となります。

## 【相互援助】

　相互援助とは、組織の構成員がほかの人が受け持っている役割の遂行を側面から援助することです。利用者に関する重要な情報の共有や、ほかの人が役割を遂行するための支援を行うことを指します。これにより、役割や職責を越えてお互いがお互いを助け合うという関係性が生まれます。

## ○　権限と責任

　組織の構成員には、誰しも「権限」とそれに相応の「責任」が存在します。そして、権限と責任は比例する関係になければならず、マネジメントの上位になればなるほど、権限は強く、責任は重いものとならなければなりません。権限が責任よりも大きい場合は権限の濫用となるおそれがあり、責任が権限よりも大きい場合には役割を適切に遂行できないおそれがあります。この「権限」と「責任」を各人の役割や職責ごとにバランスをとって設定することが重要となります。

　権限と責任を下位の層にうまく移譲することができず、トップに集中しすぎると、その結果として本来は業務運営を指揮する役割を行うべき経営者層がその機能を十分に果たすことができなくなります。ことに障害福祉サービスをはじめとした福祉事業においてはそれが顕著

であり、「経営者が現場あがりでマネジメントをよくわかっていない」「現場での仕事が好きでいつまでたっても現場に入っているため、管理業務がおろそかになっている」など、本来マネジメントが行うべき業務に支障をきたしているケースがしばしば見られますので、権限移譲は特に強く意識をもって行う必要があるといえます。

「目的」「協働」「権限と責任」をきちんと整備してはじめて組織は有効に機能します。しかし、「目的」、つまり事業所としてしっかりとした理念や方針をもっていない、あるいは目的をうまく従業員に伝達できていないため、個々人の力をまとめられずにバラバラになってしまっている組織や、「権限と責任」がトップに集中しているためにワンマン経営になってしまっている組織は多くあります。

従業員主導のマネジメントとするには、まずはこの3つの機能をしっかりと見直し、「正しく機能する組織」に整備していく必要があります。

そのためには、次の「組織の原則」を理解しなければなりません。

### ③　組織の原則

組織をきちんと機能させるためには、いくつかのポイントを考慮したうえで組織をデザインしなければなりません。これを「組織の原則」といいます。

ここでは、特に障害福祉サービス事業所を「従業員主導」のマネジメントとするために課題となる4つの原則について述べていきます。

#### ＜①分業化・専門化＞

アメリカの自動車メーカーであるフォードの創始者、ヘンリー・フォードが行った分業化は、経営者の間では有名です。ヘンリー・フォードは、ある従業員には部品を磨くことだけをさせ、ある従業員にはシャシーの組み立てだけをさせ……、といった具合に、自動車を製造するために一連の作業を細分化し、各人に役割分担をさせることで、すべての作業を同一人が行うのに比べてはるかに効率的な体制を

つくりだし、加えて各人がその作業の習熟度合いを高めることで専門化を促し、各作業の質の向上をも実現しました。

　分業化と専門化は、効率と商品（サービス）の質の向上を行ううえで欠かすことのできない重要な原則です。そして、これを行うためには、「サービスの提供のために必要な作業をすべて洗い出し、細分化する」という作業が必須となります。

　障害福祉サービス事業所、例えば就労継続支援事業所の場合、いかに利用者に効率よく作業を行ってもらうか、いかに従業員がそれをサポートしていくかが重要です。しかし、ただ漫然と作業を行うだけでは当然それは達成されず、いたずらに時間をかけて「やったつもり」になっているケースも見受けられます。

　就労継続支援事業所としての作業の生産性を向上させるためには、まずは作業の「洗い出し」を行い、一連の作業においての1つひとつの工程を明確にしていく必要があります（例えばペンの組立ての作業であれば、部品の確認→組立て→検品→箱詰めなど）。その後、各作業を「細分化」し（例えば「組立て」であれば、ペン先にスプリングを差し込む→ペンをその中に差し込む→ペンの上部に部品を乗せて差し込む→胸ポケット差し込みグリップが付いた部品を手に取り、その穴の中に部品を差し込む→白い握り軸に差し込んでネジを締める→最初に組み立てたボールペンの部品を軸の下側から差し込む→ネジでしっかり締め付ける）、これらの作業を分担して行うだけでも、作業効率は異なります。

　障害福祉サービス事業所の利用者は複雑な作業を苦手とする方も多いですので、一度に行う作業はできるだけシンプルに、かつ反復して行うことができるように工夫していくことが重要です。

## ＜②指揮系統の明確化＞

　指揮系統とは、組織のトップから末端までの権限と責任のラインを表した系統図です。障害福祉サービス事業所でいえば、自分の上司は誰で、自分の部下は誰かを明確にした「組織図」のようなものを指し

ます。この組織図がなければ、指揮系統や上下関係は曖昧なものとなり、誰が誰に従えばよいのかが不明瞭となるという、いわば「ぬるま湯組織」になってしまいます。

この指揮系統を定めるにあたっての留意点は次の2点です。

> ①　指揮系統を明確に示すこと
> ②　①に基づいた指示・報告のシステムを確立すること

①については、前述した「組織図」をつくり、周知するということです。といっても、額縁に飾って満足しているような形だけの組織図ではなく、事業所の全員が理解し、それに基づいて行動できるような、きちんと機能する組織図をつくらなければなりません。そのためには、組織図を尊重したうえで、②のような指示・報告のシステムも構築し、それを組織に徹底させる必要があります。

障害福祉サービス事業所においては法律上の職責が決まっているため、「管理者」「サービス管理責任者」といった上位の役職の指揮系統は明確なことがほとんどですが、逆に「職業指導員」や「世話人」などの職責においては横並びであることが多く、そのため「管理者不在の際の意思決定は誰が行うか」「職業指導員同士で意見が分かれた際はだれが決定するのか」など、現場レベルにおいてトラブルが生じた際に混乱が見受けられます。

これを避けるためにも、例えば「主任職業指導員」を設置し、職業指導員の取りまとめを行ったり、「副サービス管理責任者」を設置し、管理者やサービス管理責任者不在時の利用者対応や意思決定を行わせるなど、法律上の職責にとらわれない指揮系統と組織図を意識してつくることが重要です。

### ＜③管理範囲＞

管理範囲とは、組織の管理者が有効に管理できる部下の人数をいいます。1人の上司の管理範囲が広くなれば組織は効率的になりますが、逆にその上司の負担は大きいものとなります。一方、管理範囲が

小さくなれば、組織内のコミュニケーションがきめ細かに行われるようになり、サービスの質も向上しますが、その分上位の経営者層の絶対数が多くなり、管理コストの増大や大企業病の原因ともなります。

　また、「有効に管理できる部下の人数」も業種によって異なります。一般的に、例えば工場の作業員であれば15〜30人は管理可能といわれていますが、研究職や企画立案を主とするスタッフであれば、2〜3人が限界といわれています。

　障害福祉サービス事業所においては、利用定員がよほど多くなければスタッフは4〜5名、最も多い人員配置が必要となる就労移行支援事業所であっても6〜7名で構成されているケースがほとんどです。そのため、管理範囲を超えるような人員配置となることは稀ですが、例えば管理者が複数事業所の管理者を兼務して各事業所のマネジメントを行う場合などは、上記を踏まえて適切な管理範囲の設定に留意することが必要です。

### ＜④標準化＞

　標準化は、言い換えれば「マニュアル化」のことです。仕事は「特定の人にしかできない」という形のものでは著しく非効率です。誰でも、いつでも、どこでも、一定の仕事が、一定の品質のもとに遂行可能となる体制が、組織においては重要です。この体制を築くために最も有効なのが「マニュアルの作成」なのですが、多くの組織でできていないのが、この点でもあります。

　マニュアルの作成について、一部の事業所では、「応用がきかなくなる」「対応が機械的になる」などと否定的な意見を耳にします。障害福祉サービス事業所では「福祉」という、ある意味人間的な対応を要求される仕事であるため、画一的・機械的な対応が毛嫌いされる傾向にあるからです。

　しかし、障害福祉サービス事業所における支援は「目に見えない」ものであり、ややもすると不明瞭なものです。だからこそ、事業所が「こうあるべき」という基準をきちんとマニュアルとして「形」にし、

それを徹底させるという姿勢が重要となります。

　また、きちんとしたマニュアルがあれば新しく入った従業員にも早く仕事を覚えてもらうことができますし、逆に従業員が退職する際の引継ぎもスムーズになります。

　マニュアル作成の際には、まずは＜①分業化・専門化＞のプロセスにおいて、仕事の細分化を行うことが重要となります。その後、自分たちでじっくりと時間をかけて話し合い、試行錯誤しながら行ったものでなければ有効なものとはなりません。他事業所のマニュアルをそのまま流用したり、形だけのマニュアルを作成して逆に混乱をまねいたり、機能しないマニュアルをつくったりすることのないよう、現場の意見を聞きながら作成する必要があります。

　以上のように、組織として事業所が有効に機能するためには、目的、理念、ビジョンをつくり出し、組織をデザインし、指揮命令系統を整備し、マニュアルを整え、サービスの向上を図る……といった取組みが重要となります。

　そして、何より重要なのは、こうした取組みを「経営者や管理者が中心となって」行うことです。従業員主導で体制を整備しようとしても、経営者や管理者の協力や同意が得られなければ前に進めることは難しくなります。逆説的ですが、「従業員主導」のマネジメントスタイルとするためには、まず「経営者」が率先して組織体制の整備を行う必要があるのです。


## （3）マネジメントの意義とマネジメントサイクル

### ①　「マネジメント」とは

　ここまで「マネジメント」という言葉を多く用いてきましたし、組織の経営においてはよく耳にする言葉であると思います。しかし、そもそもマネジメントとは何でしょうか。この言葉において最も有名で

あるピーター・F・ドラッカーは、「マネジメントとは、組織をして成果をあげさせるための道具、機能、機関である」と定義しています。つまり、組織が成果をあげるために必要なツール、システムあるいは機関こそがマネジメントであるということです。

　もう少し具体的（学術的）にいうと、「マネジメントとは、組織の中で協働する個々人が、設定された目標を効率的に達成する場合における環境を設計し、維持するプロセスである」（ハロルド・クーンツ）ということになります。

　つまり、「経営者が組織の構成員に対して、設定された目標を効率的に達成できるようなシステムを構築」し、それを「構成員に実践」させ、「それを繰り返す（維持する）」プロセス、換言すると「組織が成果をあげるための循環プロセス（システム）」であるといえます。

　組織が成果をあげるためにはマネジメントは必須です。このことは企業のみならず、非営利組織や公共機関についてもいえることであり、障害福祉サービス事業所においても例外ではありません。

　障害福祉サービス事業所をはじめ福祉業界でよく耳にするのが、「マネジメントは利益を生み出すことを目的としたものなので、福祉事業にはそぐわない」という言葉です。しかし、マネジメントの目的は「成果をあげること」であり、利益を生み出すか、社会に貢献するかの最終目的の違いはあれど、成果をあげる責任は営利事業も福祉事業も同様です。

　福祉事業であっても、経営資源（ヒト、モノ、カネ）があることが必要です。マネジメントをおろそかにして事業の継続が不能となることこそ最も避けなければならないことであり、経営者の責務であると肝に銘じなければなりません。

## ②　マネジメントサイクルについて

　では、一概に「マネジメントをする」といっても、どのようなシステムをつくればよいのでしょうか。

　マネジメントとは一種の循環システムであるといえます。この循環システムを形にしたものが、世にいう「PDCA サイクル」です。仕事で成果をあげるためには、まず、「①計画をたて」、それを「②実行し」、その結果を「③検証し」、その検証をもとに「④改善する」という一連の過程が必要です。

　ちなみに障害福祉サービス事業所の方であれば、このサイクルが何かに似ていると感じられるのではないでしょうか。そう、「個別支援計画」の作成過程にも、この考え方が使われています。

　アセスメント→個別支援計画作成→サービス実施→モニタリング→個別支援計画見直し……というサイクルは、利用者への支援のみならず、マネジメントにおいても必要になってくるのです。

　ただ、個別支援計画と異なるのは、このサイクルが1つの組織において1つだけ、とはならないということです。管理者には管理者のPDCA サイクルがあり、職業指導員には職業指導員のPDCA サイクルがあり、新人の従業員には新人の従業員の PDCA サイクルがあり……、というように、PDCA サイクルは組織において複数存在するのが通常です。

　例えば組織内の活動に当てはめるのであれば、次のようになります。

---

① 管理者が事業全体の計画（PLAN）をたてる。
② しかし、管理者は実行（DO）を自身では行わず、その権限をサービス管理責任者や職業指導員、生活支援員に移譲する。一方で、管理者は移譲した仕事を指揮し、監督することになる。
③ 従業員は移譲された権限に基づき、従業員自身が移譲された業務を遂行するための計画（PLAN）をたて、実行（DO）し、その結果を検証（CHECK）し、改善（ACT）する。
④ 管理者は従業員の報告をもとに、移譲した実行（DO）の結果を検証（SEE）し、改善（ACT）し、新たな計画（PLAN）をたてる。

---

　このように、自身の「DO」の部分を下位の人材に移譲することで、PDCA サイクルの多重構造が組織に生まれます。これを「マネジメン

トサイクル」といいます。

　PDCA の流れ自体は同じですが、その仕事は階層ごとに異なり、上位の階層になるほど実務性は薄れ、経営的な側面が強くなっていきます。

### 管理者層の PDCA サイクル

```
PLAN……事業計画の策定
DO………部下への動機付け、人材開発、情報収集、コミュニケーション
CHECK…部下の報告の検証と結果の評価
ACT………事業計画の見直し、人材配置の見直し
```

### 従業員層の PDCA サイクル

```
PLAN……利用者への支援計画の策定
DO………計画に基づいたサービスの提供
CHECK…利用者や保護者へのリサーチ等による結果の検証、管理者への報告
ACT………サービス内容の見直し、改善
```

　組織において成果をあげるためには、このマネジメントサイクルをつくりあげる必要があり、そのためにはきちんとした権限移譲と指揮命令系統の確立が必須です。

　さらに、権限を移譲した部下が成果をあげるために必要な知識と技術を提供するという、「教育」もまた重要となります。

　障害福祉サービス事業所において、教育は通常、OJT や内部研修・外部研修という形で実施されますが、内部研修はあまり実施されない傾向にあります（日常の業務で忙しく、研修の時間を設ける余裕がないなどの理由）。しかし、OJT では業務に必要な事項のほかは伝達が難しく、また外部研修も画一的な内容や技術的な内容に偏る傾向があ

ります。

　そのため、事業所における理念、利用者への支援の方針などを伝えるにはやはり内部研修の機会を設けることが重要であり、積極的に企画・実践していく必要があります。

　以上のように、マネジメントを効果的に実行するためには、経営者や管理者の力のみでは十分ではなく、その権限と責任を積極的かつ体系的に従業員に移譲していくことが必要です。

# 巻末資料

1．能力主義の人事制度（等級制度、人事考課制度のつくり方）
2．職能資格制度規程
3．人事考課表

# 1 「年功序列の人事制度」と「能力主義の人事制度」

　第8章の最後に解説したマネジメントサイクルを生み出すためには、前提として、その原動力となる「移譲する権限と責任に耐えうる知識・技術をもった従業員」を育成することが必須となります。

　しかし、優秀な人材であればあるほど、能力開発の機会と正当な評価のフィードバック、そして活躍できるフィールドへの配置を欲します。「明日も同じ」、あるいは「明日どうなるかわからない」という環境では、優秀な人材のモチベーションは激減してしまい、必ず離れていってしまうでしょう。

　この問題を解決し、マネジメントサイクルをまわすことのできる「優秀な人材」を育成・定着するための1つの方法が「能力主義の人事制度」を構築することです。

　しかし、福祉事業所においてはいまだ「年功序列の人事制度」が多く目立つため、まずは「年功序列の人事制度」について解説し、次にその対比として「能力主義の人事制度」を解説していきます。

## 1. 年功序列の人事制度

　一般的に「人事制度」というと真っ先に連想されがちなのが、高度経済成長期において幅をきかせていた人事制度である、いわゆる「年功序列の人事制度」です。

　そのため、まずは年功序列の人事制度の歴史と特徴、そして限界から述べ、目指すべき能力主義の人事制度との対比として説明していきたいと思います。

　年功序列制度とは、その名の通り、「年」と「功」、つまり勤続年数

や年齢、性別、学歴などの属人的要素によって組織内での序列が決まる制度を指します。

この制度が長期間かつ広範囲にわたって利用されてきたのには、この年功が高くなるにつれ、仕事の熟練度、知識、リーダーシップ、責任感なども比例的に高まっていくという考え方がありました。それに加え、時代背景が手伝ったことも大きな理由です。

したがって、「仕事の成果＝年齢・学歴の高さ」という論法が通用していたからこそ、年功序列の人事制度は（何とか）機能していたといえます。

しかし、その後の不景気による企業収益の悪化、生産の機械化と技術革新による肉体労働者の減少と知識労働者の増加、社員の高齢化による人件費の圧迫、定年延長や新卒採用の抑制による上級役職ポストの不足など、年功序列の人事制度は経済情勢の急激な変化により、徐々に有効に機能しなくなりはじめました。

## 2. 年功序列の人事制度の限界

年功序列の人事制度は、裏を返せば「高度経済成長期」であり、かつ「経済情勢の変動の少ない」時代であったからこそ機能してきた、いわば特殊かつ極めて限定的な人事制度であるといえます。

年功序列の人事制度が有効に機能するためには、職務成果が給与の額よりも常に上にあるという状態であることが前提となります。しかし、実際にはこのような状態などあり得ないということはご存知だと思います。

同じ仕事を毎年同じように繰り返していくと仮定するならば、成果は必然的に一定となります。つまり、ほぼ水平の職務成果をあげるのが通常であり、いつかは職務成果が給与よりも低くなってしまうという事態が生じます。

また、体力のいる仕事、つまり肉体労働においてはおそらく年齢と

ともに職務成果が低下していき、ますます給与と職務成果のアンバランスさが広がっていくこととなってしまいます。

　障害福祉サービス事業所においても同様の問題が当てはまります。

　事業所においては管理者、サービス管理責任者といったポストは基本的に１名であるため、既にそのポストに就いている人材がいる場合には他の人材は全員そのポストに就けないことがほとんどです。

　加えて、障害福祉サービスの収益構造上、収入の額には限度があり、無尽蔵に昇給を行うことも困難になっています。また、頻繁な法改正によってサービスの形や報酬体系が見直されることから、経済的な変動も大きな業界であるといえます。

　以上から、年功序列の人事制度は、現在のように経済情勢が頻繁に激動し、労働の担い手となる若年層が減少傾向にあり、かつ高年齢労働者が定年の延長によって増加傾向にある時代にあっては適用することが極めて困難です。

　これを打破するために考案されたのが、年功ではなく、各人の有する「能力」によって人事考課を判断するという制度、つまり「能力主義の人事制度」です。

## ３．能力主義の人事制度

　それでは、「従業員主導」のマネジメントとするためには、どのような人事制度を用いればよいのでしょうか。

　そのための方向性としては、下記のようなポイントが挙げられます。

### ①　「考える」ことができる人材の育成

　「経営者主導」のマネジメントにおいては、経営者が職務権限のほぼ全権を握り、従業員はそれに従うだけでよいという形でした。

　しかし、「従業員主導」のマネジメントにおいては、経営者の職務権限を積極的に下位に移譲することが必要であり、また、現場レベルに

おいて情勢の変化に応じて自ら考え、フレキシブルに対応することができる人材、つまり、現場において「自分で考え」、「自分で判断できる」人材が必要となります。

### ②　能力主義の確立

これまでの時代のような年功序列ではなく、できる人、適性がある人、能力のある人に、それにふさわしい仕事を任せ、同時にそれ相応の人事考課と処遇を行うという、「能力主義」を確立する必要があります。

### ③　現場レベルのマネジメント能力の向上

これからの時代は、多様かつ膨大な選択肢と情報のもとに判断を下さなければならない時代となります。ことに障害福祉サービスにおいては頻繁に変わる環境の中で経営者や管理者のみが経営判断をするだけでは限界があり、したがって、経営者等の判断を仰ぐのみでなく、従業員自身で的確な判断を行うことができるよう、マネジメント能力の向上を図っていく必要があります。

### ④　業務の効率化を目指した人事制度の確立

「マネジメントが行き届いた効率のよい職場は静かである」という言葉もある通り、「忙しい、忙しい」の合唱が常に聞こえるような事業所に成長は見込めません。

もちろん、やることがなくて暇なのも問題ですが、忙しすぎる職場においては「仕事を改善しよう」「研修をしよう」などという精神的な余裕など生まれるはずもありません。よって、マニュアルの整備や職務の分業化、指揮系統の明確化などによって、業務の効率化を図る人事制度を確立しなければなりません。

上記の方向性をふまえたうえで構築されるのが、「能力主義の人事制度」です。

## 4．能力主義における人間の能力の着眼点

　では、人材の能力、もっといえば「人間」の能力を把握し、育成していくためには、どのような点に着目すればよいのでしょうか。

　一般的に、人間の能力は「全能力」「有益能力」「発揮能力」の３つの区分としてとらえることができます。

> ○　全能力
> ・個人個人が保有しているすべての能力
> ○　有益能力
> ・全能力の中で、組織に直接役に立つ能力
> 　※現在はまだ発揮されていなくとも、将来発揮できる可能性のある能力も含む
> ○　発揮能力
> ・有益能力の中で、すでに組織において発揮された能力
> 　※仕事の成果であり、実績となる

　例えば、絵が上手な人物がいたとして、その人の全能力の中には当然、「絵が上手」という要素が含まれています。

　しかし、例えば通常の事業所で勤務していたとしても、その「絵が上手」という能力は活かすことができません。つまり、その事業所において、その人の能力は「有益能力」にも「発揮能力」にもならないことになります。

　しかし、例えば生活介護の事業所などでレクリエーションの一環として、アートセラピーや絵画の練習を実施しているとすればどうでしょう。その組織においてその能力は極めて重要な「有益能力」であり、また「発揮能力」であるということになります。

　このように、人間の能力の３区分のうち、「有益能力」と「発揮能力」に焦点をあてて人材育成を行っていくのが、「能力主義」となります。

　ここで注意しなければならないのは、「有益能力も能力に含まれる」

ということです。発揮能力ばかりを追求していると、仕事のうえで直接発揮される（成果を出す）ことのない能力の開発には誰も取り組まなくなってしまい、本人もそれ以上は伸びず、事業所も自ずとそれ以上には成長しなくなってしまいます。事業所と人材の成長のためには、個々人の発揮能力を有益能力とすることができるように、新たな分野へのチャレンジが必要となってきます。

## 5．あるべき人物像

　事業所において能力主義の人事制度を推進するにあたっては、いくつか留意すべき基準がありますが、これらの基準がバラバラであるならば意味がありません。組織において目的が必要であるのと同様に、人事制度についても理想とすべき共通の基準、つまり「あるべき人物像」の設定が必要となってきます。

　この「あるべき人物像」は、事業所だけのものであってはいけません。事業所にとっては「こうあるべき」という期待値であると同時に、従業員にとっても、「こうなりたい」という目標であり、希望でなければなりません。

　能力主義の人事制度においては、この「あるべき人物像」を１つの「基準」として、能力開発、能力活用、能力評価、人事処遇を行っていくのです。

　ただし、この「あるべき人物像」は全職責において一定のものではありません。

　例えば、管理者であれば管理者においての「あるべき人物像」があり、職業指導員においては職業指導員の「あるべき人物像」が存在します。よって、その職員の能力と度合い、そして役職・職務にぴったりと合った「あるべき人物像」をそれぞれ定め、指標とする必要があります。

　これを仕組みとし、それぞれの職責のレベルに応じた「あるべき人

物像」を描いたものが、「職能資格制度」です。この職能資格制度については、後述します。

## 6.「能力主義の人事制度」の枠組み

能力主義の人事制度は「職能開発」「職能発揮」「職能評価」「公正処遇」の4つの領域があります。しかし、既に述べたように、この4つがバラバラに運用されるのではこの制度の意味がなく、全体を関連づけ、相互補完の関係をもたせることで、職能資格制度ははじめて有効に機能します。

そして、それを関連づけるための基準であり、同時に連結器の役割を果たすのが、「あるべき人物像」であり、「職能資格制度」ということになります。

以下に、それぞれの枠組みの役割について説明していきます。

### ① 職能開発

職能開発とはその名の通り、「職務遂行能力の開発」です。

これは、職能資格制度に定める基準のもと、教育や自己啓発、資格の取得、さらにはジョブ・ローテーションを行うことで、個々人に有益能力と発揮能力の向上・開発のための機会を与える体制のことです。

### ② 職能発揮

職能発揮とは、「職務遂行能力の発揮」、つまり業務計画、分担、適正な人材配置と異動、あるいは昇進・昇格によって、開発した能力の発揮を行うことができるようにする体制のことです。

### ③ 職能評価

発揮された能力については、適正に評価しなければなりません。

誰かのひとりよがりでの評価であってはならず、また、結果のみで

はなく、その人の能力や業務遂行の過程、さらには勤務意欲についても総合的に勘案して評価する必要があります。これについて定めたものが「人事考課」となりますが、これについては後述することとします。

### ④　公正処遇

最後に、評価した職能に応じて公正な人事処遇を行うこと、つまり給与、賞与の見直しや昇進、昇格などの処遇を決定することが必要となります。

また、その評価の結果を従業員にフィードバックし、適切な指導をすることで、①の新たな「職能開発」につなげていくことになるのです。

## 2　職能資格制度の設計

### 1．職能資格制度とは

職能資格制度とは、前述の「あるべき人物像」をもとに、それぞれの職責において有すべき職能、つまり「職務遂行能力」を明確化・細分化し、「等級」という1つの階層として組み上げた制度をいいます。

職能資格制度では、各従業員が行っている仕事を分析し、困難度や責任の大きさなどの観点から階層化し、それぞれの階層ごとに求められる職能の種類や程度を明確に表した基準を設定することになります。

この階層が、いわゆる「等級」と呼ばれるものです。

「等級」のイメージとしては、階段を思い浮かべていただければと思います。

等級は、そのランクの低いほうからスタートし、職能を向上させることによって一段ずつ階段を上がっていくような形で構成していきま

す。

　等級における基準は漠然としたものであることは許されず、誰の目にも明確かつ明快でなければなりません。そうすることで初めて、人事考課に公平性が生まれます。

　正しく明確な等級を定めることができれば、従業員は自らの充足している職能ないし不足している職能を明確に知ることができるため、それに磨きをかけ、あるいは苦手を克服することが可能となります。従業員は階段をのぼっていくような達成感を得つつ、さらなるモチベーションの向上や能力開発を行うことができるのです。

## 2．職能資格制度における等級の設計

　次に、職能資格制度における等級設定の手順について説明していきます。

### ①　職務調査の実施

　職能資格制度における等級を定めるにあたり、最初に実施しなければならないのは、「あるべき人物像」が保有している（べき）職能の基準を明らかにすることです。そのためには、まず、部門別・職種別に職務内容を一覧表形式で書き出すこと、つまり「職務調査」の実施が必要となってきます。

　職務調査は、次の2種類の職務を対象として実施します。

> ①　現在遂行されているすべての職務（仕事）
> ②　現在は何らかの理由で実施されていないが、実施するほうが望ましい仕事

　この職務調査を実施することによって、仕事を職能資格制度の設計のためのいわば「パーツ」として分解し、分析することが可能となります。

　そのため、どこかの類似の調査内容等をマネすることなく、必ず自身の事業所の業務に則した内容となるよう、「自分たちで実施する」ということが必要になります。

## ②　職能資格制度の骨格の設計

　職務調査を行った後はいよいよ職能資格制度の設計にとりかかることとなりますが、それにあたっていくつかの枠組み、つまり骨格となる部分を設計しなければなりません。設計すべき事項は、下記の通りです。

## ③　等級数

　職能資格制度を設計するにあたり、まずは等級の数、つまり「等級数」を決定する必要があります。これについては特に計算で求めたり、業種によって求めたりすることはできないため、組織ごとに考えて設定する必要があります。

　現在の役職位をもとに等級数を考えるという方法もありますが、現状の役職が少なすぎたり、また多すぎたりした場合、階層が不明確になったり、または役職の統廃合が必要になってきたりしますので、注意が必要です。

---

### ※等級数の設計上の留意点

◎　等級数は、導入当初においては少なめに設定すること

　等級間の格差は鮮明でなければなりません。

　そうでなければ等級間の違いが曖昧になり、「自分は一体いま、何等級なのか？」というような感じで、結局従業員自身が等級を意識せず、管理者だけが管理しているという状態になりかねません。

　そのため、はじめ等級は少なめに設定し、「ゆるやかな坂道をのぼっていく」イメージではなく、「ある程度の高低差がある階段を

---

のぼっていく」というイメージをもたせることが重要です。
◎　等級間の「階段」は、同一の高さや幅に設定しないこと
　　等級は、同一の高さや幅に設定してはいけません。
　　「等級の高さ＝仕事の難易度、責任の重さ」であり、「等級の幅
　＝仕事の種類・範囲」を意味します。仕事においては一般的に、
　等級が上位にいくごとにクリアしなければならない条件や要素が
　多くなるため、上にいくほど高く、そして階段のステップ幅が広
　いものに設定する必要があります。

## ④　各等級における基準

　等級は誰の目にも明確であり、明快なものでなければなりません。
よって、これを可視化、つまり文書化し、それを周知させる必要があ
ります。
　これを文書化したものが、「職能定義書」と「職能基準書」となりま
す。

【職能定義書】
　それぞれの職能資格等級に求められる職能の定義や、その職能
に相当する職員が主として担当する職務の水準をあらわしたもの
【職能基準書】
　職能基準書は、職能定義書の「職種別・職能別の明細」という
位置付けです。言い換えれば、職能定義書に記載されている事項
を職種別・職能別に詳細に書き表したものが職能基準書というこ
とになります。

　ここで注意しなければならないのは、職能基準を「３つの視点」か
ら整理することです。
　人事考課や職能資格制度を導入するにあたり、多くの組織は①「能

力責任」のみを記載しています。しかし、それでは②心構え・態度等の精神面における要求や、③必ず成し遂げてほしい職務などが曖昧となってしまうため、必ずこの3つの視点から設計を行うことが必要です。

職能定義書と職能基準書の作成には、相当な時間と労力を費やすことになります。

しかし、この2つを作成することには、下記のような大きな意義があります。

## ＜1．職種別・等級別の職務責任が明確になる＞

職務責任（仕事の内容や手順など、職務遂行上の責任）が明らかになるため、担当者側も管理者側も、それに沿って仕事に取り組み、また指示を行うことが可能となります。

障害福祉サービス事業所においては、職務上誰が行うのか、どのように実施するのかが曖昧な部分や、担当者の自由裁量の部分が多く、「やりだしたらきりがなく、手を抜こうと思えばいくらでも抜ける」という性質があるため、従業員の仕事内容にムラが生じることがしばしば見受けられます。

これを職能定義書と職能基準書によって「標準化」し、責任を明確化することが、これらを作成することの第1の意義となります。

## ＜2．職務遂行時に必要な職務意欲・態度責任、職務能力責任が明確になる＞

これも障害福祉サービス事業所に往々にして起こりがちですが、仕事に対する取組み姿勢や能力が多少劣っていたとしても、その時々によって相手（他の従業員や利用者、行政機関など）が異なったり、また、サービスの内容に不備があっても利用者側が補おうとすることで、仕事の結果に直接的な影響を及ぼさないことがあります。しかし、事業所が質の高いサービスを利用者に提供しようとするからには、仕事に対する意欲や態度、あるいは職務能力に不足があってはならず、これを明確に表し、利用者の満足度をより高めることが必要となります。

## ＜３．組織として必要な諸条件の整備拡充ができる＞

等級基準を明らかにすることにより、組織のあり方、組織における人材のあり方など、「組織」として必要な種々の諸条件の整備拡充を図ることが可能となります。

## ＜４．人材育成を図ることができる＞

職能定義書と職能基準書を職員に周知し、明示することによって、従業員は「自分にとって不足している部分が何か、逆に満たしている部分が何か」がわかります。

満たしている部分がわかればそれは自信となり、不足している部分がわかれば今後の能力開発の課題となるため、職員に周知、明示することを継続的に行うことで、人材の体系的な育成を図ることが可能となります。

## ＜５．「正しい」人事考課ができる＞

職能と等級の基準が曖昧であれば、正しい人事考課はできません。正しい人事考課を行うためには、明確な基準の策定を行うことが重要となります。

特に小規模な事業所においては管理者等が自身の裁量で従業員を評価することも多く、それが不公平感や不満の引き金になることもあります。

職能定義書と職能基準書は、まさにこの「明確な基準の策定」、ひいては「正しい人事考課」を行うために必須となるものです。

## ⑤　職能資格と役職との対応関係

いくら能力主義だからといっても、１等級や２等級などの役職位が低い等級の者が管理者になることは事実上ありません。つまり、等級と役職位にはある程度の対応関係がなければならず、この「等級と役職の対応関係」を設計する必要があります。

一般的に、等級と役職の関係には、下記の３つのスタイルがあります。

> 1．直接対応型
> 2．範囲対応型
> 3．非対応型

## ＜1．直接対応型＞

　等級と特定の役職位とが直接対応しており、それ以外の対応はさせないというタイプのスタイルです。

　例えば、サービス管理責任者は必ず4等級から選ばれなければならず、管理者は必ず5等級から選ばれなければならない、といった具合です。

　ただし、上記の例でも「4等級になったら必ずサービス管理責任者になる」わけではなく、あくまでも「サービス管理責任者は4等級にある人材の中から選ぶ」ということなので、この点に注意が必要です。

　メリットとしては、基準が非常に明快であるため、誰の目にもわかりやすくなるということが挙げられますが、反面、役職位至上主義や硬直的な組織運営となってしまうおそれがあるというデメリットも持っています。

## ＜2．範囲対応型＞

　一定の範囲内の等級と一定の範囲内の役職位とを対応させるというものです。例えば、4等級と5等級の中から管理者を選び、4等級、5等級、6等級の中からサービス管理責任者を選ぶ、といった具合です。

　メリットとしては、事業所の柔軟な運営が可能となり、また、役職位の選択範囲が広がることから、適任者を登用できる可能性を高めることができます。反面、例えば先ほどの例であれば「4等級の管理者」と「5等級のサービス管理責任者」が併存するという、「等級と役職位の逆転現象」が起こる可能性もあるため、どこまで対応範囲をゆるやかにするかは十分な検討が必要となります。

## ＜３．非対応型＞

　等級と役職位を完全に切り離し、それぞれ独立させて運用するというスタイルです。つまり、両者に対応関係がまったくないという形になります。

　メリットとしては、非常に柔軟な組織運営が可能となり、さらに組織階層のフラット化が図れるということが挙げられますが、デメリットとして、これまでの組織概念を一気に覆すことになるため、従業員の理解・賛同を得るのに多大な労力を費やすのに加え、ややもすれば組織そのものが混沌としてしまうおそれもはらんでいます。

　以上、３つのスタイルを説明しましたが、障害福祉サービス事業所においては「範囲対応型」が用いられるケースが多く、事業所において等級と役職位との対応関係を設計するにあたっては、まずはこの形をおすすめします。

　ただし、その場合でも、いきなり広めに対応範囲を設定するのではなく、初めは対応の範囲を狭めに設定し、徐々に拡大していくのがよいかと思います。

## ⑥　各等級の名称

　等級の名称が「１等級、２等級……」では機械的であり、また、あくまでも内部的なステータスであるという印象を受けます。

　従業員としても内部だけのステータスであるよりは対外的に名刺等に謳うことのできるようなものであるほうが望ましく、このため、各等級の「名称」を決定することも重要です。

　これについての決まりはないため、各組織で検討するほかないのですが、参考までにいくつかの事例を記載します。

> 1．アルファベット型
>   例）1級、2級、3級……
>      A級、B級、C級……
> 2．一般型
>   例）初級、中級、上級、チーフ級……
> 3．伝統型
>   例）参与、参事、主事……
> 4．役職名型
>   例）部長級、課長級、係長級……
> 5．英語型
>   例）ゼネラルマネジャー、マネジャー、チーフ……

注意点としては、等級と役職が混同しないようにすることです。

各事業所の風土やセンスに応じて設定するのがよいでしょう。

### ⑦　滞留年数

ある等級に格付されてから1つ上位の等級に上がるために必要な年数を、「滞留年数」といいます。

いくら能力主義とはいえ、ある等級で求められている基準を充足して上位等級となるためには、必然的にある程度の期間が必要であり、この期間を設定することがすなわち「滞留年数」の設定となります。

滞留年数については、一般的に下記の3つの種類があります。

> 1．基準滞留年数
> 2．最短滞留年数
> 3．最長滞留年数

各滞留年数について、下記に説明していきます。

### ＜1．基準滞留年数＞

基準滞留年数とは、滞留年数の基準値を表したものです。

これは、ある等級の基準滞留年数を4年とするのであれば、その等

級になった従業員がその等級で定められている仕事や能力開発を4年間行えば、その等級に要求されている基準を充足し、1つ上の等級に昇格できる、という意味であり、組織が通常期待している「水準」と言い換えることもできます。

ここで注意しなければならないのは、あくまでも「平均」や「その年数になれば昇格できるもの」ではなく、「基準」であるということです。

この点、「この年数に到達したので、そろそろ次の等級に……」などという考え方にならないよう、注意が必要です。

従業員からしてみれば、自分が何年後に何等級になっているか（なれるか）という、処遇改善加算においても重要となる「キャリアパス」の目安ともなります。

## ＜2．最短滞留年数＞

最短滞留年数とは、理想的な従業員が昇格する最短の年数を示したものです。

能力主義においては、年数に関係なく、その等級の基準をクリアしさえすれば、すぐにでも昇格させるべきという考え方もありますが、組織の秩序等の兼ね合いや、従業員の職能を正しく評価するためにはある程度の期間が必要であるという考えから、この最短滞留年数を設定する事業所が現在は多数派となっています。

## ＜3．最長滞留年数＞

最長滞留年数とは、滞留年数の上限であり、これ以上同一等級には滞留させない、という限度と言い換えることもできます。

これについては年功序列の考えも少なからずあるため賛否がありますが、1つの等級に従業員が集中するという事態を避けるという意味では有効です。

また、例えば、「1等級と2等級には最長滞留年数を設けるが、それ以上の等級には設定しない」というように、ある程度上位の等級には最長滞留年数を設定しないという考えも主流になっています。

　導入の仕方として、まずは基準滞留年数と最短滞留年数を設定すれば、当初は十分であるといえると思います。

　また、滞留年数の設定方法の順番としては、まずは基準滞留年数の設定から始め、その次に最短滞留年数の設定を行うのが一般的です。

※滞留年数設定の際の注意点
◎　基準滞留年数は、基準的な職員がその等級における基準をクリアするのに必要な年数であること（基準滞留年数が４年ならば、２年や３年でクリアできるものではいけない）
◎　最短滞留年数は、少なく見積もっても１年以上の設定とすること
◎　最短滞留年数と基準滞留年数のバランスに気をつけること
（ある等級の基準滞留年数が３年、別の等級の基準滞留年数が７年として、どちらの最短滞留年数も２年とするのは根拠に乏しくなってしまう）

## ⑧　昇給の判定方法

　昇格のための判定方法も、等級設計のためには重要な要素となります。

　等級基準を明確にすることももちろんですが、判定方法も明確にしておき、かつ公開しておくことができなければ、結局「管理者側の胸の内で決まるのか」という疑念を払拭することはできず、公平な人事考課にはつながりません。

　逆に、こうした判定方法を公開しておくことができれば、職員の昇格に対する公平感、納得感が生まれ、目標も明確となり、モチベーションの向上を図ることができるようになります。

　昇格の判定方法としは、後述する人事考課の結果がその代表ですが、それ以外にもいくつかの指標を用意して複数の角度から昇格の判定をするのが通常です。

◎昇格の判定方法として用いられる指標の例
・人事考課の結果

- ・面接（直属上司や所属長）
- ・昇格試験（筆記や面接）
- ・研究レポート、研究論文の作成と発表
- ・研修の受講
- ・資格の取得
- ・滞留年数
- ・所属長の推薦
- ・年齢
- ・適性検査

人事考課の結果は言うまでもありませんが、一般的にはそれに加え、面接、昇格試験、資格の取得などが併用されることが多く見られます。

また、研究レポートや研究論文なども、専門的知識が求められる福祉事業においては有効であり、本人の刺激や自己啓発にもつながるため、おすすめです。

昇格要件は当然のことながら、上位等級ほど厳しく設計するべきです。

特に中間管理職や上級管理職に相当する等級に対しては、厳正な判定方法によって昇格を決定することが重要となります。

### ⑨ 移行時格付

新たに職能資格制度への移行を行うにあたっては、職員を等級に格付けすることが必要となり、これを「移行時格付」といいます。

それまでの慣行を白紙にして新たな制度を導入しようとすれば、従業員の反発を受けることは必至であり、それでも無理に導入しようとすれば、せっかくつくりあげてきた制度そのものが台無しになってしまう可能性があります。

そのため、現状の役職位や立場等にも考慮しつつ、全体のコンセンサスを得ることができるような移行が必要となってきます。

移行時格付全体において注意しなければならないのは、次の３点です。

> ◎移行時格付の注意点
> １．移行時格付の基準を明確に設定し、それを公開すること
> ２．旧体制における序列や処遇などもある程度配慮すること
> ３．職能資格制度の趣旨と内容を従業員全員に周知し、PR すること

また、移行時格付にあたっては、下記のポイントに留意して行うのがよいでしょう。

> ◎移行時格付のポイント
> ・移行時における職能
> ・移行時における保有資格
> ・移行時における年齢・勤続年数
> ・移行時における役職位、組織上の立場など
> ・移行時における給与
> ・学歴、職歴
> ・職務経歴

「移行時における職能」ですべての従業員を格付けできれば理想的ですが、実際はそうもいかないでしょう。

現実的には、いくつかの上記指標を組み合わせて、職員のそれまでの経歴や経験、そして貢献度などに配慮しながら決定することが必要となります。特に、例えば本人の職能が新等級において１等級下の等級にも値しないという場合など、原則外の格付けにおいては本人のモチベーションの低下や組織全体のモラルの低下に影響を及ぼさないよう、柔軟に、かつ慎重に対応する必要があります。

## ⑩　導入準備

職能資格制度の円滑な導入のためには、予めその仕組みや内容を従

業員全員に周知させ、理解とコンセンサスを得ることが非常に重要です。

　そのため、制度導入の趣旨と意義を説明するための説明会を複数回開催したり、わかりやすい資料を作成して配付・説明したりという導入のための手段を検討し、理解を得るための努力を怠らないことが必要です。

## ３ 人事考課制度の設計

### １．人事考課とは何か

　事業所が持続・成長し続けていくためには、そこで働いているすべての従業員について適材適所の配置を行うとともに、適正な処遇を行わなければならず、また、従業員のより一層の能力開発を行わなければなりません。

　「人事考課」とは、上記の適材適所の配置、処遇、能力開発のための情報を収集・分析し、さらに評価するためのシステムのことをいいます。

　人事考課で分析し、評価する対象は、従業員の「仕事上の価値」となります。つまり、組織においてその従業員が取り組む仕事の「貢献度」を分析・評価するということです。

　ここでまず注意しなければならないのは、人事考課は従業員の「人格」や「人間性」、あるいは「思想」を評価するものでは決してない、ということです。つまり、分析・評価すべきはあくまで「仕事上」の事項であるべきであり、個人的な側面を裁断するものであっては絶対にならないということを、制度設計にあたっては重々留意すべきです。

## 2．人事考課で分析・評価すべきポイント

　人事考課の考え方として、まず第1に着目すべきは「仕事の成果」、つまり「結果」です。組織である以上、結果を残すこと、つまり成果をあげることを一番に考えるべきであり、これによって組織は永続していくこととなります。

　しかし、その「結果」が偶然のものなのか、それとも本人の能力によるものなのかも重要です。いわゆるタナボタで得られた結果であれば、次回もまた同じ結果を出すという保証はどこにもなく、したがって、第2にその成果の源泉である「能力」にも着目する必要があるといえます。

　そして、能力がいかに高くとも、仕事への意欲や勤務態度などが高くなければ、その能力が結果へと結びつく確率は低いものとなります。よって、第3に「過程」を評価することも重要です。

　この、「結果」「能力」「過程」の3つの視点から分析・評価を行うことが、人事考課の最初のポイントとなります。

　これは、後の人事考課における「領域」の設計の箇所で重要な事項となるため、まずはこの点を留意して下さい。

## 3．人事考課制度で設計すべき項目

　人事考課制度において設計すべき項目は、下記の通りです。

### ① 対象者

　人事考課においてまず行うべきは、「対象者の決定」です。

　どの地位の者が評価されるのか、また、どの地位の者が評価するのかを決定することが必要となります。

　一般的に経営者層、つまり役員（取締役、理事等）は人事考課において評価されることはなく、その下の管理者クラスまでが人事考課の

対象となるのが一般的です。

また、非常勤の従業員を人事考課の対象とするかどうかも重要なポイントです。公正処遇の観点からいえば、常勤・非常勤問わず人事考課を行うのがベストですが、常勤と非常勤で同じ評価基準を用いることは難しく、必然的に別々の人事考課表を作成する必要があり、導入の労力が倍となることになるからです。

そのため、非常勤の従業員にも導入すべきかどうかは十分な検討を要します。

## ② 人事考課の領域と要素

人事考課は一般的に「3つの領域」で構成されています。

すなわち、「業績考課」「意欲・態度考課」「能力考課」の3領域です。

先に述べた、人事考課で考慮すべき要素である「結果」「過程」「能力」でいえば、下記の通りに関連付けられることとなります。

◎人事考課の3つの領域
・「結果」=「業績考課」の領域
・「過程」=「意欲・態度考課」の領域
・「能力」=「能力考課」の領域

以下、考課領域ごとの説明をしていきます。

### ＜業績考課の領域＞

本人が行った「仕事の成果」を評価します。

つまり、従業員個々人が人事考課の期間内に、等級基準に定められた職務責任をどの程度果たしたのかを測定する領域です。

これには、その期間内に上司と従業員とで取り決めた事項の達成度なども考課対象となり、後述する「自己目標管理制度」もこれに該当してきます。

業績考課の領域では、「結果」をありのままに評価する必要がありま

す。

　そのため、仮に仕事が成功したのがまったくの偶然であっても成功と評価すべきであり、逆にどんなに一生懸命取り組んでいたとしても、失敗すればそれは失敗であると評価すべきであるといえます。

### ＜意欲・態度考課の領域＞

　本人の仕事にあたっての意欲や姿勢、態度を測定する領域です。

　どのくらい強い意志をもっていたのか、どのくらい積極的にやる気を見せていたのか、どのくらい熱心に、勤勉に取り組んでいたのかなどを観察し、分析することとなります。

　これは、本人の心身の状態や環境によって流動する可能性が大きいものであり、考課者（考課する者）にあっては３つの領域の中で特に注意を要する領域です。

　意欲・態度考課の領域は「過程」をありのままに評価する必要があります。

　そのため、前述の「業績考課」とは別の観点から評価せねばならず、あくまでも「本人の意欲と態度」を独立して評価するものでなければなりません。

### ＜能力考課の領域＞

　本人の持っている能力の程度を測定します。

　「能力」とは、前述の「発揮能力」と「有益能力」のことです。すなわち、仕事をするうえで既に発揮された能力（発揮能力）と、まだ仕事に活かされてはいないが他の職場や仕事ではそれを活かすことができる能力（有益能力）を対象とします。

　能力考課の領域は、「能力」をありのままに評価する必要があります。そのため、他の領域同様、独立した評価を行う必要があります。

　考課を行う際には上記３つの領域が大筋の観点となりますが、実際にはさらにいくつかの要素に細分化することとなります。

　「領域」が大区分であれば、「要素」は小区分といった位置付けです。

以下、考課領域ごとに考課要素を説明していきます。

## ＜業績考課の考課要素＞

業績考課の領域は「結果」に着目する要素です。

この考課要素は、さらに次の2つに分けられることとなります。

（1）職務遂行成果

・・・従業員各個人が担当している職務をどの程度成し遂げたかの評価

○　職務遂行成果の具体例

・仕事の質・・・仕事の結果が基準や上司の指示に対して正確であったかの評価

・仕事の速さ・・仕事の処理速度や期限の遵守度合いの評価

・業務成果・・・従業員が担当する仕事および自分が管理する部門の業務遂行成果等の評価

（2）組織行動成果

・・・組織内において従業員各個人が他の従業員とどの程度連携した行動をとり、組織に貢献したかどうかの評価

○　組織行動成果の具体例

・報告連絡・・・上司や関係者に必要な情報を的確に報告・連絡したかどうかの評価

・受命遂行・・・上司の命令を確実に実行したかどうかの評価

・指導育成・・・部下または下位の等級者の能力開発のためにとった指導・助言など

## ＜意欲・態度考課領域の考課要素＞

意欲・態度考課の領域は、「過程」に着目する要素です。

一般的には、「個人姿勢」と「集団姿勢」に分類し、それをさらに考課要素に分けて設計を行うこととなります。

**（1）個人姿勢評価**
・・・従業員各個人が、自身が担当している職務または組織上の立場・役割を十分に理解し、責任を持って取り組もうとしているかという姿勢の評価

○ 個人姿勢評価の具体例
・責任感・・・・・組織に勤務しているという自己の立場・責任を自覚し、職務を遂行しようとした意識の程度の評価
・能力開発意欲・・職務能力の向上と教養や視野の拡大等のために、積極的に能力開発に取り組もうとする意欲の評価

**（2）集団姿勢評価**
・・・従業員各個人が組織という集団の中において信頼関係や協力関係を構築し、組織の目標達成に向けて積極的に取り組もうとしている行動や姿勢の評価

○ 集団姿勢評価の具体例
・規律性・・・・組織が定めた規則や慣習等を守り、職場秩序の維持・向上に努めようとする意識の程度の評価
・協調性・・・・組織の一員として、職場の仲間とともにチームワークを保ち、組織目標の達成のために取り組もうとした意識の程度の評価

## ＜能力考課領域の考課要素＞

　能力考課の領域は、その名の通り「能力」に着目する要素です。

　ここでいう「能力」とは、知識・技術のみではなく、経験、論理的思考力、意思表示力、理解力、洞察力、社会知識など、広い範囲におけるものを指します。

　能力考課は「基本的能力」、「対人対応能力」、「課題対応能力」、「部門管理能力」に分類し、それをさらに考課要素に分けて設計を行うこととなります。

（1）基本的能力

・・・組織に勤務する各個人が担当職務を遂行するにあたって、最低限理解しておかなければならない能力の評価

・基礎能力⇒学校卒業程度の学問的知識や社会人として必要な基礎的知識などの基礎能力の保有度の評価

・専門能力⇒担当職務の遂行にあたっての、基本となる処理手順や基準、規程、関連法規などの専門能力の保有度の評価

・実務能力⇒職場の中で、担当職務を円滑に遂行するために必要な知識、技能、情報や経験的応用力などの保有度の評価

（2）対人対応能力

・・・従業員や顧客をはじめ、組織内外の関係者に職務遂行上対応するための能力の評価

・マナー⇒社会人としてまたは組織の従業員として求められる各種マナーについての知識を持ち、それを実践できる能力の保有度の評価

・理解力⇒職務遂行上必要な諸情報や上司、関係者からの命令・伝達事項を正確に理解するための能力の保有度の評価

・表現力⇒職務遂行上必要な諸情報や伝達事項を、口頭や文書により相手に正確に伝達することができる能力の保有度

（3）課題対応能力

・・・職務遂行上発生する様々な問題に的確に対応し、また問題の発生を前もって予防することができる能力の評価

・計画企画力⇒業務上必要な様々な計画や新たな企画を立案することができる能力の保有度の評価

・問題解決力⇒業務遂行上発生する諸問題や発生が予想される諸問題に対して、有効な解決策を講じることができる能力の保有度の評価

（4）部門管理能力

・・・役職位についている従業員またはそれと同等の従業員の部門管理上求められる能力の評価

・大局的視野⇒経済社会情勢の動向や施設の将来を見据えたうえで、大所高所に立って部門を導くための能力の保有度

・部下指導力⇒目標の達成や部下の能力開発のために、部下を適切に指
　　導し、職能を向上させることができる能力の保有度
・リーダーシップ⇒部門を統率するためのリーダーシップ力の保有度の
　　評価

　上記に挙げた要素はあくまで一例であるため、実際の組織の実情に
応じて創意工夫をしていただければと思います。しかし、考課要素の
設計にあたっては留意しなければならない点がいくつか存在し、この
点に留意して設計を行うことが肝要です。

### ③　考課要素の定義とポイント

　人事考課の設計にあたっては、考課者がそれぞれ考課要素を正しく
理解し、使用していかなければなりません。また、考課者間で考課要
素に対する解釈が異なるようであってもなりません。そのため、考課
要素それぞれの意味をしっかりと定義付け、統一しておく必要が生じ
ます。
　考課要素の意味を明確に示すことにより、他の考課要素との混同を
避け、きちんとした「定義」を定めなければなりません。
　具体的には、例えば「着眼点」として考課要素の具体的事例やポイ
ントなどをリストアップし、まとめておくことなどが有効となります。

### ④　考課ウェート

　人事考課においては、上記３つの考課領域や数多い考課要素をすべ
て均等に取り扱うわけではありません。組織が重きを置く要素や組織
の方針によって、「従業員に何を期待するか」は異なり、必然的に重点
の置き方も異なってきます。
　この重点の度合いを「考課ウェート」といいます。
　考課ウェートは通常、全体を100として考課領域ごとまたは考課要
素ごとの割合（％）で表すこととなります。

　例えば、従業員を組織階層ごとに見た場合、それぞれの階層における考課領域ごとのウェートは次のようになります。

> ○　実務者層・・・意欲・態度考課の領域に重点を置く
> ○　管理者層・・・業績考課の領域に重点を置く

　一般的に実務者層は、与えられた仕事を指示された通りに実行することによって仕事が円滑に進められます。つまり、「一生懸命に仕事に取り組んでいる」という過程を大切にすることが肝要となります。

　これに対し、管理者層となれば「やる気があるだけ」ではやはり十分ではなく、「結果」つまり業績を重点に置いて評価する必要があります。

　このように、考課ウェートは等級ごとに重点を変え、その等級において重要視される項目に重きを置いて設計することが重要です。

## ⑤　評価ランクと評価点

### ＜評価ランク＞

　人事考課においては、考課要素ごとに従業員の評価をいくつかの段階で行うこととなり、これを「評価ランク」といいます。

　一般的には5段階評価を採用している組織が多いですが、特にこれにこだわる必要はなく、4段階でも8段階でも構いません。ただ、段階数を増やしたからといって正確になるわけではなく、むしろ判断に苦慮することにもつながります。かといって少なすぎても評価が粗くなってしまうため、この点に注意が必要です。

　さて、評価ランクにおいて注意すべきことは、例えばA、B、C、D、Eの5段階評価だったとすれば、「C」というランク、つまりランクの中心に着目するということです。

　ここでいう「C」は一般における平均という意味ではなく、「基準」という考えで設定する必要があります。つまり、C評価であったのであれば組織が求めているレベルに達している、という基準で考えるこ

とが重要です。

## ＜評価点＞

人事考課においては、段階ごとの各評価ランクごとに点数をつけ、定量的な評価をすることとなります。これは、結果を定量化、つまり数値化することで、昇格や給与の判定基準に活用しやすくするためです。

この評価に、前述の「考課ウェート」を掛け合わせることで、最終的なその領域・要素における考課点を計算し、処遇を決定することとなります。

なお、給与と評価において注意しなければならない点として、例えば３等級で「D」評価を受けた場合、２等級の「B」や「C」評価と比して低い昇給度合いとなったり、まして支給額が下がったりするなど、昇格意欲の湧いてこないような設計にしないよう、給与制度についても併せて整備することが重要です（もちろん、２年、３年連続でD評価となった場合は別ですが…）。

## ⑥　考課段階

人事考課は、被考課者（考課を受ける者）１人につき何人かの上司が考課者となったり、あるいは部下や同僚が考課者となったりと、複数の立場や視点から考課を行うことが理想です（360度考課）。

これは、考課者が１人であった場合、どうしても被考課者の日常の観察が十分に行えないことや、考課者の全体像がつかみきれずに考課の信頼性・正確性が不足すること、さらには１人で考課した場合、個人的・恣意的な思惑などを排除できないという理由があります。

平均的には３段階における考課ができれば十分です。複数の視点からの考課を設計するほど効果的ですが、段階が多すぎれば逆に人事考課が煩雑なものとなってしまう可能性があるので、注意が必要です。

### ⑦　人事考課の回数、実施時期

　人事考課制度を設計する際、その考課の回数や実施時期等についても設計する必要があります。

　一般的には夏季賞与、冬季賞与の時期に併せて考課するのが通例です。

　考課の回数が多すぎると考課者は１年中考課に取り組まねばならなくなりますし、逆に年１回では少なすぎてしまうため、制度導入当初は２回程度で設定しておくのが適当です。

　なお、昇進や昇給の時期については４月が一般的であるため、下記のような方法がとられることが通常となっています。

> ①　前年の夏季・冬季の人事考課結果を平均して活用する
> ②　夏季考課結果を40％、冬季考課結果を60％というように、比重を調整する
> ③　昇給は①の方法を用い、昇進・昇格は②の方法を用いる

### ⑧　人事考課表の作成

　ここまでくると、人事考課表を作成することが可能となります。
　既に述べた①～⑦を反映して作成することとなります。

### ⑨　昇格基準

　上位の等級へと移行することを「昇格」といいます。

　昇格の判定基準については基準滞留年数の箇所で既に述べましたが、評価ランクと基準滞留年数の関係にも留意する必要があります。

　評価ランクの項目でも述べた通り、ここでも重要となるのは「C」つまり中心のランクです。C評価はいわばその等級において組織が求める基準であると説明しましたが、例えば基準滞留年数が２年とした場合、「C評価以上を２年受ければ」次の等級に昇格できるというような

形で制度を設計する必要があるということです。

また、例えばポイント制度導入し、一定ポイントに達した場合に昇格という制度にしている場合、「D」や「E」評価ばかりを受けている従業員については留意が必要です。

この場合において一定のポイントに達したからといってその従業員を昇格させた場合、「低評価でも時間さえかければ昇格できるんだ」という考えを蔓延させる事態にもなりかねません。そのため、「直近の評価ランクがD評価以下の者の場合、昇格は1年見送る」あるいは「所定のポイントに達していても、直近の評価ランクがC以上でなければ昇格は行わない」など、これを補完するシステムを設けることも重要となります。

## 4．目標管理制度について

最後に、現在ほとんどの企業において導入されている「目標管理制度」についても少し触れておきます。

目標管理制度は「上司または本人が自ら達成すべき目標を設定し、その達成度に応じて評価を行う」という制度です。多くの企業において導入されている理由として、「自らが目標を設定することによって能動的な行動が期待できる」ことや「組織が要求する基準とは別の目標設定を行うことで、自己啓発や業務の改善・拡大を推進する」ことなどが挙げられます。

この目標管理制度はうまく導入しなければ、逆に従業員のモチベーションを低下させることにもなりかねませんが、従業員個々人の能力開発やモチベーションの向上が期待できるため、「従業員主導のマネジメントスタイル」とするために非常に有効な制度であるといえます。

## 5. 人事考課制度の運用と注意点

　最後に、具体的な制度導入にあたって留意しなければならないポイントを下記に解説し、結びとします。

### ①　考課者において注意すべきポイント

**＜考課者が上司の場合、部下から信頼されるような人間を目指すこと＞**
　考課者の人格や人間性、能力が不足していると部下が判断した場合、いくらその考課が正確かつ理論にかなっていたとしても、部下は懐疑の念を抱くこととなります。
　そのため、部下から信頼される人間を目指すことは、考課者として避けては通れない重要な要素です。
**＜被考課者を1人の人間として尊重すること＞**
　考課者は評価する立場であるという性質上、自分が絶対者であると意識してしまいがちです。そのため、自分中心ではなく、あくまでも被考課者のためという視点を持って考課を行うことが肝要です。
**＜人事考課の第1の目的が「能力開発」であることに留意すること＞**
　人事考課は「評価」が目的ではありません。
　被考課者の能力を正確に分析し、把握し、それを被考課者にフィードバックすることで、充足している能力や不足している能力を自覚してもらい、また導くことで本人の能力の向上に寄与するという本来の目的を見失わないことが重要です。
**＜日頃から被考課者をしっかり観察し、記録をとっておくこと＞**
　人事考課の時期にあわてて評価しようとしても、正確な分析や考課などできません。
　そのため、考課者は自らが考課者であるということを常日頃から自覚し、被考課者の日頃の行動や仕事の成果を記録しておくことが必要となります。

**＜仕事に関係ない事項を考課の対象としてはならないこと＞**

人事考課はあくまでも、「仕事面」での成果や勤務態度、能力を評価するものです。

そのため、私生活上の問題や個人的付き合いなどを考課の対象とすることは許されないということに留意する必要があります。

## ②　制度導入にあたってのポイント

**＜従業員への説明をしっかりと行うこと＞**

人事考課制度は、従業員全員がその意義と目的を理解し、その仕組みを把握していなければ意味がなく、そればかりかトップダウンで制度を導入しようとすれば、従業員の反発にあうことは必至です。そのため、従業員全員を対象とした説明会を複数回実施するなどし、従業員の理解を求めていくことが重要となります。

**＜考課者研修を実施すること＞**

考課者となる者については、通常の従業員以上に制度を理解するとともに、考課領域やその定義、着眼点をしっかりと理解していなければ、正確な評価はできません。そのため、制度の目的から具体的な評価方法まで、考課者を対象とした研修を実施し、正確な考課が行えるように準備を整えていく必要があります。

**＜制度導入の際、まずは模擬考課を行うこと＞**

いきなり大規模な人事考課を行おうとすれば、慣れない考課者や従業員はもとより、経営者も混乱することになりかねません。そのため、本格的な導入前に、まずは３カ月程度の短期での模擬人事考課を複数回実施し、その手順や流れを現場において実際に経験させてから、本格的な制度導入へ踏み切ることが必要となります。

**＜導入後もメンテナンスを行い、必要に応じて改編を行うこと＞**

経済社会情勢と同様、組織もまた従業員の構成や体制の見直しによって変化します。

そのため、導入した人事考課制度を恒久のものであると思わず、見

直し・改善を図っていく必要があります。

　人事考課制度もまた、時代の移り変わりとともに変化すべきものであるということを認識しておくことが重要です。

# 職能資格制度規程

（目　的）

第1条　この規程は、人事管理上の規範となる制度であって、公正に評価された職務遂行能力に見合う職能等級への格付を通じ、社員およびパートタイマーの適正な処遇を行うとともに、当該社員およびパートタイマー自らの能力開発と人材育成を促進することを目的とする。

（適用の範囲）

第2条　この規程は、正社員就業規則第○条第○項ならびにパートタイマー就業規則第○条第○項に定める正社員およびパートタイマー（以下、「社員等」とする）に適用する。

（用語の定義）

第3条　この規程において用いる用語の定義は、次による。

　1）職　　務……各人に課される仕事の集まりのことをいう。

　2）職　　能……職務を遂行するために必要な能力のことをいう。

　3）職　　種……職務を遂行するために必要とする知識・技能など職務遂行能力の共通性、類似性および人事管理上同一の基準が適用される職務群をいう。

　4）職　　掌……職務を遂行するために必要とする知識・技能など職務遂行能力の共通性、類似性および人事管理上同一の基準が適用される職種群をいう。

　5）職能等級……職務遂行能力と職務内容により、段階を設けて社員等を処遇する区分のことをいう。

　6）昇　　格……社員等を上位の職能等級に格付することをいう。

　7）降　　格……社員等を下位の職能等級に格付することをいう。

　8）職　　位……職務の組織上の地位のことをいう。

（職能等級の区分）

第４条　会社の職能等級は、職能段階に応じて次の５等級に区分する。

| 職能等級 |
|---|
| ５等級（マネジャー） |
| ４等級（チーフ） |
| ３等級（プロフェッショナル） |
| ２等級（レギュラー） |
| １等級（アシスタント） |

2　職能等級の職能要件基準および格付判定基準は、別表（１）「職能定義書」に定めるところによる。

（採用時の格付）

第５条　社員等の採用時における等級への格付は、次の通りとする。

　１）高校、専門学校、短大卒………１等級

　２）大学卒………２等級

　３）中途採用者

　本人の履歴、知識、技能、経験、能力および年齢などを総合的に勘案して、他の社員等との均衡をはかり決定する。ただし、一定期間（１年以内）に限り、仮格付とすることがある。

（職位との関係）

第６条　職位との対応関係は、原則として次の通りとする。

| 職能等級 | 職　位 |
|---|---|
| ５等級（マネジャー） | 管理者、サービス管理責任者 |
| ４等級（チーフ） | サービス管理責任者、主任、主任指導員 |
| ３等級（プロフェッショナル） | 主任、主任指導員、職業指導員、生活支援員、調理員、目標工賃達成指導員 |
| ２等級（レギュラー） | 職業指導員、生活支援員、調理員、目標工賃達成指導員 |
| １等級（アシスタント） | 職業指導員、生活支援員、調理員 |

※管理職は4等級以上の管理者、サービス管理責任者とする。

※パートタイマーについては、4等級までを上限とする。

（昇格の原則）

第7条　昇格は、次の各号の基準を満たしたときに行うものとする。

　1）現に在級する等級が必要とする職務遂行能力要件を十分に満たしたと認められること。

　2）1つ上位の等級が必要とする職能要件を満たすと認められること。

　3）別表（3）の人事考課表において、等級ごとに定める必要ポイントに達しており、かつ、直近の人事考課表において60点以上であること。

　4）最短滞留年数以上の期間、その等級に在位していること。

　5）3等級以上の者については、筆記試験に合格（3等級の者については会社が実施する所定の講習を修了）し、かつ上司もしくは役員との面接において適正と判断された者であること。

（昇格の時期）

第8条　昇格の時期は、原則として毎年1回4月に行う。ただし、特に必要と認めた場合には、臨時に行うことがある。

（昇格基準）

第9条　職能等級の昇格基準は、別表（2）に定めるところによる。

2　中途採用者の採用時点に格付された等級の最短滞留年数については、個別に考慮する。

3　休職期間中は、滞留年数の計算から除外する。

（昇格の手続き）

第10条　昇格は、各事業所より昇格基準を満たした該当者を選出した後、理事長および事務局が審査し、これを決定する。

（特別昇格）

第11条　次の各号の一に該当するときで、特に必要と認められる者に対し

ては、臨時にまたは滞留期間を短縮して昇格させることがある。

1）知識、能力、勤務成績、業績等を総合的に勘案し、特に優秀と認められるとき。

2）中途採用者で特に優秀で昇格の必要があると認められたとき。

（降　格）

第12条　社員等が次の各号に該当するときは、降格を行うことがある。

1）就業規則に規定する懲戒処分を受けたとき。

2）別表（3）の人事考課表において、評価が2年連続で20点未満であり、かつ、理事会においてその等級に在位することが不適当であると決議されたとき。

3）その他前各号に準ずるやむを得ない事由があるとき。

（職務の変更）

第13条　社員等の適性または配置転換などにより、職務の変更を行うことがある。

（異動に伴う職能資格）

第14条　異動に伴い、職掌の異なる業務へ配置転換された場合においても、職能等級は変更しない。

（異動配置の要件）

第15条　要員の異動配置に際しては、該当者の職能等級と配置しようとする職務の内容とを比較検討し、適正な対応関係を維持するよう配慮するものとする。

（改　廃）

第16条　この規程の改廃は、代表取締役の起案により、取締役会の決議による。

付　　則

この規程は、令和〇年〇月〇日から施行する。

別表（1）

## 職能定義書

| 等級 | 職能定義 | 担当職務 |
|---|---|---|
| 1等級<br>（アシスタント） | ①　日常発生する定型的・反復的職務を指示された方法または定められた手続きで正確に処理する能力を有する者<br>②　職務の処理過程で、軽微な判断を正確に行う能力を有する者<br>③　上司・上位等級者から指示された職務を、指示された方法で正確に処理する能力を有する者 | ①　日常的に発生する定型的・反復的職務<br>②　上司・上位等級者の職務遂行の補助<br>③　上司・上位等級者から特に命ぜられた職務 |
| 2等級<br>（レギュラー） | ①　実務経験を要する複雑な定型的職務を、マニュアルや事業所の方針に従い正確に処理する能力を有する者<br>②　応用が必要な定型的職務を正確に処理する能力を有する者<br>③　下位等級者の職務遂行にあたり、簡易な助言能力を有する者<br>④　上司・上位等級者から指示された職務を、指示された方法で正確に処理する能力を有する者 | ①　実務経験を要する複雑な定型的職務<br>②　応用を要する定型的職務<br>③　下位等級者の職務遂行への助言<br>④　上司・上位等級者の職務遂行の補助<br>⑤　上司から特に命ぜられた職務 |

| 3等級<br>(プロフェッショナル) | ① 判断が必要な定型的職務を的確に処理する能力を有する者<br>② 担当職務を、諸要因を総合的に勘案し分析・企画する能力を有する者<br>③ 職務遂行にあたり、関連する他の業務との連携を図ることができる者<br>④ 下位等級者に対して必要な指導・育成を行える者 | ① 判断が必要な非定型的職務<br>② 担当職務の分析・企画<br>③ 業務間連携<br>④ 一次的な下位等級者の指導・育成<br>⑤ 職務改善<br>⑥ 上司の職務遂行の補助<br>⑦ 上司から特に命ぜられた職務 |
|---|---|---|
| 4等級<br>(チーフ) | ① 自分の管掌下にある業務を、部下を監督し遂行する能力を有する者<br>② 自分の担当する複雑・重要な職務を、効果的かつ効率的に処理するために的確・迅速に高度な判断を下す能力を有する者<br>③ 自分の管掌下にある業務を、効果的かつ効率的に処理するための高度な企画立案を行う能力を有する者<br>④ 部下の勤務管理・能力開発を適切に行う能力を有する者<br>⑤ 業務の遂行過程で発生する諸問題を有効に解決する能力を有する者 | ① 自分の管掌下にある業務の第一線管理<br>② 複雑・重要な職務の高度な判断<br>③ 自分の管掌下にある業務の高度な企画立案<br>④ 業務上発生する諸問題の解決<br>⑤ 部下の能力開発<br>⑥ 部下の勤務管理<br>⑦ 上司の職務遂行の補助<br>⑧ 上司から特に命ぜられた職務 |

| 5等級<br>(マネジャー) | ① 事業所の業務運営を的確に管理する能力を有する者<br>② 事業所を的確に統括する能力を有する者<br>③ 事業所を代表して外部との一次的な交渉をする能力を有する者<br>④ 事業所内外に発生が予想される複雑かつ困難な諸問題を発見し、有効に解決する能力を有する者<br>⑤ 事業所全体の見地から内部調整を行う能力を有する者<br>⑥ 部下の人事考課を適切に行う能力を有する者 | ① 事業所の管理<br>② 事業所の計画立案および目標・方針設定<br>③ 一次的対外交渉<br>④ 高度な問題発見・解決<br>⑤ 部下の人事考課<br>⑥ 事業所内の調整<br>⑦ 上司から特に命ぜられた職務 |

※パートタイマーについては、4等級までを上限とする。

別表（2）

## 等級ごとの昇格基準

1）現に在級する等級が必要とする職務遂行能力要件を十分に満たしたと認められること。
2）1つ上位の等級が必要とする職能要件を満たすと認められること。
3）別表（3）の人事考課表において、等級ごとに定める必要ポイントに達しており、かつ、直近の人事考課表において60点以上であること。
4）最短滞留年数以上の期間、その等級に在位していること。
5）3等級以上の者については、筆記試験に合格（3等級の者については会社が実施する所定の講習を修了）し、かつ上司もしくは役員との面接において適正と判断された者であること。

| 等　級 | 必要ポイント | 標準滞留年数 | 一次考課者 | 二次考課者 | 昇格留意事項 |
|---|---|---|---|---|---|
| 1等級 | — | — | 管理者 | 代表取締役 | |
| 2等級 | 5 | 2年 | 管理者 | 代表取締役 | |
| 3等級 | 12 | 4年 | 管理者 | 代表取締役 | 要上司面接、講習修了 |
| 4等級 | 18 | 6年 | 事務局長または会長 | 代表取締役 | 要役員面接、筆記試験合格 |
| 5等級 | 24 | 8年 | 事務局長または会長 | 代表取締役 | 要役員面接、筆記試験合格 |
| ※直近の評価が40点以下の者については、必要ポイントに達していても昇格は見送る。 | | | | | |
| ※評価が2年連続で20点である者については、取締役会の決議に諮り、そこで可決の場合は降格する場合がある。 | | | | | |
| ※一次考課者については、その業務を補助するため、必要に応じて1〜2名の考課補助者をつけることができる。 | | | | | |
| ※パートタイマーについては、4等級までを上限とする。 | | | | | |

○人事考課表におけるランクごとに付与されるポイント

| ランク<br>（得点） | 付与ポイント |
| --- | --- |
| A<br>（100〜81） | 5 |
| B<br>（80〜61） | 4 |
| C<br>（60〜41） | 3 |
| D<br>（40〜21） | 2 |
| E<br>（20〜0） | 1 |

## 3 人事考課表

# 別表（3）

**1等級（アシスタント）**

令和（　　）年度　人事考課表

| 所属 | 役職 | 氏名 | | 一次考課者 | 二次考課者 |
|---|---|---|---|---|---|
| | | | | | |

| | 項目 | 考課のポイント | ウェート | 本人考課 | 一次考課 | 二次考課 |
|---|---|---|---|---|---|---|
| 成績考課 | 仕事の質 | 上司より指示された業務についての内容やその進め方について誤りなくまた、期待するレベルであったか | 10 | A—B—C—D—E | | |
| | 仕事の量 | 担当する仕事について、所定時間内あるいは期日・期限までに所定件数や仕事量をこなしたか | 10 | A—B—C—D—E | | |
| 意欲・態度考課 | 規律性 | 諸規定や上司の指示命令を忠実に守っていたか | 10 | A—B—C—D—E | | |
| | 協調性 | 目標達成のためにお互いに協力し合い、職場の良好な人間関係の向上に努めていたか | 10 | A—B—C—D—E | | |
| | 積極性 | 仕事に対しての積極的な取組み姿勢はあったか | 10 | A—B—C—D—E | | |
| | 責任感 | 自分の仕事を途中で投げ出すことなく最後までやり遂げようとしていたか | 10 | A—B—C—D—E | | |
| | 対外応対 | 官公署、地域住民、利用者、家族に対して好感のもたれるような対応を心がけていたか | 10 | A—B—C—D—E | | |
| | コスト意識 | 時間や諸経費についての意識を常に持ちながら日々仕事をしていたか | 5 | A—B—C—D—E | | |
| 能力考課 | 知識・技術 | 業務遂行にあたっての基本的な知識や技術は備えているか | 5 | A—B—C—D—E | | |
| | 創意工夫力 | 担当する仕事について、自ら改善や工夫をしながら仕事を進めていく能力 | 5 | A—B—C—D—E | | |
| | 表現力 | 自分の立場や役割、意思、意見などについて文章や口頭で明確に伝えていく能力 | 5 | A—B—C—D—E | | |
| | 理解力 | 上司より指示された業務について、その内容や意図を的確に理解する能力 | 10 | A—B—C—D—E | | |
| 合　計 | | | | | | |

考課係数
A…極めて優秀（1.0）
B…優秀（0.8）
C…標準（0.6）
D…要努力（0.4）
E…極めて要努力（0.2）

| | 点数 | 評価者コメント |
|---|---|---|
| 一次考課 | | |
| 二次考課 | | |

人事考課表別表　考課の着眼点

| | 項目 | 考課のポイント | | 着眼点 |
|---|---|---|---|---|
| 成績考課 | 仕事の質 | 上司より指示された業務についての内容やその進め方について誤りなくまた、期待するレベルであったか | A | 困難な仕事についても全く申し分なく期待する以上の結果を出していた |
| | | | B | やや困難な仕事についても、その結果にミスもなく正確で信頼できるものであった |
| | | | C | ミスもなく、ほぼ上司の期待に沿うレベルであった |
| | | | D | ときどきミスを起こしたり、たまに業務に支障をきたしたりしていた |
| | | | E | しばしばミスやトラブルがあり、業務に支障をきたし不満な出来であった |
| | 仕事の量 | 担当する仕事について、所定時間内あるいは期日・期限までに所定件数や仕事量をこなしたか | A | 通常より仕事の量が増加したり期日が早まっても、てきぱきと適切に余裕をもって処理した |
| | | | B | 通常よりやや仕事の量や期日が早まっても適切に処理した |
| | | | C | 通常の業務については、支障のない範囲内で処理していた |
| | | | D | やや業務処理が遅れたり、期日に間に合わなかったり、仕事をやり残すことがあった |
| | | | E | 処理が遅れたり期日に間に合わなかったり、また件数の処理や仕事量がこなせなかったりした |
| 意欲・態度考課 | 規律性 | 諸規定や上司の指示命令を忠実に守っているか | A | 事業所内における他の従業員の模範として、職場内で高い評価を得ていた |
| | | | B | 事業所内でのルール諸規則をよく熟知しており、模範的行動を取っていた |
| | | | C | 事業所内で定められたルールや諸規則にもとづいた行動をとっていた |
| | | | D | たまに遅刻、早退などがあり、やや職場規律に対しての認識が甘かった |
| | | | E | 職場の規律に対しての認識が甘く、欠勤や遅刻早退があり、また上司への反抗的言動があった |
| | 協調性 | 目標達成のためにお互いに協力し合い、職場の良好な人間関係の向上に努めているか | A | いつも苦労を惜します、事業所内外と協力的に仕事を進めており、他を満足させていた |
| | | | B | いつも事業所内外を問わず自主的に協力的に仕事を進めていた |
| | | | C | 同僚や他部署との協力関係を保つように、配慮をしながら仕事を進めていた |
| | | | D | 少し、まわりに対しての配慮に欠けており、自分のペースで仕事をおこなっていることがあった |
| | | | E | 自分中心に身勝手に仕事を進めており、他の従業員を「ムッ」とさせていた |
| | 積極性 | 仕事に対しての積極的な取組み姿勢はあるか | A | 困難な仕事に対しても意欲的に取り組み、その姿勢には驚かされた |
| | | | B | 多少困難な仕事にもバイタリティーをもって取り組んでいた |
| | | | C | 仕事は前向きに、また肯定的に取り組んでいた |
| | | | D | 他の人の仕事に対して批判したり、ケチをつけたりしていた |
| | | | E | 新しい事に対しては全く無関心で、現状にどっぷりと漬かっており、それに満足していた |
| | 責任感 | 自分の仕事を途中で投げ出すことなく最後までやり遂げようとしていたか | A | 任された仕事に対しては余裕をもって仕事を行い、他を圧倒させていた |
| | | | B | 困難な仕事についても、一度受けた仕事については最後までやり通していた |
| | | | C | 任された仕事については、最後までやり通していた |
| | | | D | やや上司や同僚に対して不満を漏らしたり、責任のがれをすることがあった |
| | | | E | 事をあいまいにし、自ら起したミスやトラブルを他に転嫁することがあった |
| | 対外応対 | 官公署、地域住民、利用者、家族に対して好感のもたれるような対応を心がけていたか | A | 官公署や利用者・家族はもとより、地域住民からも「さすがですね」と高い評価を得ていた |
| | | | B | 事業所内外で他の模範となる行動を取っており、常に好感のもたれる行動を取っていた |
| | | | C | 言葉使いや態度、マナーは身についており、難なく応対をしていた |
| | | | D | たまにその日の気分で行動し、応対に配慮の欠ける面があった |
| | | | E | 無愛想で相手の気分を害したり、また言葉やマナー等の配慮に欠けていた |

| | コスト意識 | 時間や諸経費についての意識を常に持ちながら日々仕事をしていたか | A | 時間や経費についての具体的な対策を立てて削減を行い、成果に結びつけていた |
| | | | B | 仕事を進める中では常に、時間や経費に対しての「ムリ・ムダ」を考えながら行動していた |
| | | | C | いつも時間や経費について意識を持ちながら仕事を行っていた |
| | | | D | たまに時間をおろそかにしたり、経費の無駄遣いがあった |
| | | | E | コストに対しての意識は全くなかった |

| 能力考課 | 知識・技術 | 業務遂行にあたっての基本的な知識や技術は備えているか | A | 担当外の仕事もよく熟知しており完璧に仕事をこなしている |
| | | | B | 自分の担当している仕事の流れについて、よく熟知しておりスムーズに仕事を行っている |
| | | | C | 担当業務はほぼ熟知しており、業務に支障をきたすことはない |
| | | | D | 一応身についているのだが、実務に生かせず、たまに仕事が滞ることがある |
| | | | E | ほとんど身についておらず、他に迷惑をかけたりしている |
| | 創意工夫力 | 担当する仕事について、自ら改善や工夫をしながら仕事を進めていく能力 | A | いつも事業所全体の観点から改善や提案を行っており、他から一目置かれていた |
| | | | B | 仕事をより効果的に行うための工夫や改善をいつも織り込みながら仕事を進めていた |
| | | | C | 現状に満足することなく、日常の仕事の中で自分なりに工夫改善を行っていた |
| | | | D | 毎日同じことの繰り返しで仕事がマンネリ化しているのだが、それが普通だと思っていた |
| | | | E | 今の仕事にどっぷりと浸かっており、他から指摘を受けると反抗的な態度を取っていた |
| | 表現力 | 自分の立場や役割、意思、意見などについて文章や口頭で明確に伝えていく能力 | A | 相手に対してこちらの意図を十分に理解・納得させながら仕事を進めていた |
| | | | B | 相手に分かりやすいようにうまく表現しており、相手を理解・納得させていた |
| | | | C | 自分の考えが相手に理解できるように表現しており、業務に支障をきたすことはなかった |
| | | | D | 努力はしているのだが、相手に対してこちらの意図を十分に伝えられず誤解を招くことがあった |
| | | | E | たまに意味不明の言動があり、相手を困惑させたり不機嫌にさせることがあった |
| | 理解力 | 上司より指示された業務について、その内容や意図を的確に理解する能力 | A | 仕事の目的や内容をいち早く的確につかみ仕事を進めており、上司をいつも感心させていた |
| | | | B | 仕事の内容を良く飲み込んで遂行しており、上司を満足させていた |
| | | | C | 自分の仕事の役割や内容は一応理解しており、上司の指示にも支障のない程度で答えていた |
| | | | D | 返事は良いのだが、一部内容が伴わず、上司を慌てさせることがあった |
| | | | E | 何度言い聞かせても上司の指示を飲み込めず、とんちんかんな行動をとっていた |

## 2等級（レギュラー）

令和（　　）年度　人事考課表

| 所属 | 役職 | 氏名 | | 一次考課者 | 二次考課者 |
|---|---|---|---|---|---|
| | | | | | |

| | | 項目 | 考課のポイント | ウェート | 本人考課 | 一次考課 | 二次考課 |
|---|---|---|---|---|---|---|---|
| 成績考課 | 仕事の質 | 上司より指示された業務についての内容やその進め方について誤りなくまた、期待するレベルであったか | 10 | A—B—C—D—E | | |
| | 仕事の量 | 担当業務について、当該業務を停滞させることなく、てきぱきと効率的に進めていたか | 10 | A—B—C—D—E | | |
| 意欲・態度考課 | 規律性 | 諸規定や上司の指示命令を忠実に守っているか | 10 | A—B—C—D—E | | |
| | 協調性 | 目標達成のためにお互いに協力し合い、職場の良好な人間関係の向上に努めているか | 10 | A—B—C—D—E | | |
| | 積極性 | 現状に満足することなく、常に前向きに事業所や自身のレベルアップに努めていたか | 10 | A—B—C—D—E | | |
| | 責任感 | 他に責任を転嫁することなく、最後まで責任と信念を持って自らの仕事を達成しようとしていたか | 10 | A—B—C—D—E | | |
| | 対外応対 | 官公署、地域住民、利用者、家族に対して好感のもたれるような対応を心がけていたか | 10 | A—B—C—D—E | | |
| | コスト意識 | 仕事はいつも計画性を持って行っていたか | 5 | A—B—C—D—E | | |
| 能力考課 | 知識・技術 | 業務遂行にあたっての基本的な知識や技術は備えているか | 5 | A—B—C—D—E | | |
| | 判断力 | 多くの情報の中から最も適当なものを選択し、随時、仕事の中に繰り込む能力 | 5 | A—B—C—D—E | | |
| | 指導力 | 従業員に対して日々必要とする仕事を親切かつ丁寧に教えていくことのできる能力 | 10 | A—B—C—D—E | | |
| | 企画力 | 担当する仕事について、改善や工夫を提案として具体的に取りまとめていく能力 | 5 | A—B—C—D—E | | |
| 合　計 | | | | | | | |

考課係数
A…極めて優秀（1.0）
B…優秀（0.8）
C…標準（0.6）
D…要努力（0.4）
E…極めて要努力（0.2）

| | 点数 | 評価者コメント |
|---|---|---|
| 一次考課 | | |
| 二次考課 | | |

人事考課表別表　考課の着眼点

| | 項目 | 考課のポイント | | 着眼点 |
|---|---|---|---|---|
| 成績考課 | 仕事の質 | 上司より指示された業務についての内容やその進め方について誤りなくまた、期待するレベルであったか | A | 困難な仕事についても全く申し分なく期待する以上の結果を出していた |
| | | | B | やや困難な仕事についても、その結果にミスもなく正確で信頼できるものであった |
| | | | C | ミスもなく、ほぼ上司の期待に沿うレベルであった |
| | | | D | ときどきミスを起こしたり、たまに業務に支障をきたしたりしていた |
| | | | E | しばしばミスやトラブルがあり、業務に支障をきたし不満な出来であった |
| | 仕事の量 | 担当業務について、当該業務を停滞させることなく、てきぱきと効率的に進めていたか | A | 担当業務はもとより、他の突発的業務でも即断で余裕をもって計画的に適切な処理を行っていた |
| | | | B | 担当する業務については、計画的に適切に処理し期日・期限も余裕をもって行っていた |
| | | | C | 担当する業務については、業務に支障を来すことなく処理していた |
| | | | D | たまに、担当業務を先送りしたり、業務が停滞したり期日までに処理できなかったりした |
| | | | E | 処理を先送りしたり業務の停滞や件数・仕事量がこなせず、事業所や事務局に迷惑をかけていた |
| 意欲・態度考課 | 規律性 | 諸規定や上司の指示命令を忠実に守っているか | A | 事業所内における他の従業員の模範として、職場内で高い評価を得ていた |
| | | | B | 事業所内でのルール諸規則をよく熟知しており、模範的行動を取っていた |
| | | | C | 事業所内で定められたルールや諸規則にもとづいた行動をとっていた |
| | | | D | たまに遅刻、早退などがあり、やや職場規律に対しての認識が甘かった |
| | | | E | 職場の規律に対しての認識が甘く、欠勤や遅刻早退があり、また上司への反抗的言動があった |
| | 協調性 | 目標達成のためにお互いに協力し合い、職場の良好な人間関係の向上に努めているか | A | いつも苦労を惜しまず、事業所内外と協力的に仕事を進めており、他を満足させていた |
| | | | B | いつも事業所内外を問わず自主的に協力的に仕事を進めていた |
| | | | C | 同僚や他部署との協力関係を保つように、配慮をしながら仕事を進めていた |
| | | | D | 少し、まわりに対しての配慮に欠けており、自分のペースで仕事をおこなっていることがあった |
| | | | E | 自分中心に身勝手に仕事を進めており、他の従業員を「ムッ」とさせていた |
| | 積極性 | 現状に満足することなく、常に前向きに事業所や自身のレベルアップに努めていたか | A | 仕事の量的、質的拡大に自ら挑戦しており、そのための自己啓発活動など十分に行っていた |
| | | | B | 仕事の改善提案をどんどん行っており、それを実務に結びつけていた |
| | | | C | 日常の仕事について、現状に満足することなく改善を行いながら進めていた |
| | | | D | 現状維持をベースに仕事をおこなっていた |
| | | | E | 上司や同僚から指導をうけるほど自分の仕事に対しての認識が薄かった |
| | 責任感 | 他に責任を転嫁することなく、最後まで責任と信念を持って自らの仕事を達成しようとしていたか | A | 任された仕事に対しては余裕をもって仕事を行い、他を圧倒させていた |
| | | | B | 困難な仕事についても、一度受けた仕事については最後までやり通していた |
| | | | C | 任された仕事については、最後までやり通していた |
| | | | D | やや上司や同僚に対して不満を漏らしたり、責任のがれをすることがあった |
| | | | E | 事をあいまいにし、自ら起したミスやトラブルを他に転嫁することがあった |
| | 対外応対 | 官公署、地域住民、利用者、家族に対して好感のもたれるような対応を心がけていたか | A | 官公署や利用者・家族はもとより、地域住民からも「さすがですね」と高い評価を得ていた |
| | | | B | 事業所内外で他の模範となる行動を取っており、常に好感のもたれる行動を取っていた |
| | | | C | 言葉使いや態度、マナーは身についており、難なく応対をしていた |
| | | | D | たまにその日の気分で行動し、応対に配慮の欠ける面があった |
| | | | E | 無愛想で相手の気分を害したり、また言葉やマナー等の配慮に欠けていた |

| | コスト意識 | 仕事はいつも計画性を持って行っていたか | A | 綿密な行動計画を立て、それに基づいて行動しており、他の模範となる行動を取っていた |
|---|---|---|---|---|
| | | | B | 日々計画的に仕事を進めており、またコストに対して厳しく対応成果に結びつけていた |
| | | | C | 一応日々の計画は立てて行動しており、コストに対しての意識を持ちながら仕事を進めていた |
| | | | D | 計画は立てるのだが、実務にあまり反映されず計画倒れになることが多かった |
| | | | E | その日ぐらしで計画性に欠けており、やや問題であった |

| 能力考課 | 知識・技術 | 業務遂行にあたっての基本的な知識や技術は備えているか | A | 担当外の仕事もよく熟知しており完璧に仕事をこなしている |
|---|---|---|---|---|
| | | | B | 自分の担当している仕事の流れについて、よく熟知しておりスムーズに仕事を行っている |
| | | | C | 担当業務はほぼ熟知しており、業務に支障をきたすことはない |
| | | | D | 一応身についているのだが、実務に生かせず、たまに仕事が滞ることがある |
| | | | E | ほとんど身についておらず、他に迷惑をかけたりしている |
| | 判断力 | 多くの情報の中から最も適当なものを選択し、随時、仕事の中に繰り込む能力 | A | 状況の変化に的確に対応した判断、判定を下し、いつも適切な対応をしていた |
| | | | B | その都度何が大切か、何が問題か、どうすべきかを判断しながら仕事を進めていた |
| | | | C | 現状の仕事について、効率を考えながら業務に支障のない程度で判定を行っていた |
| | | | D | 周囲の状況変化にやや鈍感で、他の従業員に判断を委ねたりしていた |
| | | | E | 自分だけでは判断できず、他に委ねたり、明らかに判断を間違えたりしていた |
| | 指導力 | 従業員に対して日々必要とする仕事を親切かつ丁寧に教えていくことのできる能力 | A | 自らかって出て従業員指導を行っており、従業員からとても慕われていた |
| | | | B | 進んで従業員指導をおこなっていた |
| | | | C | 必要に応じて従業員に仕事を教えていた |
| | | | D | 質問を受けると一通りのことは教えていた |
| | | | E | ほとんど教える事も無く、むしろ質問されても否定的に対応していた |
| | 企画力 | 担当する仕事について、改善や工夫を提案として具体的に取りまとめていく能力 | A | 新しい仕事に対しての具体的な施策をどんどんと提案し、ずば抜けた企画力を発揮していた |
| | | | B | 仕事の改善や提案に結びつく具体的な提案・施策をどんどんと出していた |
| | | | C | 担当している仕事の進め方等について、ヒントやアイデアを具体的に仕事に結びつけていた |
| | | | D | ヒントやアイデアは出すのだが、それを具体的に提案として結びつけることはできなかった |
| | | | E | 新たな仕事についてはあまり関心がなく、現状に満足していた |

### 3等級（プロフェッショナル）

令和（　　）年度　人事考課表

| 所属 | 役職 | 氏名 | 一次考課者 | 二次考課者 |
|---|---|---|---|---|
|  |  |  |  |  |

| | 項目 | 考課のポイント | ウェート | 本人考課 | 一次考課 | 二次考課 |
|---|---|---|---|---|---|---|
| 成績考課 | 仕事の質 | 事業所の業務の実施状況について、常に実態を把握し、事業所の事業計画に基づいた業務展開を行っていたか | 15 | A—B—C—D—E | | |
| | 仕事の量 | 担当業務について、当該業務を停滞させることなく、てきぱきと効率的に進めていたか | 15 | A—B—C—D—E | | |
| 意欲・態度考課 | 規律性 | 諸規定や上司の指示命令を忠実に守っているか | 5 | A—B—C—D—E | | |
| | 協調性 | 目標達成のためにお互いに協力し合い、職場の良好な人間関係の向上に努めているか | 5 | A—B—C—D—E | | |
| | 積極性 | 現状に満足することなく、常に前向きに事業所や自身のレベルアップに努めていたか | 5 | A—B—C—D—E | | |
| | 責任感 | 他に責任を転嫁することなく、最後まで責任と信念を持って自らの仕事を達成しようとしていたか | 5 | A—B—C—D—E | | |
| | 対外応対 | 官公署、地域住民、利用者、家族に対して好感のもたれるような対応を心がけていたか | 5 | A—B—C—D—E | | |
| | コスト意識 | 仕事はいつも計画性を持って行っていたか | 5 | A—B—C—D—E | | |
| 能力考課 | 知識・技術 | 業務を遂行する過程において必要となる福祉、法律についての知識及び技術 | 10 | A—B—C—D—E | | |
| | 渉外力 | 他事業所、官公署、地域住民、利用者及びその家族に対して、こちらの意思、意図を理解・納得させる能力 | 5 | A—B—C—D—E | | |
| | 判断力 | 多くの情報の中から最も適当なものを選択し、随時、仕事の中に繰り込む能力 | 10 | A—B—C—D—E | | |
| | 指導監督力 | 部下や後輩職員に対して日々の仕事を計画的に教え、やる気を起こさせる能力 | 10 | A—B—C—D—E | | |
| | 企画力 | 担当する仕事について、改善や工夫を提案として具体的に取りまとめていく能力 | 5 | A—B—C—D—E | | |
| 合　計 | | | | | | |

考課係数
A…極めて優秀（1.0）
B…優秀（0.8）
C…標準（0.6）
D…要努力（0.4）
E…極めて要努力（0.2）

| | 点数 | 評価者コメント |
|---|---|---|
| 一次考課 | | |
| 二次考課 | | |

人事考課表別表　考課の着眼点

| | 項目 | 考課のポイント | | 着眼点 |
|---|---|---|---|---|
| 成績考課 | 仕事の質 | 担当する業務の実施状況について、常に実態を把握し、事業所の事業計画に基づいた業務展開を行っていたか | A | 困難な業務や緊急事態の発生にも適切な対応策を講じながら完璧に計画通りの目標を達成した |
| | | | B | 多少困難な事態が起こっても適切な判断と調整により、計画通りの目標を達成した |
| | | | C | 通常の業務については、支障のない程度で担当する業務をほぼ達成した |
| | | | D | 通常業務の範囲内でも、対策管理や調整不足でたまに遅れたり、達成できないことがあった |
| | | | E | 通常業務に支障をきたすことがしばしばあり、周囲を慌てさせていた |
| | 仕事の量 | 担当業務について、当該業務を停滞させることなく、てきぱきと効率的に進めていたか | A | 担当業務はもとより、他の突発的業務でも即ség余裕をもって計画的に適切な処理を行っていた |
| | | | B | 担当する業務については、計画的に適切に処理し期日・期限も余裕をもって行っていた |
| | | | C | 担当する業務については、業務に支障を来すことなく処理していた |
| | | | D | たまに、担当業務を先送りしたり、業務が停滞したり期日までに処理できなかったりした |
| | | | E | 処理を先送りしたり業務の停滞や件数・仕事量がこなせず、事業所や事務局に迷惑をかけていた |
| 意欲・態度考課 | 規律性 | 諸規定や上司の指示命令を忠実に守っているか | A | 事業所内における他の従業員の模範として、職場内で高い評価を得ていた |
| | | | B | 事業所内でのルール諸規則をよく熟知しており、模範的行動を取っていた |
| | | | C | 事業所内で定められたルールや諸規則にもとづいた行動をとっていた |
| | | | D | たまに遅刻、早退などがあり、やや職場規律に対しての認識が甘かった |
| | | | E | 職場の規律に対しての認識が甘く、欠勤や遅刻早退があり、また上司への反抗的言動があった |
| | 協調性 | 目標達成のためにお互いに協力し合い、職場の良好な人間関係の向上に努めているか | A | いつも苦労を惜しまず、事業所内外と協力的に仕事を進めており、他を満足させていた |
| | | | B | いつも事業所内外を問わず自主的に協力的に仕事を進めていた |
| | | | C | 同僚や他部署との協力関係を保つように、配慮をしながら仕事を進めていた |
| | | | D | 少し、まわりに対しての配慮に欠けており、自分のペースで仕事をおこなっていることがあった |
| | | | E | 自分中心に身勝手に仕事を進めており、他の従業員を「ムッ」とさせていた |
| | 積極性 | 現状に満足することなく、常に前向きに事業所や自身のレベルアップに努めていたか | A | 仕事の量的、質的拡大に自ら挑戦しており、そのための自己啓発活動など十分に行っていた |
| | | | B | 仕事の改善提案をどんどん行っており、それを実務に結びつけていた |
| | | | C | 日常の仕事について、現状に満足することなく改善を行いながら進めていた |
| | | | D | 現状維持をベースに仕事をおこなっていた |
| | | | E | 上司や同僚から指導をうけるほど自分の仕事に対しての認識が薄かった |
| | 責任感 | 他に責任を転嫁することなく、最後まで責任と信念を持って自らの仕事を達成しようとしていたか | A | 任された仕事に対しては余裕をもって仕事を行い、他を圧倒させていた |
| | | | B | 困難な仕事についても、一度受けた仕事については最後までやり通していた |
| | | | C | 任された仕事については、最後までにやり通していた |
| | | | D | やや上司や同僚に対して不満を漏らしたり、責任のがれをすることがあった |
| | | | E | 事をあいまいにし、自ら起したミスやトラブルを他に転嫁することがあった |
| | 対外応対 | 官公署、地域住民、利用者、家族に対して好感のもたれるような対応を心がけていたか | A | 官公署や利用者・家族はもとより、地域住民からも「さすがですね」と高い評価を得ていた |
| | | | B | 事業所内外で他の模範となる行動を取っており、常に好感のもたれる行動を取っていた |
| | | | C | 言葉使いや態度、マナーは身についており、難なく応対をしていた |
| | | | D | たまにその日の気分で行動し、応対に配慮の欠ける面があった |
| | | | E | 無愛想で相手の気分を害したり、また言葉やマナー等の配慮に欠けていた |

| | コスト意識 | 仕事はいつも計画性を持って行っていたか | A | 綿密な行動計画を立て、それに基づいて行動しており、他の模範となる行動を取っていた |
| --- | --- | --- | --- | --- |
| | | | B | 日々計画的に仕事を進めており、またコストに対して厳しく対応し成果に結びつけていた |
| | | | C | 一応日々の計画は立てて行動しており、コストに対しての意識を持ちながら仕事を進めていた |
| | | | D | 計画は立てるのだが、実務にあまり反映されず計画倒れになることが多かった |
| | | | E | その日ぐらしで計画性に欠けており、やや問題であった |

| | 知識・技術 | 業務を遂行する過程において必要となる福祉、法律についての知識及び技術 | A | 知識、技術は一流であり、他の従業員の模範的な存在である |
| --- | --- | --- | --- | --- |
| | | | B | 自分の担当する業務・分野以外についてもよく精通しており、他の従業員を指導している |
| | | | C | 担当業務は熟知しており、業務に支障をきたすことは全くない |
| | | | D | 一応身についてはいるが、まだそれを実務の中で具体的に生かすまでには至っていない |
| | | | E | 他のアドバイスや指導を受けるレベルにある |
| 能力考課 | 渉外力 | 他事業所、官公署、地域住民、利用者及びその家族に対して、こちらの意思、意図を理解・納得させる能力 | A | 事業所を代表して折衝交渉を行い、事業所内より高い評価を得ていた |
| | | | B | 事業所全体の観点から他との交渉を行い、こちらのペースで満足の行く結果を出していた |
| | | | C | 事業所の担当者として一応無難に交渉しており、業務に支障をきたすことは無かった |
| | | | D | 交渉によっては相手のペースに飲み込まれてしまい、不利に交渉していた |
| | | | E | 知識や経験不足等で全く相手のペースで仕事を進めており、不利な条件を飲まされていた |
| | 判断力 | 多くの情報の中から最も適当なものを選択し、随時、仕事の中に繰り込む能力 | A | 状況の変化に的確に対応した判断、判定を下し、いつも適切な対応をしていた |
| | | | B | その都度何が大切か、何が問題か、どうすべきかを判断しながら仕事を進めていた |
| | | | C | 現状の仕事について、効率を考えながら業務に支障のない程度で判定を行っていた |
| | | | D | 周囲の状況変化にやや鈍感で、他の従業員に判断を委ねたりしていた |
| | | | E | 自分だけでは判断できず、他に委ねたり、明らかに判断を間違えたりしていた |
| | 指導監督力 | 部下や後輩職員に対して日々の仕事を計画的に教え、やる気を起こさせる能力 | A | 事業所全体を完全に掌握しており、部下や後輩を計画的に指導し、やる気を喚起させていた |
| | | | B | その従業員のレベルに見合った指示をしており、やる気を喚起させていた |
| | | | C | 必要に応じてその都度、助言・指導を行い、部下や後輩の育成に理解を示していた |
| | | | D | 自ら進んで助言・指導をすることは無かった |
| | | | E | 仕事は自分ひとりで抱え込み、部下や後輩にも教えず、不平ばかりを漏らしていた |
| | 企画力 | 担当する仕事について、改善や工夫を提案として具体的に取りまとめていく能力 | A | 新しい仕事に対しての具体的な施策をどんどんと提案し、ずば抜けた企画力を発揮していた |
| | | | B | 仕事の改善や提案に結びつく具体的な提案・施策をどんどんと出していた |
| | | | C | 担当している仕事の進め方等について、ヒントやアイデアを具体的に仕事に結びつけていた |
| | | | D | ヒントやアイデアは出すのだが、それを具体的に提案として結びつけることはできなかった |
| | | | E | 新たな仕事についてはあまり関心がなく、現状に満足していた |

**4等級（チーフ）**
令和（　　）年度　人事考課表

| 所属 | 役職 | 氏名 | | 一次考課者 | 二次考課者 |
|---|---|---|---|---|---|
| | | | | | |

| | 項目 | 考課のポイント | ウェート | 本人考課 | 一次考課 | 二次考課 |
|---|---|---|---|---|---|---|
| 成績考課 | 課題の達成 | 法人より示された目標の達成度合いはどうだったか | 15 | A—B—C—D—E | | |
| | 仕事の質 | 担当する業務の実施状況について、常に実態を把握し、事業所の事業計画に基づいた業務展開を行っていたか | 10 | A—B—C—D—E | | |
| | 仕事の量 | 担当業務について、当該業務を停滞させることなく、てきぱきと効率的に進めていたか | 10 | A—B—C—D—E | | |
| 意欲・態度考課 | 積極性 | 現状に満足することなく、常に前向きに事業所や自身のレベルアップに努めていたか | 5 | A—B—C—D—E | | |
| | 責任感 | 他に責任を転嫁することなく、最後まで責任と信念を持って自らの仕事を達成しようとしていたか | 5 | A—B—C—D—E | | |
| | 対外折衝 | 官公署、地域住民、利用者、家族に対して好感のもたれるような対応を心がけていたか | 5 | A—B—C—D—E | | |
| | コスト意識 | 仕事はいつも計画性を持って行っていたか | 5 | A—B—C—D—E | | |
| | 模範的態度 | 事業所の従業員の模範となるべく努力を行っていたか | 5 | A—B—C—D—E | | |
| 能力考課 | 知識・技術 | 業務を遂行する過程において必要となる福祉、経営、法律についての知識及び技術 | 10 | A—B—C—D—E | | |
| | 渉外力 | 事業所を代表して官公署、地域住民等と折衝調整を積極的に行い、良好な協力関係を築く能力 | 5 | A—B—C—D—E | | |
| | 判断力 | 多くの情報の中から最も適当なものを選択し、随時、仕事の中に繰り込む能力 | 5 | A—B—C—D—E | | |
| | 指導監督力 | 部下や後輩職員に対して日々の仕事を計画的に教え、やる気を起こさせる能力 | 10 | A—B—C—D—E | | |
| | ビジョン形成力 | 事業所の現状や地域、利用者からのニーズに対応した方針を立案し、計画として具体化し、実施する能力 | 10 | A—B—C—D—E | | |
| 合　計 | | | | | | |

考課係数
A…極めて優秀（1.0）
B…優秀（0.8）
C…標準（0.6）
D…要努力（0.4）
E…極めて要努力（0.2）

| | 点数 | 評価者コメント |
|---|---|---|
| 一次考課 | | |
| 二次考課 | | |

人事考課表別表　考課の着眼点

| | 項目 | 考課のポイント | | 着眼点 |
|---|---|---|---|---|
| 成績考課 | 課題の達成 | 法人より示された目標の達成度合いはどうだったか | A | 期待した以上の成果・結果であり、極めて満足のいく達成状況であった |
| | | | B | かなり努力をしており、当初に掲げた期待よりもかなり高い成果を上げていた |
| | | | C | 当初より掲げた課題については、かなりの努力が認められ、一定の成果を上げていた |
| | | | D | 課題の達成については、やや努力不足であり不満が残る |
| | | | E | 課題を掲げたのみで、ほとんど成果が上がらなかった |
| | 仕事の質 | 事業所の業務の実施状況について、常に実態を把握し、事業所の事業計画に基づいた業務展開を行っていたか | A | 困難な業務や緊急事態の発生にも適切な対応策を講じながら完璧に計画通りの目標を達成した |
| | | | B | 多少困難な事態が起こっても適切な判断と調整により、計画通りの目標を達成した |
| | | | C | 通常の業務については、支障のない程度で担当する業務をほぼ達成した |
| | | | D | 通常業務の範囲内でも、対策管理や調整不足でたまに遅れたり、達成できないことがあった |
| | | | E | 通常業務に支障をきたすことがしばしばあり、周囲を慌てさせていた |
| | 仕事の量 | 担当業務について、当該業務を停滞させることなく、てきぱきと効率的に進めていたか | A | 担当業務はもとより、関連業務でも即断で余裕をもって計画的に適切な処理を行っていた |
| | | | B | 担当する業務については、計画的に適切に処理し期日・期限も余裕をもって行っていた |
| | | | C | 担当する業務については、業務に支障を来すことなく処理していた |
| | | | D | たまに、担当業務を先送りしたり、業務が停滞したりして期日までに処理できなかったりした |
| | | | E | 処理を先送りしたり業務の停滞や件数・仕事量がこなせず、事業所や事務局に迷惑をかけていた |
| 意欲・態度考課 | 積極性 | 現状に満足することなく、常に前向きに事業所や自身のレベルアップに努めていたか | A | 仕事の量的、質的拡大に自ら挑戦しており、そのための自己啓発活動など十分に行っていた |
| | | | B | 仕事の改善提案をどんどん行っており、それを実務に結びつけていた |
| | | | C | 日常の仕事について、現状に満足することなく改善を行いながら進めていた |
| | | | D | 現状維持をベースに仕事をおこなっていた |
| | | | E | 上司や同僚から指導をうけるほど自分の仕事に対しての認識が甘かった |
| | 責任感 | 他に責任を転嫁することなく、最後まで責任と信念を持って自らの仕事を達成しようとしていたか | A | 任された仕事に対しては余裕をもって行い、他を圧倒していた |
| | | | B | 困難な仕事についても、一度受けた仕事については最後までやり通していた |
| | | | C | 任された仕事については、最後までにやり通していた |
| | | | D | 上司や同僚に対して不満を漏らしたり、責任のがれをすることがややあった |
| | | | E | 事をあいまいにし、自ら起したミスやトラブルを他に転嫁することがあった |
| | 対外折衝 | 官公署、地域住民、利用者、家族に対して好感のもたれるような対応を心がけていたか | A | 官公署や利用者・家族はもとより、地域住民からも「さすがですね」と高い評価を得ていた |
| | | | B | 事業所内外で他の模範となる行動を取っており、常に好感のもたれる行動を取っていた |
| | | | C | 言葉遣いや態度、マナーは身についており、難なく応対をしていた |
| | | | D | たまにその日の気分で行動し、応対に配慮の欠ける面があった |
| | | | E | 無愛想で相手の気分を害したり、また言葉やマナー等の配慮に欠けていた |
| | コスト意識 | 仕事はいつも計画性を持って行っていたか | A | 綿密な行動計画を立て、それに基づいて行動しており、他の模範的行動を取っていた |
| | | | B | 日々計画的に仕事を進めており、またコストに対して厳しく対応し成果に結びつけていた |
| | | | C | 一応日々の計画は立てて行動しており、コストに対しての意識を持ちながら仕事を進めていた |
| | | | D | 計画は立てるのだが、実務にあまり反映されず計画倒れになることが多かった |
| | | | E | その日ぐらしで計画性に欠けており、やや問題であった |

| | 模範的態度 | 事業所の従業員の模範となるべく努力を行っていたか | A | 全ての従業員から大きな尊敬を集めてその姿勢に共感・呼応させ、事業所を活性化させていた |
| --- | --- | --- | --- | --- |
| | | | B | ほとんどの従業員から尊敬され、その姿勢によい影響を与えていた |
| | | | C | 従業員の模範となるべく行動し、尊敬を集めるべく常に努力をしていた |
| | | | D | 自分の業務のみに集中し、他の従業員への配慮や模範的行動を怠ることがしばしばあった |
| | | | E | 無愛想な態度や横暴な態度をとり、従業員の悪い見本となり、事業所の雰囲気を悪くしていた |

| 能力考課 | 知識・技術 | 業務を遂行する過程において必要となる福祉、経営、法律についての知識及び技術 | A | 知識、技術は一流であり、他の従業員の模範となる存在である |
| --- | --- | --- | --- | --- |
| | | | B | 自分の担当する業務・分野以外についてもよく精通しており、他の従業員を指導している |
| | | | C | 担当業務は熟知しており、業務に支障をきたすことは全くない |
| | | | D | 一応身についてはいるが、まだそれを実務の中で具体的に生かすまでには至っていない |
| | | | E | 他のアドバイスや指導を受けるレベルにある |
| | 渉外力 | 事業所を代表して官公署、地域住民等と折衝調整を積極的に行い、良好な協力関係を築く能力 | A | 完全にこちらのペースで交渉しており、常に有利な条件を勝ち得ていた |
| | | | B | こちらのペースで進めており、むしろ良い条件を勝ち得ていた |
| | | | C | 一応無難に交渉していた |
| | | | D | こちらの言い分は一応伝えるが、結果的に不利な条件をのんでいた |
| | | | E | いつも不利な条件ばかりで全体の利益を失っていた |
| | 判断力 | 多くの情報の中から最も適当なものを選択し、随時、仕事の中に繰り込む能力 | A | 状況の変化に的確に対応した判断、判定を下し、いつも適切な対応をしていた |
| | | | B | その都度何が大切か、何が問題か、どうすべきかを判断しながら仕事を進めていた |
| | | | C | 現状の仕事について、効率を考えながら業務に支障のない程度で判定を行っていた |
| | | | D | 周囲の状況変化にやや鈍感で、他の従業員に判断を委ねたりしていた |
| | | | E | 自分だけでは判断できず、他に委ねたり、明らかに判断を間違えたりしていた |
| | 指導監督力 | 部下や後輩職員に対して日々の仕事を計画的に教え、やる気を起こさせる能力 | A | 事業所全体を完全に掌握しており、部下や後輩を計画的に指導し、やる気を喚起させていた |
| | | | B | その従業員のレベルに見合った指示をしており、やる気を喚起させていた |
| | | | C | 必要に応じてその都度、助言・指導を行い、部下や後輩の育成に理解を示していた |
| | | | D | 自ら進んで助言・指導をすることは無かった |
| | | | E | 仕事は自分ひとりで抱え込み、部下や後輩にも教えず、不平ばかりを漏らしていた |
| | ビジョン形成力 | 事業所の現状や地域、利用者からのニーズに対応した企画を立案し、計画として具体化し、実施する能力 | A | 利用者や地域のニーズを企画として具体的に立案し、実行に移し、十二分に対応していた |
| | | | B | 新規事業や新規業務に常に目を向け、住民ニーズに対応していた |
| | | | C | いつも新しい発想を持って地域のニーズに対応できる企画の立案、実施に取り組んでいた |
| | | | D | たまに既存事業を見直す程度で、周囲の意見や提言にもあまりに関心を示すことは無かった |
| | | | E | 部下や他事業所、法人からの提案に対して、ほとんど否定的・批判的で現行事業に固執していた |

**5等級（マネジャー）**

令和（　）年度　人事考課表

| 所属 | 役職 | 氏名 | | 一次考課者 | 二次考課者 |
|---|---|---|---|---|---|
| | | | | | |

| | 項目 | 考課のポイント | ウェート | 本人考課 | 一次考課 | 二次考課 |
|---|---|---|---|---|---|---|
| 成績考課 | 課題の達成 | 法人より示された目標の達成度合いはどうだったか | 15 | A—B—C—D—E | | |
| | 仕事の質 | 事業所の業務の実施状況について、常に実態を把握し、事業所の事業計画に基づいた業務展開を行っていたか | 10 | A—B—C—D—E | | |
| | 仕事の量 | 担当業務（主に管理的業務）について、当該業務を停滞させることなく、てきぱきと効率的に進めていたか | 10 | A—B—C—D—E | | |
| 意欲・態度考課 | 積極性 | 現状に満足することなく、常に前向きに事業や自身のレベルアップに努めていたか | 5 | A—B—C—D—E | | |
| | 責任感 | 他に責任を転嫁することなく、最後まで責任と信念を持って自らの仕事を達成しようとしていたか | 5 | A—B—C—D—E | | |
| | 対外折衝 | 官公署、地域住民、利用者、家族に対して好感をもたれるような対応を心がけていたか | 5 | A—B—C—D—E | | |
| | コスト意識 | 仕事は常に計画性を持って行い、最大限の効果と効率で行うことができるように努力していたか | 5 | A—B—C—D—E | | |
| | モチベーション管理 | 事業所の従業員の模範となり、そのモチベーションを高める努力を行っていたか | 5 | A—B—C—D—E | | |
| 能力考課 | 知識・技術 | 業務を遂行する過程において必要となる福祉、経営、法律についての知識及び技術 | 5 | A—B—C—D—E | | |
| | 渉外力 | 事業所を代表して官公署、地域住民等と折衝調整を積極的に行い、良好な協力関係を築く能力 | 5 | A—B—C—D—E | | |
| | 決断力 | 事業所の業務を遂行していく中で、最良の案を考案、選択、決定していく能力 | 10 | A—B—C—D—E | | |
| | 管理統率力 | 事業所全体の観点から経営資源を効率的に活用し、運営していく能力 | 10 | A—B—C—D—E | | |
| | ビジョン形成力 | 事業所の現状や地域、利用者からのニーズに対応した方針を立案し、計画として具体化し、実施する能力 | 10 | A—B—C—D—E | | |
| 合　計 | | | | | | |

考課係数
A…極めて優秀（1.0）
B…優秀（0.8）
C…標準（0.6）
D…要努力（0.4）
E…極めて要努力（0.2）

| | 点数 | 評価者コメント |
|---|---|---|
| 一次考課 | | |
| 二次考課 | | |

人事考課表別表　考課の着眼点

| 項目 | 考課のポイント | 着眼点 |
|---|---|---|
| **成績考課** | | |
| 課題の達成 | 法人より示され目標の達成度合いはどうだったか | A　期待した以上の成果・結果であり、極めて満足のいく達成状況であった<br>B　かなりの努力をしており、当初に掲げた期待よりもかなり高い成果を上げていた<br>C　当初より掲げた課題については、かなりの努力が認められ、一定の成果を上げていた<br>D　課題の達成については、やや努力不足であり不満が残る<br>E　課題を掲げたのみで、ほとんど成果が上がらなかった |
| 仕事の質 | 事業所の業務の実施状況について、常に実態を把握し、事業所の事業計画に基づいて業務展開を行っていたか | A　困難な業務や緊急事態の発生にも適切な対応策を講じながら完璧に計画通りの目標を達成した<br>B　多少困難な事態が起こっても適切な判断により、計画通りの目標を達成した<br>C　通常の業務については、支障のない程度で相当する業務をほぼ達成した<br>D　通常業務の範囲内でも、対応管理や調整不足で遅れたり、達成できないことがたまにあった<br>E　通常業務に支障をきたすことがしばしばあり、周囲を慌てさせていた |
| 仕事の量 | 担当業務（主に管理的業務）について、常に当該業務を停滞させることなく、できるだけ効率的に進めていたか | A　担当業務はもとより、関連業務をもって即断でも適切に処理を行っていた<br>B　担当する業務については、計画的に処理を行っていた<br>C　担当する業務については、業務に支障を来すことなく適切に処理していた<br>D　たまに、担当業務を先送りしたりして期日までに処理できなかったりした<br>E　処理を先送りしたり業務の停滞や仕事量がこなせず、事業所や事務局に迷惑をかけていた |
| **意欲・態度考課** | | |
| 積極性 | 現状に満足することなく、常に前向きに事業所や自身のレベルアップに努めていたか | A　仕事の量的、質的拡大に自ら挑戦しており、そのための自己啓発活動などを十分に行っていた<br>B　仕事の改善提案をどんどん行っており、それを実務に結びつけていた<br>C　日常の仕事について、現状に満足することなく改善を行いながら進めていた<br>D　現状維持をベースに仕事をおこなっていた<br>E　上司や同僚から指導を受けるほど自分の仕事への認識が甘かった |
| 責任感 | 他に責任を転嫁することなく、最後まで責任と信念を持って自らの仕事を達成しようとしていたか | A　任された仕事に対しては給与をもって行い、他を圧倒させていた<br>B　困難な仕事についても、一度受けた仕事については最後までやり通していた<br>C　任された仕事について、最後までやり通していた<br>D　上司や同僚に対して不満を漏らしたり、責任のがれをすることがややあった<br>E　事をあいまいにし、自ら起こしたミスやトラブルを他に転嫁することがあった |
| 対外折衝 | 官公署、地域住民、利用者、家族に対して好感のもたれるような対応を心がけていたか | A　官公署や利用者・家族はもとより、地域住民からも「さすがですね」と高い評価を得ていた<br>B　事業所内外での他の模範となる行動を取っており、常に好感のもたれる行動を取っていた<br>C　言葉遣いや態度、マナーは身についており、難なく応対をしていた<br>D　たまにその日の気分で行動し、応対に配慮の欠ける面があった<br>E　無愛想で相手の気分を害したり、また言葉やマナー等の配慮に欠けていた |

| | コスト意識 | 仕事は常に計画性を持って行い、最大限の効果と効率で行うことができるように努力していたか | A | 綿密な行動計画を立て、それに基づいて行動しており、他の模範となる行動を取っていた |
| | | | B | 日々計画的に仕事を進めており、またコストに対して厳しく対応し成果に結びつけていた |
| | | | C | 一応日々の計画は立てて行動しており、コストに対しての意識を持ちながら仕事を進めていた |
| | | | D | 計画は立てるのだが、実務にあまり反映されることがなく計画倒れになることが多かった |
| | | | E | その日ぐらしで計画性に欠けており、やや問題であった |
| | モチベーション管理 | 事業所の従業員の模範となり、そのモチベーションを高める努力を行っていたか | A | 全ての従業員から大きな尊敬を集めるとともに高いやる気を引き出し、事業所を活性化させていた |
| | | | B | ほとんどの従業員から尊敬され、やる気を引き出していた |
| | | | C | 従業員の模範となるべく行動し、やる気を引き出すべく常に努力をしていた |
| | | | D | 自分の業務のみに集中し、他の従業員への配慮や模範的行動を怠ることがしばしばあった |
| | | | E | 無愛想な態度や横暴な態度をとり、従業員のやる気を減退させ、事業所の雰囲気を悪くしていた |
| 能力考課 | 知識・技術 | 業務を遂行する過程において必要となる福祉、経営、法律についての知識及び技術 | A | 知識、技術は一流であり、他の従業員の模範的な存在である |
| | | | B | 自分の担当する業務・分野以外についてもよく精通しており、他の従業員を指導している |
| | | | C | 担当業務は熟知しており、業務に支障をきたすことは全くない |
| | | | D | 一応身についてはいるが、まだそれを実務の中で具体的に生かすまでには至っていない |
| | | | E | 他のアドバイスや指導を受けるレベルにある |
| | 渉外力 | 事業所を代表して官公署、地域住民等と折衝調整を積極的に行い、良好な協力関係を築く能力 | A | 完全にこちらのペースで交渉しており、常に有利な条件を勝ち得ていた |
| | | | B | こちらのペースで進めており、むしろ良い条件を勝ち得ていた |
| | | | C | 一応無難に交渉していた |
| | | | D | こちらの言い分は一応伝えるが、結果的に不利な条件をのんでいた |
| | | | E | いつも不利な条件ばかりで全体の利益を失っていた |
| | 決断力 | 事業所の業務を遂行していく中で、最良の案を考案、選択、決定していく能力 | A | 事業所の目標達成のために常に全体の利益を考えながら、効果的かつ最良の決断を下していた |
| | | | B | 目標達成のためにいろいろな企画案を出したり選択肢の中より適切なものを選びだし決定していた |
| | | | C | 目標達成のために、業務に支障のない程度の決断を下していた |
| | | | D | 自ら意思決定すべき項目を他の従業員に委ねたり、他の者に責任転嫁していた |
| | | | E | 終始一貫せずに思いつきや場当たり的な決定があり、他を困らせていた |
| | 管理統率力 | 事業所全体の観点から経営資源を効率的に活用し、運営していく能力 | A | 事業所全体を完全に掌握しており、また運営も計画的になされており他の模範であった |
| | | | B | 事業所全体をほぼ完全に掌握しており、計画に基づいて運営がなされていた |
| | | | C | 一応計画は立てられており、業務に支障ない程度に事業所の運営がなされていた |
| | | | D | 計画を立てるのだが、その通りに運営されず、業務に支障をきたすことがあった |
| | | | E | 事業所のことについて掌握しておらず、計画もずさんで、場あたり的な運営であった |
| | ビジョン形成力 | 事業所の現状や地域、利用者からのニーズに対応した企画を立案し、計画として具体化し、実施する能力 | A | 利用者や地域のニーズを企画として具体的に立案し、実行に移し、十二分に対応していた |
| | | | B | 新規事業や新規業務に常に目を向け、住民ニーズに対応していた |
| | | | C | いつも新しい発想を持って地域のニーズに対応できる企画の立案、実施に取り組んでいた |
| | | | D | たまに既存事業を見直す程度で、周囲の意見や提言にもあまり関心を示すことは無かった |
| | | | E | 部下や他事業所、法人からの提案に対して、ほとんど否定的・批判的で現行事業に固執していた |

# あとがき

　有能な人材にとって、人事考課制度、賃金制度があり、それがきちんと機能しているということは、働き続けるうえで大変重要なことです。

　組織の中核を担っている人材に志望動機やモチベーションを聞くと、次のような回答が返ってきました。

　「会社説明会で、理念に共感できたから（明確な理念を外部にもしっかり示すことができている組織）」

　「利用者への接し方や介護の仕方がいいと思ったから（応募の前にボランティアとして体験。アットホームで1人ひとりへの丁寧なケアを理念とし、徹底している組織）」

　「研修体制がしっかりしているから、ちゃんと1人前に成長できると思った（新人研修に始まり定期的に様々な研修を行い、それを外部に公表している組織）」

　「やればやったぶんだけ正当に評価されていることを実感できる。たとえ評価が低くても、何が足りなかったのかフィードバックや職能資格をみればわかるから、次に何をすればいいのかがすぐわかるし、頑張ろうという気になる。前の会社では人事考課がなくて、『結局上司の好き嫌いで判断されている』と思ったから、モチベーションは上がらなかった（しっかりした人事考課を構築し、従業員に評価内容や基準を浸透させている組織）」

　従業員は、組織や経営者・上司をよく観ています。

　経営者は従業員を評価する立場にありますが、従業員もまた、経営者や組織を評価し、求人に応募するか、辞めるか、続けるかという選択を常にしているのです。

　本格的な人口減少社会に突入し、労働力人口も減少の一途をたどるであろうこれからの時代、有能な人材は引く手あまたとなり、気にいらなければすぐに辞めてしまうでしょう。

となると必然的に、有能な従業員が楽しく充実して働き続けることができる組織づくりが必要になってきます。

　有能な人材の大きなモチベーションの1つは、「成長できるかどうか」です。自分を成長させることそのものが楽しいのです。「この会社で働けば成長できそう」と思えば求人に応募するし、「これ以上ここにいても成長できないだろう」と思ったら、辞めていきます。あなたが経営する組織にいることにより、「前の自分よりもできることや知識が増えて、世界が広がり、成長できている。周りのスタッフも尊敬できて、学べることがたくさんある」という実感を味わえるような組織づくりをしていくことが、有能な人材を確保するために必要となります。人事考課制度、賃金制度の導入と活用は、そのための大きな役割を果たすことでしょう。

　余談になりますが、有能な人材は、自分で考え、創造的に働ける分、自己主張もきちんとする傾向が強いです（無論、会社のことを考えたうえでの意見ですが……）。そのため、経営者にとって、ときには煙たい存在であると感じることもあるでしょう。

　しかし、「凡庸な者にかしずかれるよりも、自分を押しのけようとする有能な者に取り囲まれるほうがリスクは小さい」というドラッカーの言葉にもあるように、能力開発や自己研鑽の意欲のない者に頭を悩ますよりも、優秀な人材の高度な主張に頭を悩ませるほうがよほど生産的です。

　自分の意見を言う人を「和を乱し、うるさくて扱いにくい人」と捉えるか、「きちんと意見を言ってくれる人」と前向きに捉えて積極的にコミュニケーションをとるかによって、有能な人の働くモチベーションは大きく変わります。

　自分が幸せでなければ、人の幸せを十分に考えることはできません。従業員が幸せに働くことができれば、それが利用者やそのご家族の幸せにも繋がります。それを実現させることが、経営者にはできるのです。

●著者略歴

**高橋　悠（たかはし　ゆたか）**

社会保険労務士・行政書士

行政書士事務所にて約 8 年間、介護・障害福祉サービス事業所の立ち上げ・運営支援に携わった後、2016 年 10 月に「ゆう社会保険労務士事務所」を開業し、その後 2018 年 9 月に「ウェルフェア社会保険労務士法人」として法人化。顧問先のうち 7 割以上は介護・障害福祉サービス事業所であり、業界に特化した労務及びコンプライアンスの支援サービスを行っている。著書に『就労移行支援・就労継続支援（A 型・B 型）事業所運営・管理ハンドブック』『企業主導型保育所の経営・労務管理ハンドブック』（いずれも日本法令）がある。

〔3訂版〕
障害福祉サービス事業所の
処遇改善加算実務ハンドブック

| | 令和2年7月20日 | 初版発行 |
|---|---|---|
| | 令和6年9月20日 | 3訂初版 |
| | 令和7年6月20日 | 3訂2刷 |

 日本法令®

〒 101-0032
東京都千代田区岩本町1丁目2番19号
https://www.horei.co.jp/

| 検印省略 | | |
|---|---|---|
| 著 者 | 高 橋 | 悠 |
| 発行者 | 青 木 鉱 | 太 |
| 編集者 | 岩 倉 春 | 光 |
| 印刷所 | 三 報 社 印 | 刷 |
| 製本所 | 国 宝 | 社 |

| (営 業) | TEL 03-6858-6967 | E メール | syuppan@horei.co.jp |
|---|---|---|---|
| (通 販) | TEL 03-6858-6966 | E メール | book.order@horei.co.jp |
| (編 集) | FAX 03-6858-6957 | E メール | tankoubon@horei.co.jp |

| (オンラインショップ) | https://www.horei.co.jp/iec/ |
|---|---|
| (お 詫 び と 訂 正) | https://www.horei.co.jp/book/owabi.shtml |
| (書籍の追加情報) | https://www.horei.co.jp/book/osirasebook.shtml |

※万一、本書の内容に誤記等が判明した場合には、上記「お詫びと訂正」に最新情報を掲載しております。ホームページに掲載されていない内容につきましては、FAX または E メールで編集までお問合せください。